자존의 구도자

신채호

자존의 구도자 신채호

2023년 10월 31일 초판발행

지은이 박근갑
발행인 최양희
발행처 한림대학교 지식미디어센터
(24252) 강원특별자치도 춘천시 한림대학길1(옥천동 1-1)
출판등록 제48호(1983.3.10.)
전화번호 033) 248-2875
팩스 033) 248-2809
전자우편 press@hallym.ac.kr
홈페이지 https://press.hallym.ac.kr/press

인쇄처 ㈜주손디앤피

값 18,000원

ISBN 978-89-6402-086-9 93300

자존의 구도자 신채호

박근갑 지음

한림대학교 지식미디어센터

책머리에

단단하고 날카로운 문장, 누구보다 빼어난 역사 안목, 고집 세고 괴벽스러운 기질. 소설 『임꺽정』으로 한 시대의 문명을 날린 홍명희가 단재 신채호를 두고서 내린 인물평이다. 두 사람은 중국 망명 시절 짧게 사귄 뒤 서로 절절했던 우정을 죽을 때까지 이어갔던 사이라고 한다.

'50 반생에' 마음 깊이 그 친구를 우러렀다고 회상하는 홍명희가 나중에 예사롭지 않은 이야기를 전한다. 신채호가 뤼순(旅順) 감옥에서 비운의 시간을 맞이한 지 다섯 해쯤 지난 뒤 일이다. 어느 월간지의 문학 대담 자리였다. 누군가가 중국 망명 시절 이야기를 물었다.

'한때' 호암 문일평, 단재 신채호, 위당 정인보, 소앙 조용은, 민세 안재홍 등과 '서로' 어울렸다는 홍명희의 대답이 뒤따랐다. 한국 지식의 역사에서 큰 획을 그은 인물들이 한자리에 모인 셈이다. "그분들 중에서 어느 분이 뛰어났습니까?" 이 질문에 홍명희는 신채호가 '어느 방면으로든지 제일' 두드러졌다고 알린다. "그러니까 하여간 내가 느껴본 사람 중에는 우리 또래 중에 재주 있는 사람도 많으나, 그 재주가 나보다는 낫고 내가 못 따라갈 따름이지 그저 능재(能才)라고밖에 생각되지 않는데, 단재는 천재라고 할 만하단 말이야. 아무튼 천재적 안광(眼光)이 있으니까."

이렇게 말하는 홍명희야말로 '조선 삼재' 가운데 한사람이라고 일컬어지곤 했다. 그는 한학과 신지식을 겸비했으며, 당대 지식인 가운데 '제일가는 독서가'였다. 이랬던 그가 동료 문사 가운데 오로지 신채호를 짚어서 '천재'라고 일컬었으니, '창견(創見)'의 사학자에게 따라붙었던 세평을 넉넉히 짐작할 만하다. 이럴 만큼 신채호는 이미 어릴 적부터 '재룡(材龍)'의 소문을 달고 다녔다. 그가 청주 고두미 마을의 고향에서 한문 공부를 하는 동안 널리 이름난 유학자들도 그와 겨루기를 사양할 정도였다.

유별스러웠던 신채호의 재능은 여러 일화로 남아 있다. 그는 책을 읽을 때 책장을 세는 듯 훌훌 넘기면서도 그 내용을 하나도 빠트리지 않을 만큼 빼어난 기억력을 지녔다. 종로 어느 서점에 며칠 동안 서서 서가의 책을 전부 독파했으며, 친지의 집에라도 찾아가면 그곳에 있는 책을 다 읽지 않으면 움직이지도 않았다는 이야기들은 유명하다.

한번은 이런 일도 있었다. 그가 성균관을 마친 뒤 신문사에서 주필로 있을 즈음 비를 피해 들어간 어느 집에서 소장 책들을 다 읽은 적이 있었는데, 때맞춘 듯 바로 며칠 뒤 그 책들이 집과 함께 불타 없어져 버렸다. 그 가운데는 주인이 가보로 여길 만큼 귀중한 책도 있었지만, 자신의 기억을 되살려 그 내용을 고스란히 다시 적어 준 독서 손님 덕분에 복사본 한 질은 남았다고 한다.

신채호를 떠올리는 여러 회상록 가운데 이광수의 글이 작가다운 생생함으로 두드러진다. 때는 1910년, 바로 국치의 기록으로 얼룩진 경술년이었다. 망명길에 나선 신채호가 잠시 정주의 오산학교에 들렀던 즈음 이야기다. 마침 그곳에서 교사로 있던 이광수는 《대한매일신보》의 주필로 이름이 자자하던 신채호를 처음 만난다. 그 유명 인사를 환영하는 모임이 열리고, 청년 작가의 '단재 인상'이 한 편의 글로 남았다. "단상에 앉은 단재는 하얀 얼굴에 코 밑에 까만 수염이 난 극히 초라한 샌님이었다. … 동정에 때 묻은 검은 무명 두루마기를 고름도 아무렇게만 매고 섶은 꾸기고 때 묻은 조선 보선에 미투리를 신고, 오직 비범한 것은 그의 눈이었다. 아무의 말도 아니 듣고 아무것도 두려워하지 아니한다는 그러한 이상한 빛을 가진 눈이었다."

그리고 신채호의 별난 세수 이야기가 이어진다. 그가 고개를 빳빳이 든 채 두 손으로 물을 찍어다가 얼굴에 바르는 버릇 탓에 마룻바닥과 입은 옷을 다 적시는 모습이 구경거리였다. 이렇듯 이광수의 눈에 비친 '단재 인상'은 한마디로 '이상하기' 그지없는 모습이었다. 궁상맞은 풍채와 비범한 눈빛이 잘 어울려 보일 리 없었을 터였다. 게다가 그는 '여성스러운 용모'를 지니고 있으면서도 말소리 가운데는 '가을날 찬 서리와 여름 햇볕 같은' 남성의 엄숙함을 갖추고 있었다.

그는 청중 앞에서 과묵한 편이었다. 그러다가 이야기가 문제의 기자조선(箕子朝鮮)과 같은 주제에 이르면, 그의 목소리는 '분기'를 내뿜는 듯 드높아 갔다. 그는 남의 눈치나 사정을 보아 가면서 말을 하거나 누구 편을 들어서 자기 소신을 바꾸는 인물도 아니었다. 그러면서도 웃고 이야기할 때에는 매우 다정스러운 모습을 보였다. 이처럼 때론 부드럽고 상그레 웃기도 잘했던 그가 '대의(大義)'를 두고서는 조금도 머뭇거리려 하지 않았다. 그는 '절대 비타협'이었다고 이광수는 자신의 회상기를 마무리 짓는다. "그는 천생의 청절(淸節)을 탄 인물이다."

신채호의 여정과 다른 길을 가면서 끝내 훼절하고 말았던 이광수가 '강직한 사필(史筆)'과 더불어 독립운동에 헌신했던 한 인물을 여실히 그려낸 셈이다. 신채호와 가까이 지냈던 사람들은 누구든 이광수의 '단재 인상'과 거의 비슷한 기억을 전한다.

성균관 시절 신채호와 늘 붙어 다녔던 변영만(卞榮晩)의 회상 속에서, 그 친구의 겉모습은 교양이라곤 조금도 없어 보였다. 그러나 그의 두 눈은 시원하고 환하여 천국과 지옥을 한꺼번에 꿰뚫는 듯했다. 그의 표정은 또 온화하면서도 굳셌으며, 엄숙한 그의 말소리는 어두운 밤하늘을 가로지르는 맑은 종소리 같았다. 그러니까 그는 본디 탁월한 '상위 인물'이었던 나머지 '저절로 어떤 등급에도' 들 수 없다고 마음 깊이 늘 새기고 있었다.

그리고 중국 망명 시절 신채호와 함께 곧잘 역사 논쟁을 벌였던 정인보가 기억하기에도, 그는 원래 '곰살갑지 아니한' 탓에 무언가 자신의 공적을 드러내어 꾸밀 줄 몰랐으며, '조선 역사를 말할 때' 그의 주장은 마치 칼날과도 같았다. 그래서 그가 글을 쓸 때 '간

혹' 한 글자라도 마음에 들지 않는 사정을 만나면, 그 '불안을 증오하다가' 마침내 원고를 모두 불사르거나 '홧김에 북북 찢어 수세미를 만드는' 일도 마다하지 않았다. 말하자면 신채호는 옳고 그름을 칼로 자르는 듯한 성격의 소유자인데, 이는 본래부터 오만하고 뾰족했던 기질에서 비롯한 바 있었다. 더군다나 그는 세상 물정에 아주 어두운 데다 무슨 이득을 보는 일에도 어리숙했다. 그래서 그는 오로지 한 곳에만 힘을 쏟아 정성을 다 바쳐 학문에 두루 통하도록 숙련할 수 있었다.

"마음이 깨달음에 이르면, 경전을 내 마음으로 이해할 수 있다." 이렇게 정인보는 선서(禪書) 가운데 한 자락을 유비 표현으로 이끌어와 신채호의 남다른 '안광'을 묘사한다. 그 '영감(靈感)의 재주'는 언제나 자기중심에서 시작하는 관찰력이나 마찬가지다. 현대 역사학의 인식론으로 풀어보자면, 그러한 방법은 직관 판단과 경험의 상대성에서 출발한다. 이로부터 서술 증인의 관점은 역사가 자신이 서 있는 지점으로 넓혀진다. 이른바 관점주의 지평으로 향하는 '단재 사학'은 정인보의 예시 가운데 다음처럼 드러난다. "과거나 현재 여러 사가가 대개는 그 사실을 그 기록에서 찾아보려 하는 것이 통례이련만, 단재는 눈을 상하 사방으로 굴려 … 얼마를 지난 뒤에 천천히 한 매듭을 푼다."

이렇듯 신채호는 소박한 실재론이나 경험 현상에만 머물기를 원치 않았다. 그는 아마도 역사가란 저마다 기록 자료들을 다르게 이해할 수 있다고 여겼을 터이다. 이 줄기에서, 한날 '주옥'과 비교할 수 없다고 했던 그의 작품들은 오늘날 역사가들에게도 새로움의 상징이나 매한가지다.

그의 이름은 늘 이른바 '민족주의 역사학'의 첫머리에 우뚝하다. 누구는 그를 두고서 새로운 '역사의식의 초석'을 놓았던 선구라고 높인다. 또 어느 목소리대로면, 그는 바로 '우리의 근대 역사학을 완성'한 인물이다. 그 경이로움의 한가운데 '아(我)'와 '비아(非我)'의 논제가 자리한다. "무엇을 '아'라 하며 무엇을 '비아'라 하느뇨?" 수많은 상상력을 불러일으키는 이 전대미문의 물음 하나만으로도 신채호의 글쓰기 세계로 새삼 들어가 볼 만하지 않을까.

차례

서설

“역사란 무엇이뇨?” 우리나라 글의 궤적에서 처음 보는 이 물음은 신채호의 『조선상고사』를 시작하는 말이다. 이어지는 표현이 더욱 경이롭다. “인류 사회의 ‘아와 비아’의 투쟁이 시간부터 발전하며 공간부터 확대하는 심적 활동 상태의 기록이다.” 이로부터 누구든 선명한 민족의식이나 ‘민족주의 사학’의 상징을 얻을 만하다. 그러면서도 낯설기 그지없는 용례를 두고 그 유래나 근거를 따져 묻는 본보기는 좀체 드러나지 않는다. “아 가운데 비아가 있으면, 비아 가운데도 또 아와 비아가 있다.” 이렇듯 오묘한 언어유희가 어떻게 느닷없이 시대의 걸작품에 등장할까? 책의 글귀 어디에서도 희미한 해답의 흔적조차 찾을 길 없다.

청년 신채호가 신문 글을 시작할 무렵부터 즐겨 본받았던 량치차오(梁啓超, 1873~1929)의 문장 어딘가에서 문제를 풀어볼 만한 기미를 찾을 수 있을지도 모른다. “역사란 무엇인가”라는 물음을 먼저 그 중국 계몽사상가의 작품 가운데서 읽을 수 있다는 점이 실마리다. 마침맞은 듯 그가 쓴 논설 한 편이 눈에 들어온다. 때는 1915년, 그러니까 신채호가 베이징에서 성숙기 역사 작품의 서술을 막 시작하던 그즈음이었다. 량치차오는 「피히테의 인생 천직론 논평」이라는 제목의 글을 발표하는데, 바로 거기에서 문제의 표현들을 찾아볼 수 있다.

하나의 사례만 가려서 보자. "타인 가운데 들어 있는 '아'의 일부는 '비아'이면서 '아'다." 관념론 철학자 피히테(J. G. Fichte, 1762~1814)의 '자아' 명제를 나름으로 풀어 밝히는 이 구절은 중국식 번역문의 해설 속에서 '자유의지'와 '독립정신'의 원리로 거듭난다. 말하자면 량치차오는 낯선 이상주의 사색가의 시대 상황과 자기 당대의 국가 위기를 하나로 보면서 자아 고유의 본성과 사회 영역의 책임을 조국의 정치 현실에 접목한다. 신채호가 이 글을 마주했다면, '순수 자아'와 '비아' 사이의 상호작용을 성찰하는 도덕 선의 철학 과제로부터 어떠한 영감이 떠올랐을까?

'아'와 '비아'의 접촉에 따라 양쪽 사이의 투쟁도 더욱 맹렬하여 인류 사회의 운동을 쉼 없도록 이끈다는 신채호의 논제는 량치차오의 피히테 해설 글에 있는 표현의 판박이다. 이로써 『조선상고사』 서술은 중국어 번역을 거친 자아론 텍스트 가운데 맞춤한 언어 구성을 얻어 예사롭지 않은 주관의 지형학을 실험했다고 이를 만하다.

그렇지만 여기에서, 그럴싸해 보이는 세간의 기대를 뒤집기라도 하는 듯 원대한 민족주의의 열망도 그 정체성 이념에 바탕을 둔 근대주의의 원리도 찾아볼 길 없다. 숱한 이데올로기 현상과 마찬가지로 민족주의를 하나의 이념체계로 받아들이면, 거기에는 적어도 민족이라는 이름의 공동체 이상을 만들어서 통합의 원리로 나아가도록 힘을 가하는 세계관이 작용해야만 한다. 문제의 글에서 신채호는 여러 차례 '조선 민족'을 불러내지만, 그 이름은 좀체 미래의 기대 지평에서 새로운 형성 동력의 요소와 한 몸을 이루지 못한다. 그가 역사를 정신 활동의 '상태'를 서술한 기록이라고 했듯, 그의 '민족'은 관찰의 대상에 머문다. 그러므로 그 단위는 통합의 구성 이념을 상상하는 근대주의 원리와 어울리기 어려우며, 따라서 거기로부터 새로운 정당성 모델을 기대하기도 어렵다.

돌이켜 보건대, 민족주의는 일본어 토양에서 어찌어찌 하나의 번역어로 거듭난 이데올로기 이름이다. 항일 독립에 온몸과 일생을 다했던 신채호의 역사 서술을 그러한 용어 안에, 더군다나 짙은 인종주의 경향성과 더불어 나타나 일본 특유의 배타성 기류에 편승하다가 지금은 거의 쓰이지도 않는 그 개념 현상 속에 가두어 놓아야만 할까.

'아'와 '비아'는 서로 대립하는 의미 연관 가운데서 시대 문제를 진단하려는 신채호 나름의 글쓰기 방식 가운데 하나다. 진화와 퇴화, 정신상 국가와 형식상 국가, 빛과 어두움 따위와 같은 용례가 그러한 범주에 속한다. 이편과 저편을 구별하여 호칭하는 방법은 곧 하나가 다른 하나를 밀어내는 듯한 개념 쌍을 내세우면서 놀라움 효과를 두드러지게 만든다. 오늘날 신채호를 떠올릴 때마다 따라붙는 '아'와 '비아'의 용례는 그러한 대립 기법 가운데 백미라고 할 수 있다. '비아'의 상대편에 서는 '아'란 주관성의 다른 이름이다. 그의 표현대로 '아'란 학문과 사상이나 그 밖의 어느 영역에서든 '반드시' 원래 서 있어야만 할 자리, 곧 판단이나 관점의 중심에 놓이는 모범과 마찬가지다.

이렇듯 신채호는 피히테의 관념론 용례에서 몇몇 표현을 건져내어 자기 나름으로 '조선 역사'를 이해하는 논제를 실험했으리라 여겨진다. 이 줄기에서 새삼 그의 유명한 글 한 토막을 되새길 수 있다. "우리 조선 사람은 매양 이해 밖에서 진리를 찾으려 한다." 그래서 석가든 공자든 무언가 조선에 들어오면, 조선의 무엇으로 나타나지 않고 되려 그들의 조선만 두드러진다. "그리하여 도덕과 주의를 위하는 조선은 있고, 조선을 위하는 도덕과 주의는 없다."

유별난 신채호의 표현 양식은 한마디로 '독립의 조선사'를 새롭게 구성하려는 열망이나 마찬가지다. 이로부터 오늘날 우리는 인간다운 '자기주장(Selbstbehauptung)'의 성찰 과제를 유추할 수 있다. '자기보존'의 뜻과 서로 통하는 이 사유 체계는 인간에게 어느 현실에서도 견뎌내는 자기 자신의 실존을 설정하면서 역사의 운명에 매이지 않도록 작용하는 의식 활동이다. 바로 그 가운데 '근대의 정당성', 그러니까 온당한 시대 전환을 뒷받침하는 성찰 규범이 함께한다.

유럽 역사를 사례로 보자면, 지나치리만큼 극단으로 치우쳤던 절대 신의 세계관으로부터 인간다움을 깨달을만한 가능성이 열릴 수 있었으며, 그럴 수밖에 없었다는 역사 과정의 사유 방식에 그 당당함의 근거가 자리한다. 이러한 신기원의 경계 지점에서 자아를 발견할 수 있었던 근대 인류는 처음으로 자기주장의 의식세계를 펼쳐 나갈 만한 힘을 얻는다. 이처럼 스스로 깨쳐 나가는 자존의 요청으로부터 정당한 근대성이 두드러진다는 점에서 그 시간의 처음이란 새로운 방향 설정이라 이를 수 있다. 인간다운 본성의 신기원을 자각하는 과정이 새로움의 특성이라고 이해하면, 유럽 바깥의 문화권에서도 절대 존재에 맞설 만한 자아 성찰의 계기를 찾을 수 있다.

이러한 신뢰의 논제는 보편성과도 같은 현상들, 곧 여러 언어권에 동반하는 다양한 신화나 상징체계 또는 은유의 용례를 수용하는 한편, 이 원천 요소를 서구 사례와 전혀 다를 바 없는 자기보존의 징후로 삼을 만하다. 그 탐색 원리는 바로 우리의 근대성을 질문하는 방법 논증에서 가능성의 실마리나 마찬가지다. 이로부터 시대 전환을 이끌 만큼 혁명다운 사건들이 잘 드러나지 않는 역사 여건 가운데에서도 유럽식 진보의 부담을 누그러뜨릴 만한 사유의 통로가 열리기 때문이다.

이 땅의 역사 과정에서 설정할 만한 자존의 화신을 무엇이라고 이를 수 있을까? 아무래도 고유한 문화유산이 깊은 성찰의 대상이다. 그 궤적 가운데 유럽 중세기 절대 권능의 하나님 같은 존재가 잘 드러나지 않더라도, 우리는 완강한 전통의 이념 지형에 저항했던 모험가들을 떠올릴 수 있다. “어찌하여 공자를 높이며, 어찌하여 이단을 배척하라 하는가?" 유례없어 보이는 이 물음 가운데서 새로운 방향 설정에 맞닿는 문제의식을 느낄 만하다.

신채호가 보기에 유교와 사대주의 천하에서 핍박의 대상에나 올랐던 원시 상징 자료들, 이를테면 고대 선교(仙教)의 흔적이나 단군(壇君) 설화를 낳았던 우주 광명신(光明神)의 숭배 제례가 새롭게 내세워야만 할 자기보존의 요소에 든다. 극단의 이념 지형에서 파묻히고 말았던 그 '아름다운 이야기'야말로 그가 되살려내고자 고심했던 글쓰기 과제의 처음이자 끝이었던 셈이다. 그의 사유 실험에서 아름다움이란 도그마의 반대편이다. 오로지 그 서사 가운데 '독립자존의 주의'가 면면히 생동한다는 점에서 배척받은 이단의 이야기는 거꾸로 '조선다운 조선'의 역사로 거듭날 수 있다. 그러니까 "조선 사람 본연(本然)의 면목을 가려서 감춘" 주도 이념의 역사란 바로 '이교(異教)', 곧 유교 정신과 사대주의의 '나쁜 풍습'에서 비롯했다는 주장 가운데 인식의 파괴력이 들어 있는 셈이다. '아름다운 이야기'란 한마디로 이단의 역설이나 매한가지다. 신채호의 글쓰기 여정은 그렇듯 '가장 조선답지 않은 것'의 이면에서 자존의 '참조선'을 찾아내려는 구도자의 길이었다.

신채호의 역사 서술 글귀마다 그렇듯, '망설(妄說)'과도 같은 '노예' 교리에 맞서 '진정한 조선사'를 찾아내려는 굳은 뜻이 선연하다. 그래서 그의 글은 때때로 억측도 마다하지 않으면서 고증의 경계를 넘나든다. 옛적 조선의 '정치체제'가 워낙 빼어난 나머지 "진실로 동양 문명사의 우두머리 자리를 차지하였을 뿐만 아니라

지구 전체의 땅을 독점하였을" 수도 있었으리라는 과장이 그러한 사례 가운데 하나다. 그의 자존 의식은 너무 지나친 나머지 마침내 복고주의 편향에 빠져들고 말았을까?

내친김에 청년 신채호의 신문 글 한 조각을 더 읽으면서 맛보기로 문제점을 헤아릴 만하다. "국수(國粹)란 무엇인가? 곧 그 나라의 역사답게 전래하는 풍속, 습관, 법률, 제도 등의 정신이 그것이다." 옛것을 다 버리면 무엇에 기대어 '국민의 정신을 유지하며' 무엇으로 '국민의 애국심을 불러일으킬' 수 있는가라는 물음이 '국수를 보전하는 주장'으로 이어진다. 이로부터 그야말로 국수주의 애착에 딱 들어맞는 사유의 경향성을 읽어 낼지도 모르겠다.

그러나 놀랍게도 바로 '국수'라는 용례 그 자체에 반전의 의미론이 숨어 있다. 문제의 글을 세심히 읽으면, 그 시절 첨단의 서양 지식에 얽혀 있는 '보전'의 논제가 드러난다. 국가란 '생기(生氣)' 조직체로서 '정신과 형체의 연합'이라는 원리를 낯선 토양에 이식해 준 국가유기체설이 바로 그것이다.

여기에 담긴 말뜻을 제대로 알려면 유기체 사유의 원조로 알려진 아리스토텔레스의 고전 텍스트를 먼저 살펴야 옳다. "눈동자와 시력이 눈을 구성하듯, 영혼과 신체가 생명 존재를 구성한다." 이와 같은 생물의 구성 원리처럼 '혼이 깃든 신체'를 하나의 전체 구성으로 볼 때 몸과 정신 또는 지체들과 전체 사이의 상호작용을 유추할 만한 사유의 연장이 이루어진다. 이로부터 '생동하는 유기체' 이론이 생성하면서 '국가 정신'과 '국가 신체'의 연합을 뜻하는

'국가 인격성' 개념이 나타난다. 이를 본받은 것으로 보이는 신채호의 '국수'란, 말하자면 국가 기관들이나 지체 조직들의 내면에서 살아 움직이는 국가의 '혼'이나 그 정신을 간결하게 다듬은 표현일 따름이다.

이제 우리는 신채호의 인식 지평에 어느 만큼 가까이 다가갈 수 있다. '국수' 논제에서 사례로 나타난 '조종 전래'의 정신 자산이란, 오늘날의 해석학 방법으로 풀이해 보자면, 역사가에게 말을 걸어오면서 그 의미를 생생히 경험할 수 있도록 이끄는 전통 요소라고 이해할 만하다. 아울러서 전승 텍스트와 마주하는 탐구자의 관점은 항상 그때그때 상황의 제약을 받는다. 이처럼 이해를 가능하게 해 주는 조건이란 역사 사실의 설명이 어느 때라도 완결지어질 수 없다는 사정과 함께한다. 역사가는 어쩔 수 없이 역사 존재라는 본성에 속한다. 그러므로 그 연구자의 자기 인식은 아무래도 그 종결 지점에 다다를 수 없다. 바로 여기에서 탐구자의 넓은 시야를 함축하는 지평 인식의 필요성이 생성한다.

지평이란 역사 존재의 본성에서 벗어날 수 없는 탐구자와 더불어 움직이는 역동성의 공간을 의미한다. 그 안에서 전통이 자기 자신에게 말을 걸어온다고 자각할 때 비로소 역사다운 지평이 그의 인식 가운데 자리한다. 전통의 이해는 그러므로 역사 지평의 이해와 마찬가지다.

이 줄기에서 신채호의 시대 상황과 역사 전승의 이해 조건을 말해주는 표현에 깊이 주목할 수 있다. "정신상 국가만 망하지 않으면, 형식상 국가는 망하였을지라도 그 나라는 망하지 않은 나라이니라." 신채호가 망명의 결심을 다 굳혔을 즈음 나온 글 가운데 한 토막이다. 이제 어쩌다가 홀로 남는 국가의 혼이란 언제라도 지체와 기관들을 되살려 낼 수 있는 '불굴(不屈)할 정신' 그 자체라는 설명에서, 마지막 숨결에 다다른 '국가 신체'의 미련 따위는 다 버린 듯한 비장함을 감지할 수 있다. 이러한 생기 작용과 꼭 같은 뜻의 '국수'는 신채호의 표현대로 '20세기 신세계 유신주의(惟新主義)'에 알맞은 '정치 풍속'과 '국가 본성'의 미래 희망과 맞닿는다. 그가 바라보는 방향은 앞으로 나아갈 지평이며, '인민의 공화', '국가의 공권(公權)', '진정한 국가'와 같은 기대의 표현들이 그 공간을 꾸민다.

이렇듯 역사 연구자는 언어를 매개로 전통과 현재 상황 사이의 상호작용에서 이루어지는 자기 자신의 역동성을 자각하면서 표현한다. 경험 세계를 지칭하는 말과 그 속에 담기는 의미, 그리고 언어 표현과 역사 사실이라는 대칭 관계가 복잡한 다층 성격을 생성하면서 난해한 방법론 문제를 불러일으킨다. 해석학의 인식론을 물려받은 개념의 역사학이 거기에 알맞다.

개념이란 지칭 언어와 그 대상 사이의 상호 관계 속에서 만들어진다. 시대 상황에 얽힌 논쟁점, 다툼 가운데 있는 미래의 기대, 과거로부터 이어지는 사회 구성의 내용이 그 안에 섞인다. 이러한 언어 작용을 다루는 개념사 연구는 복합 층위의 언어들이 역사 현장에 남긴 의미를 발견하는 과제를 맡는다. 그것은 곧 과거의 단어 의미를 현재의 이해로 옮겨오는 작업이다. 그 주요 관찰 대상은 개념들의 지속과 변화다. 말하자면 특정 시대 상황 가운데 지나간 경험을 담았거나 다가올 시간을 내다보는 공포와 희망, 염려와 호기심, 예측과 기대 등등을 품고 있는 자료가 그 해석의 대상이다.

오늘날 개념사 방법의 이정표를 세운 코젤렉(Reinhart Koselleck, 1923~2006)의 설명에 따르면, '진보', '혁명', '문명', '공화주의' 같은 용례처럼 시간 지평을 표현하는 전망 개념들이 변화를 알려 주는 요소와 그 변화를 이끄는 추진력을 내재한다. 이러한 의미론의 성격 가운데 언어와 사실 사이의 복합 관계를 나타내는 개념들의 역사성이 있다. 그러므로 개념 해석이란 역사의 이해 과정과 함께 이루어진다. 마찬가지로 역사는 오로지 개개 개념을 통해 올바른 해석에 이를 수 있다. 코젤렉의 말대로 '개념과 역사의 수렴'이 곧 개념사의 주제다.

신채호가 한국 역사학의 역사에서 신기원의 상징과도 같다면, 그의 작품 세계를 빛나게 장식하는 전망 개념들이 그러한 평가에 맞춤한 듯 보인다. 그가 스스로 호명했던 '신사씨(新史氏)'는 역사 이해의 지평을 넓히려는 그의 자부심이자 자의식이었을 것이다. 오늘날 개념사 방법이 전해 주는 발견의 원리대로 한 역사가의 내면 의식을 얼마만큼 엿볼 수 있을지를 헤아려 보는 물음이 이 책의 출발점이다. 서둘러 미리 밝히자면, 신채호의 글에 자주 나타나는 신생 용어들은 거의 다 번역 과정을 거친 말이다. 그가 스스로 그 다양한 용례의 유래를 밝히거나 새로운 번역 사례를 만들어 낸 흔적은 감감하다. 그렇더라도 그는 나름대로 시대 상황과 역사가다운 인식 관심을 조율하기 위해 그 새로운 개념들을 글쓰기에 배치하는 일에서 그 누구보다도 탁월했다. 다음에 보듯, 풍전등화와 같은 위기 상황 가운데서도 미래 기대와 희망을 표현하는 수사법이 그러한 사례에 잘 들어맞는다.

제1장
서양 지식

1. 진화설

낯선 언어 세계

1898년은 신채호 생애에서 하나의 갈래 시점이다. 그해 가을 청주 고향 마을의 소문난 '천재'는 열아홉 생일을 앞둔 즈음에 시골 선비에서 성균관 유생으로 거듭났다. 그 무렵 성균관은 갑오개혁 뒤 어수선한 정국과 과거제 폐지의 여파로 옛 명성을 잃어 갔지만, 세계사나 과학 지식 같은 신학문 수업은 되려 청년기 형성 욕구에 기름을 부었을지도 모른다. 신채호가 변영만·조소앙 등과 더불어 사회과학 독서회를 꾸렸던 일은 성균관 학제 개편과 서로 어울렸을 것이다.[1)]

---

1) 1895년의 성균관 경학과 규칙 그리고 이듬해의 그 개정에 따라 그곳 유생들은 사서삼경, 강목(綱目) 등의 고전 과목뿐만 아니라 본국 역사와 지리 및 세계 역사와 지리, 산술, 작문과 같은 근대 학문도 배울 수 있었다.

이로부터 그는 '서양 문물'에 눈뜨고는 계몽운동의 길에 들어설 수 있었다. 아울러 그는 바로 그해 10월 독립협회에 가담하여 활동하다가 만민공동회 사건을 빌미로 잠시나마 감옥살이를 겪었다. 이 일이 온통 독립운동에 헌신했던 그의 삶에 뚜렷한 이정표를 그었을 터이다. 그 뒤로 그는 성균관 유생들과 더불어 국권을 지키자는 성토운동에 뛰어들었으며, 잠시나마 고향에 세워진 사립 계몽학교에서 강사를 맡기도 했다. 그곳에서 그는 '시대의 변천과 한문 무용론'을 주장하며 경전이나 역사책을 한글로 풀이해서 가르치다가 지역 유림으로부터 '배척'받기도 했다.2)

이렇듯 신채호는 벌써 20세 앞뒤 나이에 자신의 유년기를 길러냈던 고전 세계에서 차츰 벗어나고 있었다. 드디어 1905년 4월 그는 소정의 시험에 합격한 뒤 성균관 박사에 올랐으나 곧바로 사임한다. 자강과 독립을 기치로 내건 새로운 언론 무대가 그를 기다리고 있었다.

"오호 오늘날 우리 대한에 무엇이 있는가. 국가가 있건만 국권이 없는 나라이며, 인민은 있건만 자유가 없는 민(民)이며, … 그 산업의 지리파쇄(支離破碎)가 이미 극(極)에 다다른 뒤니, 오늘날 우리 한국민의 소유가 무엇이라 이를까." 이렇게 시작하는 「대한의 희망」은 언론 문필가 신채호의 이름을 널리 알린 글 가운데 하

2) 신영우(1931), 「朝鮮의 歷史大家 丹齋 獄中會見記」, 《朝鮮日報》 1931년 12월 19일[단재신채호전집편찬위원회 편(2008), 『단재신채호전집』 9권, 독립기념관 한국독립운동사연구소, 251쪽].

나다. 그 논설은 1908년 4월 25일 《대한협회회보》에 실렸다.

신채호가 숱한 역사 논설을 발표하기 시작했던 시점이 의미심장하다. 그때 대한제국의 운명은 거의 마지막 숨결에 다다르고 있었다. 일본 식민정책을 만천하에 드러낸 사건들, 이를테면 고종의 강제 양위와 한일신협약, 그리고 대한제국군 해산과 같은 일들이 그 지난해에 연달아 일어났다. 신채호의 글쓰기는 바로 그러한 시대를 겨냥했던 저항의 수사였다.

"시국이 날마다 바뀌고 조정의 정치가 날로 그릇되어, 뭇 사람 천지에 눈뜨면 모두 적이라." 이렇게 망국의 위기를 내세우는 「대한의 희망」은 그 서술 방향의 본보기다. 그리고 바로 이어 나오는 경구, 곧 "희망이란 자는 만유의 주인"이라는 표현은 저항의 역설이다. 이와 함께 '희망의 맹아'가 항상 고통의 시대에 싹텄던 교훈을 '역사상' 외국 사례에서 찾을 수 있다는 설명이 나온다.

"현재의 고통은 과거 무희망(無希望)으로 남겨진 서자의 업이오, 미래의 행복은 현재 유희망(有希望)으로 퍼뜨릴 종자니, 힘쓸지어다 우리 한인(韓人)이여. 과거의 무희망은 과거 인물이 만들어 낸 겁탈의 꿈이며, 미래의 유희망은 미래 인물이 쌓을 토대이니, 힘쓸지어다 우리 한인아."[3)]

신채호의 기대가 담긴 희망의 서사는 소박하기 그지없다. 그러나 처음부터 끝까지 거기를 관통하는 힘은 '지금'과 '미래'를 아우

3) 신채호(1908), 「대한의 희망」, 《大韓協會會報》 第一號, 11~20쪽.

르는 시간의 성찰이다. 그곳에서 희망이란 막연하지만 앞으로 다가올 미지 세계의 기대를 드러내는 수사법이다. 위기에 다다른 '지금'이야말로 과거 어느 때보다 중요한 의미를 지니며, 바로 여기에서 새로운 시간의 지표가 비롯한다. 그 바탕에서 신채호는 미래로 나아가는 지평을 표현할 수 있었다.

이와 같은 사유의 바탕에서 그는 "오늘날 대한국민의 목적지가 어디에 있는가"를 묻는다. 1908년 5월 《대한매일신보》에 실린 한 편의 글은 미래 지평의 기대로 가득 차 있다. 목적이 없다면 인민도 세계도 역사도 있을 수 없다는 생각이 글의 중심에 서 있다. 신채호가 보기에 '옛 목적지'는 부서져 없어지고 말았다. 그래서 오늘날 사람들은 '장래 건축할 새로운 목적지'로 향해 나아가야만 한다. 그 방향은 이전에 누구도 '진행한' 적 없었던 '국민의 목적지'다.

> 대개 우주 고금에 목적이란 두 글자만 없으면, 살아 있는 사람이 죽은 귀신 되며, 양지의 세상이 음지의 지옥 되어, 인민도 없으며 영웅도 없으며 세계도 없으며 역사도 없으리니, 생각해 보라. … 어디에 있는가, 오늘날 대한국민의 목적지여. … 저 4천 년 문명역사를 껴안으며 8만 2천 방리(方里) 기름진 땅을 차지하여 총명하고 지혜로운 2천만 동포가 있는 대한국민이여, 그 목적지를 모르는가. 황금이 가득하며 금수(錦繡)가 찬란할 곳이 대한국민의 목적지라. 그 문은 독립이며 그 길은 자유니, 국가의 정신을 발휘하고 만유의 사업을 국가에 바쳐서 신성한

국가를 보유함이 대한국민의 목적지니라.[4]

신채호는 이처럼 '대한국민'의 희망과 목적을 노래하면서 논설 표현에 새로운 개념들을 배치한다. 이를테면 그의 초반기 글에 자주 나타나는 '국가'는 한문 문화권의 전통사회에서 국(國)과 가(家)의 합성어로 쓰이던 옛 용례가 아니었다.[5] 그 말이 국민국가라는 근대 개념에 꼭 들어맞는다고 여길 수는 없겠지만, 독립과 자유의 '길'을 말하는 가운데 그러한 방향으로 나아가는 의미 경향성은 분명히 드러난다고 이를 만하다.

'국가'와 함께하는 '국민'은 더욱 새로운 의미론 영역으로 나아간다. 거기에는 원래 '국'의 근본 세력이나 한 나라에 매인 백성을 지시하는 의미소가 들어 있었다.[6] 신채호가 표현하는 그 용례 가운데 전통 요소가 온통 빠져 있다고 단정할 수는 없다. 그렇지만 "눈을 들어 세계를 관찰해" 보면 "우리 국민도 입헌 요구의 목적지에 도달하려고" 용솟음치고 있다고 했듯, 그의 글쓰기 방식은 이미 주권의 주체를 드러내고 있었다. 이 무렵 한국 출판물 어디에서도 그 말의 유래가 밝혀진 적 없지만, 차츰 유행어의 바람을 타기 시작했던 '국민'은 유럽 어원의 번역 개념에 가까웠다. 그것은 원래 nation(영어 또는 프랑스어), people(영어), Volk(도이칠란트어)

---

4) 신채호(1908), 「금일 대한국민의 목적지」, 《대한매일신보》 1908년 5월 24~25일.

5) 박상섭(2008), 『국가·주권』(한국개념사총서 2), 소화, 89쪽 이하.

6) 박명규(2009), 『국민·인민·시민』(한국개념사총서 4), 소화, 54쪽 이하.

등 여러 갈래의 언어들에서 비롯했으며, 따라서 처음에는 그 의미 영역이 '인민'이나 '민족'과 뒤섞이곤 했다. 이처럼 한자 어휘에 낯선 의미를 덧씌우거나 새로운 단어를 조립하여 서구 사상이나 이념을 옮겨와 사용하는 방식이 동시대 지식사회의 유행이었다.

우후죽순을 빼닮은 신조어 출현은 위기의 시간을 반영하듯 지나간 시간과 미래 기대 사이의 긴장 관계를 시대 인식으로 드러내는 첨단의 방법이었던 셈이다. 1907년 11월부터 신채호가 주필로 함께했던 《대한매일신보》는 그 대열의 맨 앞이었다. 그렇지만 그가 서구에서 생성한 개념을 번역하기 위해 스스로 새로운 단어를 만든 흔적은 거의 없어 보인다. 다만 그는 외래 용어들을 위기의식의 한가운데로 배치하는 일에서 그 누구보다도 탁월했다. 이때 그의 글에 나타나는 신조어들은 거의 다 시세의 긴장 관계를 드러내는 투쟁 개념으로 작용했다. 말하자면 그는 낯선 언어 의미론을 역사 시간의 계기에 엮으면서 언론 문필의 유명세를 누릴 수 있었다. 여러 사론(史論) 글들 가운데 비교적 일찍 나왔던 「역사와 애국심의 관계」가 그 사례 가운데 하나다.

"오호라, 어찌하면 우리 이천만의 귀에 항상 애국이란 글자가 금옥(金玉) 소리처럼 쟁쟁하게 할까. 이르건대 오직 역사로 그렇게 할지니라. … 역사란 어떤 물건이건대, 그 공효(功效)의 신성함이 이러한가." 이렇게 논설은 역사란 무엇인가를 묻는 듯하면서도 그 본성에 다가서지는 않으며, 화려한 수사가 그 문제를 덮고 있을 따름이다. 그 대신 간단하고도 명료한 주장이 글의 중심을 이끈다. "국민의 애국심을 불러일으키려면, 먼저 완전한 역사를 가르쳐야만 한다." 역사가 있으면 그 나라가 반드시 일어서기 때문이다.[7] 신채호는 이렇게 말하면서도 새로운 언어 용례로 나타나는 '애국심'이 어떤 의미 연관에 얽히며 어디에서 유래한 말인지를 자세히 설명할 수는 없었다. 그렇지만 역사를 '읽은' 뒤 분발하는 애국의 마음이 '국민사상'으로 이어지리라는 기대를 숨기지 않으면서 새로운 의미론 장을 예고한다.

서둘러 미리 밝히자면, '애국심'은 원래 유럽 언어(patriotism 또는 patriotisme)에서 비롯한 번역어다. 그 뿌리는 혈통이나 가문을 뜻하는 그리스 말 파트리아(πατριά)에 닿는다. 이 말이 그대로 라틴어(patria)에 이어져 '아버지의 도시'라는 실제 장소를 일컬었으며, 거기에서 고향이나 태어난 고장과 뜻을 함께하는 '조국'이 비롯했다. patria는 드디어 로마 공화주의자들과 만나면서 레스 푸블리카(res publica), 곧 공공의 일이나 공동체를 뜻하기 시작했다. 이때부터 그 말에 비로소 공동의 자유와 공익 존재라는 추상성 의미가 더해졌다.

18세기에 이르러 계몽사상의 맨 앞에 섰던 '애국자'는 그와 같은 의미론 역사에 편승했다. 거기에 따라붙는 '선량한 시민'이라는 뜻이 언어 용례의 역사성을 드러낸다. 그때부터 '애국자'는 자유로운 헌법을 후원하고 유지하는 행위 주체의 자격을 얻으면서

7) 신채호(1908), 「역사와 애국심의 관계」, 《大韓協會會報》 第二號, 1908년 5월 25일, 2~7쪽; 《大韓協會會報》 第三號, 1908년 6월 25일, 2~6쪽.

지배자를 의미하던 전통의 '아버지'와 경쟁 관계에 설 수 있었다. '조국'은 이제 군림하는 모든 세력에게서 벗어나면서 '공화국'이라는 공공선의 존재로 등장한다. 이로부터 애국심은 성숙한 시민의 자기 결정을 하나의 정당성으로 나타내는 운동 개념으로 상승했다.[8)]

신채호의 '애국심' 논설에는 그 단어의 원래 의미론과 역사성의 설명이 들어 있지 않다. 그는 틀림없이 다른 사람의 글에서 그 용례를 알아냈을 것이다. 먼저, 1895년에 나온 유길준의 『서유견문』이 두드러진다. 이 책 제12편에 '애국하는 충성'이라고 이름 붙인 한 장의 논설이 있다. "다른 나라 사람들이 자기 나라를 사랑하는 여러 일 가운데 칭찬할 만한 것이 많다. 애국심은 인민이 교화를 골고루 받을수록 지극한 정성으로 감발(感發)할 터이다. 그러므로 나라의 정부는 인민을 교육하는 일에 마음과 힘을 다 기울여서 큰 예산 소비에 아낌을 두지 않는다. 그래서 그 나라의 인민은 무슨 일이든 나라를 위한 것이라면 생사를 돌보지 않는다."

이처럼 유길준은 서구 나라들의 사실을 들어 애국심의 이치와 효력을 밝힌다. 그가 구경했던 나라들에서는 어른이든 젊은이든 애국하는 일에 서로 힘쓰며, 어린아이나 규중처녀라도 다른 나라에 뒤처지는 자기 나라 사정을 들으면 분하고 부끄러운 마음을 참

8) Koselleck, R.(2006), *Begriffsgeschichten. Studien zur Semantik und Pragmatik der politischen und sozialen Sprache*, Frankfurt am Main, Suhrkamp, pp.218ff.; 조승래(2010), 『공화국을 위하여. 공화주의의 형성과정과 핵심사상』, 길, 97쪽 이하.

지 못한다고 한다. 그러면서도 그는 이 모든 이야기에 앞서 '조선 사람'이라고 하는 공공 이름(公名)이 목숨을 걸고서도 지켜야만 할 만큼 귀중한 '직책'이라고 힘주어 말한다. 그것이 바로 모든 나라가 한결같이 뒤따라야만 하는 '통의(通義)'이기 때문이다.[9]

량치차오

『서유견문』이 나온 지 몇 년 지나 《황성신문》에 실린 애국론 소개는 또 다른 주목거리다. "내가 요즈음 청의보(淸議報)를 열람하다가 청나라 애시객(哀時客)이라는 지사의 애국론을 보았는데, 그 격절(激切)하고 적당함이 시국을 만회할 만큼 웅건한 글이라." 1899년 3월 17일 그 신문에 나온 한 편 논설을 시작하는 말이다. 그리고 다음 날에는 '애국론'을 좀 더 자세히 설명하는 글이 나온다.[10] 여기에서 말하는 '애시객'이란 중국 계몽의 시대를 상징하는 량치차오(梁啓超, 1873~1929)의 필명이다.

량치차오는 무술변법(戊戌變法) 운동이 실패한 뒤 일본으로 망명하자마자 《청의보》라는 계몽 잡지를 시작했다. 거기에 1899년 2월부터 「애국론」이라는 연재 글이 실렸다. "애국이란 무엇인가?

---

9) 유길준(1895), 『서유견문』, 東京: 交詢社[유길준전서편찬위원회 편(1971), 『유길준전서』 I, 일조각, 303~305쪽].

10) 「余近日에 淸議報를 閱覽ᄒᆞ다가」, 《皇城新聞》 1899년 3월 17일; 「愛國論」, 《皇城新聞》 1899년 3월 18일.

민(民)이 스스로 자기 몸을 사랑하는 것이다. 그러므로 민권이 흥하면 국권도 세워지고 민권이 사라지면 국권도 없어진다." 그 글의 중심에 자리하는 말이다. 중국 계몽의 사도가 보기에, 나라란 민이 모여서 이루어지는 것이다. 따라서 그 정치는 민이 스스로 자기 일을 다스리는 것이다. 군주나 재상이 민의 권리를 누르려 애쓰면, 이는 곧 그 나라를 버리는 일이다. 개개 민이 자기 권리를 넓히려고 애쓰지 않으면, 이는 곧 자기 자신을 버리는 것과 다를 바 없다. 그래서 애국은 반드시 민권(民權)을 일으키는 일에서 시작해야만 한다. 민이 없으면 나라도 없고 나라가 없으면 민도 없기 때문이다. 이렇듯 민과 나라는 하나이면서 둘이요 둘이면서 하나다.11)

이러한 내용이 《황성신문》의 논설에 흘러 들어가 대한제국의 마지막 몇 년을 장식했던 이른바 '애국계몽'운동을 부추긴다. 곧 《청의보》에서 보건대, 중국인들 사이에는 애국의 성질이 없다는 이야기가 서구 사람들에게 널리 퍼져 있다고 한다. 그러니 우리 동포는 그 말을 눈처럼 고결하게 마음속 깊이 새겨야 할 터이다.

신채호의 애국심 논설은 누구의 글에 기댔을까? 유길준의 『서유견문』이나 《황성신문》의 소개 글 모두 신채호의 독서 목록에 들 수 있었겠지만, 「역사와 애국심의 관계」를 이끄는 중심 표현은 대

11) 이혜경(2002), 『천하관과 근대화론: 양계초를 중심으로』, 문학과지성사, 204쪽 이하; 梁啓超(1899), 「愛國論」, 《淸議報》 第六, 七, 二十二冊[梁啓超(2008), 『飮冰室文集』 三卷, 北京: 中華書局, 65~77쪽].

체로 후자의 내용과 가깝다고 짐작할 수 있다. 신채호의 글 가운데 몇몇 구절이 량치차오「애국론」의 요약 설명을 닮았기 때문이다. 그렇지만 신채호의 서술 범위는 그보다 훨씬 넓으며 좀 더 복잡한 논제에 걸쳐 있다. 이를테면 역사란 '민족 진화의 상태'를 서술한다고 신채호는 밝히는데, 이 설명이 《황성신문》의 요약문에는 들어 있지 않다. 신채호가 틀림없이 다른 문헌을 아울러 참고했다고 여길 만한 대목이다.

량치차오는 1902년 새로 창간한 《신민총보(新民叢報)》에 몇 차례에 걸쳐「신사학(新史學)」이라는 제목의 글을 발표하는데,[12] 바로 여기에 신채호가 물려받았으리라고 추론할 만한 몇몇 구절이 있다. "역사란 사회진화의 현상을 서술한다."[13] 아마도 이 표현이 신채호의 글에 거의 그대로 옮겨졌을 것이다. 그리고「역사와 애국심의 관계」에서 "역사란 그 나라 국민의 변천소장(變遷消長)한 실적이니"라는 문구를 읽을 수 있는데, 량치차오의「신사학」에서 그와 비슷한 표현을 찾을 수 있다.[14] 신채호가 다른 논설에서 밝히는 "역사는 애국심의 원천"[15]이라든가 "국민의 명경(明鏡)"[16]이라는 표현도「신사학」에 그대로 들어 있다. 거기에서 량치차오의

---

12) 梁啓超(1902),「新史學」,《新民叢報》第一, 三, 十一, 十四, 十六, 二十期. 이 글들은 같은 제목으로『飮冰室文集』九卷(1~32쪽)에 다시 실렸다.

13) 梁啓超(2008),「新史學」,『飮冰室文集』九卷, 9쪽.

14) 梁啓超(2008),「新史學」, 12쪽.

15) 신채호(1908),「許多古人之罪惡審判」,《대한매일신보》1908년 8월 8일.

16) 신채호(2007),「대동 제국사 서언」,『단재신채호전집』3권, 343쪽.

글은 이렇게 시작한다. "오늘날 서구에서 두루 쓰이는 학문 가운데 중국에도 고유한 한 분과가 있으니" 그것이 곧 '사학'이다. "사학은 가장 넓고 크며 매우 절실하게 필요한 학문이면서, 국민의 명경이요 애국심의 원천이다."[17]

신채호가 량치차오의 글과 만났던 시점이나 경로는 흐릿하다. 다만 그 '청나라 유학자'가 한국 지식인들 사이에서 서구 신사상의 매개자로 널리 알려져 있었다는 사실이 두드러진다. "그는 오늘날 동양 유신파(維新派) 가운데 첫손가락에 꼽힌다. 대개 그의 의론은 방대하고 거리낌이 없어서 고금을 넘나들고 동서에 관통하며, 분석의 정밀함은 털끝까지 파고들고 범위의 넓음이 하늘과 땅을 다 포괄하되 핵심은 모두 시의에 들어맞으니, 참으로 경세의 나침판이라 할 만하다." 앞서 보았던 신채호의 '애국심' 논설과 나란히 《대한협회회보》에 실렸던 「빙집절략(氷集節略)」은 그렇게 '서양 서적'에 밝았던 량치차오를 소개한다.

글을 쓴 사람은 바로 그 회보의 발행소장 홍필주(洪弼周)였다. 그는 1905년 가을 일본 요코하마에서 량치차오와 "서로 만나 차와 술을 마시며 이야기를" 나눈 적 있었다고 적는다. 소용돌이치는 시세의 한 단면이 거기에 들어 있다. 중추원 의관을 지냈던 그는 1904년 2월 한일의정서 체결에 반대하는 상소문을 올리면서 애국운동에 뛰어들었으며, 1905년 9월 몇몇 동료와 함께 일본으

17) 梁啓超(2008), 「新史學」, 1쪽.

로 건너가 대한제국의 주권 침탈을 규탄하는 항의운동을 벌이는 동안 량치차오를 직접 만날 수 있었다. "매번 양계초(梁啓超) 씨의 말을 생각하고 서양 서적에 유의하지 않은 적 없었지만, 큰 바다를 두고 멀리 떨어져 있고 습관 또한 달라서 동아시아와 같지 않음을 한스러워했습니다." 이렇듯 세계정세에 목말랐던 '개신 유학' 세력은 서양 책을 직접 읽을 수 없었던 사정을 한탄하는 지경에 있었다. "그러므로 문득 양계초 씨가 지은 음빙실집(飮冰室集)을 발췌하여 회보에 실어, 뜻을 같이하는 군자들이 일람하도록 하는 바입니다."18)

홍필주와 같은 뜻의 '군자들'은 아마도 1905년에 만들어진 헌정연구회 회원들일 것이다. 이 단체의 뒤를 이었던 대한자강회와 대한협회는 을사년 조약 사건 이래 애국 세력의 큰 축이었다. 이들이 '매번' 량치차오의 말을 떠올린다고 했듯, 이들 사이에 그 망명 사상가는 세계정세를 꿰뚫고 있는 인물로 유명했다.19) 국권 회복에 뜻을 같이했던 그 '군자들'은 량치차오의 글에서 무엇을 배우고자 했을까?

량치차오가 1899년 《청의보》에 실었던 한 편 글이 시세 문제에

18) 洪弼周(1908), 「氷集節略」, 《大韓協會會報》 第二號, 1908년 5월 25일, 25쪽.

19) 1899년 2월 이래 서울과 인천 두 곳에 《淸議報》의 판매소가 만들어지고, 그곳에서 나중에 《新民叢報》도 함께 팔렸다고 한다. 량치차오의 글은 주로 그 잡지들에 실렸으니, 한말 지식사회는 손쉽게 그의 작품과 만날 수 있었을 터이다. 신승하(1998), 「구한말 애국계몽 시기 양계초 문장의 진입과 그 영향」, 《아세아연구》 100, 222쪽.

민감했던 한국 개혁가들의 심금에 닿았던 것으로 보인다. "생존경쟁과 우승열패로부터 강권이 생겨난다. 생존경쟁은 천지와 더불어 있었으니, 강권도 천지와 더불어 있었음은 말할 나위가 없다." 이 표현은 「강권론」이라고 이름 붙인 이른바 진화설의 요약이다. 하나의 큰 교리처럼 아시아 동쪽 끝까지 퍼졌던 그 주장은 량치차오의 글 맵시로 다음처럼 꾸며진다. 모든 유기체 생물은 내부 유전과 외부 환경으로 말미암아 그 체질과 심성에서 강약과 더불어 우열의 차이를 드러낸다. 이렇듯 본성 기질에서 제각각 다른 생물 존재는 이 세상에서 함께 살아가는 동안 저마다 자신의 이로움을 꾀하는 탓에 서로 다툴 수밖에 없다. 이 현상은 너무나 자연스러운 형세다. 이를 일컬어 생존경쟁이라고 한다. 그 까닭으로 유전과 환경에서 우월하고 강한 존재는 끝내 승리하여 살아남고, 열등하고 약한 존재는 소멸의 길에 들어선다. 이처럼 자연스러운 현상을 우승열패라고 부른다.[20]

---

20) 량치차오(2017), 『음빙실자유서』, 강중기·양일모 외 옮김, 푸른역사, 88~95쪽. 량치차오의 진화설 논평(「論强權」)은 1899년 9월 21일 《淸議報》 제31책에 처음 실린 뒤 1903년 상하이 광지서국(廣智書局)에서 한 권의 단행본으로 나온 『飮氷室自由書』에 다시 실렸다. 량치차오가 일본에서 망명 생활을 견디던 초반기에 여러 번역서를 읽거나 시세 변화를 듣고 보면서 느낀 단상을 그야말로 '자유롭게 기록한 글' 모음이 바로 그 책이다[이혜경(2002), 『천하관과 근대화론: 양계초를 중심으로』, 205쪽]. 『飮氷室自由書』는 1906년 말에 이르러 량치차오의 또 다른 작품집(『飮氷室文集』)과 함께 한국 지식사회에 전해져 인기 독서 목록에 든 것으로 보인다[《皇城新聞》, 1906년 11월 20일(新學問各種書籍을 自上海等地로 多數輸入發售)]. 1908년 서울의 탑인사(塔印社)가 『음빙실자유서』의 한문본과 국한문 번역서를 한꺼번에 출판했다는 사실

량치차오가 「강권론」에서 밝히는 '천연(天然)의 공례(公例)'는 곧 진화의 법칙이다. 그 명제는 인류로부터 온갖 생물뿐만 아니라 무기물까지도 두루 통하는데, 바로 그 중심에 선 표현들이 한말 지식사회의 유행어로 거듭난다. 누구보다 앞서 량치차오의 작품을 즐겨 읽었으리라 여겨지는[21] 장지연(張志淵, 1864~1921)의 글들에서 그 사례를 엿볼 수 있다.

"무릇 우승열패는 곧 천연의 공리다." 이 진화의 법칙대로 모자라고 어리석으며, 고립 처지에 있거나 유약하게 태어난 존재는 어쩔 수 없이 생존경쟁에 쫓기어 사라지고 만다. 그 대신 우세하고 총명하면서 단합을 이루거나 자강(自强)하는 존재가 승리를 쟁취한다. 이것이 바로 천택(天澤), 곧 자연도태의 결과다.[22] 이로부터 죽느냐 사느냐를 결정하는 '우열의 길(優劣之道)'을 깨달을 수 있으니, 그것은 바로 '단체(團體)'를 구성할 수 있느냐 없느냐에 달려 있다.[23] 인류란 "날짐승처럼 날 수 없고 길짐승처럼 달릴 수 없어서 대지에 고립하면" 멸절의 운명에 놓이기 때문이다.[24] 이렇

도 아울러 주목할 만하다.

21) 정문권·조보로(2012), 「장지연과 양계초의 애국계몽사상 비교 연구」, 《한국문예비평연구》 37; 김도형(2000), 「장지연의 변법론과 그 변화」, 《한국사연구》 109.

22) 張志淵(1906), 「團體然後民族可保」, 《大韓自强會月報》 第五號, 1906년 11월 25일, 7쪽.

23) 장지연의 주요 논지는 량치차오가 1902년 《新民叢報》에 '신민설(新民說)'이라는 제목의 큰 논문 가운데 제13절의 내용으로 발표했던 「論合羣」의 서술과 거의 비슷하다. 이로 미루어 보건대, 그는 「강권론」에 이어서 '신민설'의 여러 논제도 아울러 참고했으리라 여길 만하다. 량치차오의 해당 글은 다음 책에 다시 실렸다. 梁啓超(1902), 「新民說」, 『飮氷室專集』 4, 北京: 中華書局, 1~162쪽.

게 냉혹한 자연 질서 가운데 인간의 존립 근거를 이해하는 사유 방식으로부터 장지연의 시대를 상징하는 '자강주의' 구호가 나타난다. "만약 사람들이 자강의 도리를 이해하여 자강의 방법을 꾀할 수 있도록 한다면, 어찌 국권을 만회할 수 없으며 국력이 발달하지 못할까 근심하리오."[25]

장지연과 나란히 계몽 언론의 전선에 섰던 박은식(朴殷植, 1859~1925)도 아울러 량치차오의 글에서 배운[26] 진화의 원리로부터 '우리 한국'의 독립을 내다본다. "오늘날 시대는 생존경쟁을 천연이라 논하며 약육강식을 공례라 일컫는지라. … 설혹 타 열강이 우리를 불쌍히 여겨 원조한다는 성명이 있을지라도 우리는 그것을 사양하고 물리치면서, 우리나라의 독립은 우리나라의 자력으로 할 것이지 타국의 힘을 빌리지 않으리라고 이르고는, 자강의 성질을 배양하며 자립의 기초를 부식(扶植)할지니, 만약 그렇지 못하면 타인의 노예나 희생일 따름이리라."[27]

청년 신채호는 바로 그 자강의 부름에 화답하여[28] 성패 이념의

24) 張志淵(1906), 「自强主義(續)」, 《大韓自强會月報》 第四號, 1906년 10월 25일, 7쪽.

25) 張志淵(1906), 「自强主義」, 《《大韓自强會月報》 第三號, 1906년 9월 25일, 3쪽.

26) 김현우(2013), 「박은식의 양계초 수용에 관한 연구－박은식의 유교구신(儒教求新)과 근대성을 중심으로-」, 《개념과 소통》 11, 5~45쪽.

27) 朴殷植(1906), 「자강능부(自强能否)의 문답」, 《大韓自强會月報》 第四號, 1906년 10월 25일, 1~3쪽.

28) 신채호의 언론 활동은 장지연의 요청에서 시작한다. 일찍이 《황성신문》의 논설을 맡고 있던 이 인물은 신채호의 고향 마을 어느 집안과 사돈 관계를 맺고 있었는데, 1905년 그는 그곳을 들렀던 참에 신채호를 만나 신문 글쓰기를 부추겼다고 한다.

대열에 함께한다. "오호라, 경쟁은 사람의 천직이며 생활하는 자본이라. 고로 천직을 잊어버리고 자본을 돌보지 않으면 틀림없이 초췌사경(憔悴死境)에 빠져들기는 개인도 그러하고 한 국가도 그러하니, 여차히 경쟁에 담박(淡泊)하는 국민으로 어찌 안락하고 무사하리오."29)

스펜서

널리 알려진 이들 세 문필가는 저항의 언론 전선에서 경쟁과 자강의 수사를 두드러지게 드러냈던 사례들 가운데 몇몇이었을 따름이다. 그 시절 계몽의 글쓰기에 나섰던 인물치고 우존열망이나 약육강식 같은 신생 유행어를 입버릇처럼 뇌지 않는 사람은 드물었다. 얼핏 보더라도, 인간 일반의 자존 의지뿐만 아니라 약자의 행운마저 조금도 남겨 두지 않을 듯 보이는 자연 이치가 국권 운동에 뛰어든 그들의 마음속에서 어찌 요동칠 수 있었을까?

량치차오가 대한제국의 '군자들'에게 전해 주었던 '천연의 공례'에서 어떤 실마리를 찾을 수 있을지도 모른다. 그 표현은 원래

그때부터 '유명한 문장가'로서 《황성신문》의 주필을 맡았던 신채호는 장지연의 필화 사건 끝에 1907년 11월에는 대한매일신보사로 자리를 옮긴다. 1906년 장지연의 뜻을 지키려 《황성신문》의 논설을 이어 썼던 박은식이 바로 신채호의 전임이었다. 「대한매일신보 사건 재판 후 <베델>의 동정 및 신채호 매일신보사 입사 건」(1907. 11. 6), 『統監府文書』 4, 1999[『단재신채호전집』 8권, 42쪽].

29) 신채호(1909), 「東國巨傑 崔都統(續)」, 《대한매일신보》 1909년 12월 24일.

19세기 중엽 영국 지식사회에서 크게 떨쳤던 '진화(evolution)' 이론을 고전 한문의 글맛을 살려 옮긴 말이다. 량치차오에게 서구 계몽 지식을 전수했던 옌푸(嚴復, 1854~1921)가 그 학술 용어를 널리 퍼트렸는데, 허버트 스펜서(Herbert Spencer, 1820~1903)가 '처음으로' 썼던 'evolution'에서 그 번역어가 비롯한다는 설명이 뒤따른다.[30] 사정을 좀 더 자세히 들여다보면, 그 영국 사회 이론가가 이미 생물학 분야에서 쓰고 있던 문제의 용례를 빌려 썼다는 사실을 알 수 있다. 그의 이름과 함께하는 진화론 원리의 뿌리는 생물과학 영역의 발생학(Embryologie)에 닿으며, 도이칠란트 동물학자 바에르(Karl Ernst von Baer, 1792~1876)의 이론체계가 그 시작점이었다.

먼저, 18세기 중엽에 생물 개체의 발생 과정을 두고서 이른바 전성설(preformation theory)과 후성설(epigenesis) 사이의 다툼이 있었다. 전자는 생물 존재의 발생 과정에서 개체의 형태와 구조가 미리 어떤 꼴로 정해졌다고 본다. 이 주장은 현미경 관찰 방식의 발전과 더불어 후자의 비판에 내몰린다. 곧 생물의 배아 과정은 이미 존재하는 본질 형태의 반복 현상이 아니라, 일반 성질이 특수 성질들로 계속해서 분화해 나가는 양상을 띤다. 이때 누군가가

30) 영국 생물학자 토머스 헉슬리(Thomas Henry Huxley, 1825~1895)가 1894년 펴낸 *Evolution and Ethic*이 『천연론』의 원전이다. 옌푸는 훗날 '천연'의 원어가 'evolution'이며, 그 말을 허버트 스펜서가 처음 사용했다고 밝혔다. 양일모(2008), 『옌푸(嚴復): 중국의 근대성과 서양 사상』, 태학사, 86쪽 이하.

흥미롭게도 전자의 주장에 'évolution(évolutions)의 이론'이라는 이름을 붙였다. 어느 만큼 역설의 뉘앙스를 갖는 이 이름[31]은 라틴어 원어(evolvo)처럼 미리 만들어진 것의 '펼쳐짐'이라는 뜻에 맞추어져 있었다. 그 용례의 의미 변화는 다음 세기 초반기에 바에르가 동물 배아 연구 끝에 내세운 '점진 분화의 법칙'과 함께 시작한다. 척추동물의 연구 사례로 발생학 분야의 으뜸에 올랐던 그는 생물 개체들의 발육 과정에서 개개 부분이 형질의 특성을 띠면서 계속 분화해 간다고 결론 짓는다. 이러한 전개 과정은 그의 저술에서 '동물 발달의 역사(Entwickelungsgeschichte der Thiere)'로 특징지어지는데, 여기에 따라붙은 'Entwicklung'이라는 용어가 스펜서의 진화 이론에 심층 의미를 더해 준 것으로 보인다. 바에르가 자신의 책 제목에 붙였던 그 도이치 용례는 배아의 발육 현상이 일반 성질에서 복잡 성격으로 분화하면서 변화해 가는 과정을 담고 있다.[32] 앞서 보았던 'évolution'과 짝한 것으로 보이는 'Entwicklung'은 발전, 발달, 진보 등의 뜻을 아우른다. 이로부터 사회 영역으로 넓혀지는 '진화' 과정의 추이를 유추할 만한 의미론 전환이 이루어졌던 셈이다.

31) 황수영(2011), 「서양 근대사상에서 진보와 진화 개념의 교착과 분리」, 《개념과 소통》 7, 121쪽 이하.

32) Baer, K. E. von(1828), *Über Entwickelungsgeschichte der Thiere: Beobachtung und Reflexion*, 1. Theil, Königsberg Bornträger; Baer, K. E. von(1837), *Über Entwickelungsgeschichte der Thiere: Beobachtung und Reflexion*, 2. Theil, Königsberg Bornträger.

스펜서는 1852년, 그러니까 다윈(Charles R. Darwin, 1809~1882)이 『종의 기원』을 펴냈던 1859년보다 훨씬 앞선 시점에 「발전 가설(The Development Hypothesis)」이라는 논문에서 처음으로 '진화 이론(theory of evolution)'이라는 학술 용어를 제시한다. 바로 그즈음 그는 바에르의 발생학에 접하면서 생물 종의 발전 원리를 숙지했다고 한다. 곧 "모든 유기체의 발전은 동질성(homogeneity)으로부터 잡종성(heterogeneity)으로 나아가는 변화다." 이렇게 밝히는 그의 자서전에는 자연에 따르는 필연성과 가능성을 참고하면서 자신의 견해를 해명하는 방법에 파묻히는 한편, 넓은 영역에 걸치는 '진화의 신념'을 가슴속에 품고 있었던 형성기의 기억이 생생하다.

이런 과정을 겪은 뒤 그는 자신의 이론체계를 다듬을 무렵 변화와 발전 과정에 내재하는 '보편 징후'의 인식에 다다른다. 그의 표현대로 "진화를 완벽하게 이해하려는 발전은 그 자체로 진화 과정이었다." 맨 처음, 다양한 소수 부류에서 잡종성과 특이성이 점점 늘어나는 현상을 발견한다. 그다음으로 거기에서 나아감의 특징들(traits of progress)을 인지할 수 있다. 그렇다면 이를 두고서 '모든 종류에 걸치는' 발전의 징후라고 이를 수 있지 않을까?[33] 이러한 질문에 뒤이어 나온 진화의 공식은 수많은 종류의 무기물과 유기체뿐만 아니라 초유기체 현상마저 아우르는 발전의 범주로 넓혀진다.

---

33) Spencer, H.(1904), *An Autobiography*, vol. 2, London: William and Norgate, pp.3ff.

스펜서는 다음처럼 설명한다. "진화(evolution)란, 두루 통하도록 아주 단순한 관점에서 보건대, 사태의 완성이며 움직임의 흩어짐과 짝한다. … 쉬운 말로 진화 현상은 펼침이며, 열어서 넓게 나아감이고, 바깥으로 향한 움직임이면서 내보냄이다. 그렇게 이해할 수도 있겠지만, 진화함(evolving)의 행위는 … 그것을 구성하는 상황이 제법 산만 한 상태에서 더욱더 뭉쳐진 상태로 나아간다는 점에서 모순 현상을 보인다. 진화와 서로 어긋나는 되돌아감(involution)이라는 말이 그 과정의 본성을 훨씬 더 정확하게 표현할지도 모르며, 아마도 우리가 다루어야 할 그 과정의 부가 성격을 더 잘 묘사할 터이다. 그렇지만 우리는, 그렇듯 서로 다르며 모순을 보이기도 하는 의미들 탓에 혼란을 겪을 수도 있겠지만, 진화를 흩어짐과 상반하는 뜻으로 쓸 수밖에 없다."34)

이렇듯 추상성과 보편성의 언어 표현으로 다져진 진화의 원리는 마찬가지로 분화와 통합의 변화 과정을 겪는 사회 일반의 설명 모델로 작용한다. 이때 진화는 인류 사회가 점차 더 나은 상태로 향해 가는 '진보 현상(phenomena of progress)'과 같은 뜻이다. 이 줄기에서 스펜서는 이른바 '사회철학'이란 모름지기 "사회가 온전함(perfection)으로 향해 나아가도록 해 주는 힘들"을 다루어야 한다고 주장한다. 그 길은 '문명화(civilization) 과정'이라고 이를 수 있다. 그것은 곧 "완벽한 사회 상태가 곧바로 이루어질 수 있는"

34) Spencer, H.(1893), *First Priciples(A System of Synthetic Philosophy*, vol.1, London: Williams & Norgate, pp.285f.

가능성을 제외하면 성립할 수 없는 말이다.[35] 이러한 진보의 이상으로부터 '최대행복이라는 신성 이념', 곧 '정당한 사회관계의 법칙'을 인식과제로 삼아야 하는 사회철학의 '으뜸 원리'가 이루어진다. 마침내 스펜서는 자유주의라는 진보의 궁극 이념에 이른다. "다른 사람들이 누리는 평등 자유(equal freedom)를 침해하지 않는다는 전제에서, 누구나 자신이 원하는 모든 것을 다 할 수 있는 자유를 가진다."[36]

스펜서 진화론 사유는 '완전한' 도덕질서의 발전을 낙관하는 자유주의 신념체계라고 할 수 있다. 거기에는 빅토리아 시대 경제대국의 자부심과 더불어 경쟁 원리를 따르는 부르주아 가치관이 스며 있다. 그러나 진보하는 사회의 희망이 끝 간 데 없었던 바로 그 정점에서 스펜서 방식의 발전 이론은 쇠락의 길로 접어든다. 먼저, 영국 산업이 해외시장의 각축장에서 후발 주자들의 거센 추격 경쟁에 휩쓸리는 가운데 자유와 번영의 기대는 마냥 낙관주의에만 머물 수 없었다. 빅토리아 문화를 장식하기 시작했던 '데카당스' 기운이 곧 시대 정서의 상징이기도 했다.

이와 더불어 유기체의 후성 발생학과 긴밀했던 진화의 주장도 거센 비판 세력을 만나면서 점차 진퇴의 고비에 다다른다. 말하자면, 다윈의 생물 진화설에서 분화한 여러 갈래의 이론 경향들이 진

35) Spencer, H.(1851), *Social Statics: Or The Conditions Essential to Human Happiness Specified, and the First of Them Developed*, London: John Chapman, p.409.

36) Spencer, H.(1851), *Social Statics*, p.103.

보와 진화의 한 묶음 사유 체계에 커다란 균열 현상을 초래한 셈이다. 그 가운데 생식질 연속설을 내세운 바이스만(August Weismann, 1834~1914)의 유전 결정론이 가장 두드러진다. 동물 조직학으로 이름을 알린 그는 스펜서 진화설의 밑바탕을 이루는 적응과 후성의 원리[37]를 뒤집으면서 '새로운' 다윈주의 시대를 신호한다. 그의 배종(胚種) 원형질 연구에 따르면, 환경 적응을 통해 체세포에 '얻어지는' 형질이 유전 인자로서 뒤따라 발생하는 변이를 일으키지 않는다. 오히려 다윈의 '자연선택' 원리처럼 체세포와 전혀 다른 생식세포의 유전인자가 후속 변이에 작용하는 요소일 따름이다.

이러한 원형질 결정의 이론으로부터 우생학이나 인종주의 세계관 같은 변형 진화론과 아울러 팽창과 침략의 이데올로기 현상이 번성할 수 있었다.[38] 이 과정에서 스펜서 방식의 자유주의 원리는 지나칠 만큼 자연도태 이념에 기울었던 사회 다윈주의(Social Darwinism)에 이데올로기 무대를 내주었으며, 인류 진보의 낙관론은 마침내 위기의 교설에 짓눌리고 말았다.

37) 스펜서 진화 사유는 바에르의 발생학에 이어서 라마르크(Jean B. P. de Lamarck, 1744~1829)의 '획득형질' 이론에 기댄 바 크다. 스펜서는 반복 적응으로 얻어지는 유전형질의 구성 원리에 내내 집착하는데, 이로부터 사회 진보의 가능성과 시간성을 유추할 수 있다고 내다본 듯하다.

38) 황수영(2011), 「서양 근대사상에서 진보와 진화 개념의 교착과 분리」, 126쪽 이하; 이선주(2015), 「근대 저널에서 본 허버트 스펜서의 사회진화론」, 《영문학 연구》 57권 4호, 338쪽 이하.

'위기'는 유럽 언어의 역사에서 늘 판단과 결정의 뜻을 간직한다. 말하자면 삶과 죽음, 성공과 실패 같은 양자택일의 요구가 거기에 함께한다. 원래 거의 의료 영역에서만 쓰이던 그 말은 18세기 후반에 이르러 역사철학의 의미 연관에 얽힌다. 유명한 『군도』의 작가 실러(J. Ch. Friedrich Schiller, 1759~1805)는 세계 역사 전체를 쉼 없는 위기로 이해하는 뜻에서 다음처럼 표현한다. "세계 역사는 세계의 심판이다." 여기에서 위기란 역사를 온통 바꾸어버리는 최후 결정과 같은 의미를 지닌다. 이처럼 역사란 시간을 내재하는 과정이라고 이해할 수 있다면, 실러가 말하는 심판 규정은 더 넓은 적용 범주에 걸칠 수 있다.

진화 원리에 뒤따르는 진단과 예측도 거기에 속한다. 본래부터 그 개념 가운데 돌이킬 수 없는 시간의 뜻이 함께한다. 말하자면, 진화 과정이란 결정의 단계로 향해 나아가는 사건들의 연속이다. 이 줄기에서 자유 이념의 진화 이론은 자율과 경쟁의 정당성을 도덕률로 치장할 수 있었다. 변형 다윈주의 교설들은 생사의 갈림길을 지나치게 강조한 나머지 훨씬 더 나아간 과격성을 띤다.

제국주의와 같은 배타 이념 현상이야말로 우승열패의 역사철학 가운데 가장 두드러졌던 합당성의 위상이었다.[39] 그리고 세기의 전환기에 닥친 혼란상을 빌미로 우등 인종의 '퇴화(degeneration)'를 사회 공포심과 엮었던 신종 문명론도 그러한 경향성의 연속이

39) Koselleck, R.(2006), *Begriffsgeschichten*. pp.203~217; 라인하르트 코젤렉(2019), 『위기』(코젤렉의 개념사 사전 11), 원석영 옮김, 푸른역사, 37쪽 이하.

라고 할 수 있다.[40] 이른바 '인종 위생학(Rassenhygiene)'은 극단의 본보기다. 이를테면 도이칠란트 동물학자 헤켈(Ernst Haeckel, 1834~1919)은 나치즘 인종 정책을 예비한 듯 스파르타 사례에서 나타나는 인구 솎아내기를 '살인'이라는 개념에 가둘 수 없다고 여긴다. '생물 철학'의 기본 원리를 풀어 가는 그의 설명 가운데에서 일그러진 '다윈주의'의 한 단면을 볼 수 있다. 마침내 그는 이렇게 주장한다. '이성답게' 생각한다면 '신생 불구아동의 살해' 같은 행위는 '사회에 꼭 필요한 합목적의 수단'이라고 인정받을 만하다.[41]

강권론

위기의 수사법은 어찌어찌 한국 토양에 뿌리내리기 시작하던 진화설에도 나타난다. "무릇 사물이 홀로이면 위태롭고, 여럿이면 강하며, 모이면 이루어지고, 갈라지면 무너짐은 본래 이치이다. … 그런 까닭에 사회에서 단체를 이룰 수 있느냐 없느냐를 두고서 문명과 야만을 구별하고 삶과 죽음을 판단할 수 있다."[42] 1906년 박은식과 같은 자강 세력은 국권 회복의 기치로 세웠던 한 학회의

40) 염운옥(1997), 「1899년~1906년 영국의 인종 퇴화론에 관한 연구—우생학과의 관련을 중심으로」, 《사총》 46, 367~375쪽.

41) Haeckel, E.(1904), *Die Lebenswunder. Gemeinverständliche Studien über Biologische Philosophie*, Stuttgart: Alfred Kröner Verlag, p.23.

42) 「본회취지서」, 《西友》 第一號, 1906년 12월 1일, 1쪽.

뜻을 그렇게 표현했다.

이러한 갈림길의 용례는 변형 이데올로기 현상에서 나타났던 공포의식과 비슷한 결을 지니는가? 한말 계몽운동 세력이 '경세의 나침판'처럼[43] 여겼던 량치차오의 글에 어떤 낌새 거리가 있을지도 모른다. 그가 진화의 원리를 소개하는 글머리에서 흥미로운 대목을 찾을 수 있다. "강권(强權)이란 강자의 권리라는 뜻이다. … 가토 히로유키가 지금의 용어로 번역했다."[44]

여기에 이름을 알리는 가토 히로유키(加藤弘之, 1836~1916)는 "메이지 초기 진화론 수용에 산파 역할을 했던" 인물이다.[45] 앞서 보았던 헤켈의 생물 철학이 가토의 진화 사유에 큰 영향을 끼쳤다는 점에 주목할 수 있다. 메이지 지배체제 수립에 한몫했던 가토는[46] 변형 '다윈주의'에 접하면서 천부인권의 신념을 버린 채 인종주의 진화론에 기울었던 이력을 남겼다.[47]

"강자가 항상 약자를 제어함은 실로 진화의 일대 법칙이다."[48] 이처럼 량치차오가 인용하는 강권의 원리 가운데 '천황' 중심의

43) 洪弼周(1908), 「氷集節略」.

44) 량치차오(2017), 「강권을 논함」, 『음빙실자유서』, 88쪽.

45) 김도형(2014), 「가토 히로유키(加藤弘之)의 진화론수용 이해—「疑堂備忘」 독해를 중심으로」, 《일본사상》 27, 25쪽.

46) 박근갑(2020), 『문명국가의 기원』, 나남, 377쪽 이하.

47) 박근갑(2020), 『문명국가의 기원』, 34쪽 이하; 백지운(2009), 「량치차오(梁啓超)의 사회진화론—계몽주의의 종교적 재구성」, 《중국어문학논집》 55, 328쪽.

48) 량치차오(2017), 「강권을 논함」, 92쪽.

전제정치를 미화하는 가토의 표현 방식이 들어 있다. 모름지기 거기에는 일본식 군주 체제가 진화하는 세계 운행의 보편성에 꼭 들어맞는다는 이념 경향성이 작용할 터이다. 바로 여기에 인종 문제와 얽힌 위기의식이 잠재한다. 헤켈의 혈통 문명사 이론에 따르면, 오직 지중해 종족이 냉혹한 생존경쟁의 역사에서 최상등 인간으로 존속할 수 있었다. 이로부터 가토는 우존열망의 법칙과 인종 멸절의 운명을 아시아 종족에 이어 붙이면서 민족 존망의 갈림길에 설 수밖에 없는 일본의 장래를 그리고자 했다.[49]

량치차오는 일찍이 옌푸의 번역서를 미리 읽고서 스펜서 진화이론과 만날 수 있었다. 이보다 앞서 그는 캉유웨이(康有爲, 1858~1927)로부터 대동의 유토피아를 받아들였다.[50] 이로써 그가 일찍부터 진보의 낙관주의를 가슴에 품었다고 짐작할 만하다. "가토 히로유키는 덕국(德國) 학파의 태두다. … 나는 일찍이 그의 책을 애독했지만 그 학술을 중국에 소개하려 하지 않았는데, 대개 이익이 손실보다 못할까 염려했기 때문이다."[51] 이렇듯 그는 가토 방식의 진화론과 어느 정도 거리를 두고 있었다.[52] 그래서 가토의 번역 용례는 동시대 중국의 위기 현황을 진단하는 수사법에만 쓰

49) 김도형(2014), 「가토 히로유키(加藤弘之)의 진화론수용 이해」, 39쪽 이하; 김도형(2007), 「가토 히로유키 사회진화론의 수용과 번역양상에 관한 일고찰－『인권신설』과 『강자의 권리경쟁론』을 중심으로」, 《대동문화연구》 57, 178쪽 이하.

50) 양일모(2008), 『옌푸(嚴復): 중국의 근대성과 서양 사상』, 86쪽 이하.

51) 량치차오(2017), 「가토 박사의 『천칙 백화』」, 『음빙실자유서』, 231쪽.

52) 백지운(2009), 「량치차오(梁啓超)의 사회진화론」, 334쪽 이하.

였을지도 모른다.

량치차오가 강권의 진화설을 대동의 진보 이념 아래 받아들이는 대목이 흥미롭다. 먼저, 그가 보기에 '문명 세계'의 강권이란 오로지 '지력의 강함'일 따름이다. 그래서 "세운(世運)이 더욱 진보하고 사람의 지혜가 더욱 발달하면" 대동삼세(大同三世) 가운데 마지막 태평세에 이른다. 그때에는 사람마다 모두 강권을 갖기 때문에 '다시 평등한' 세상이 온다. '민지(民智)·민력(民力)·민덕(民德)'의 수준에 따라 문명과 야만의 경계를 가를 수 있다고 보는[53] 량치차오의 진보 이념이라면 대한제국 끝자락의 갈림길에서 애끓던 '군자들'의 심금을 울리고도 남았을 터이다.

이렇게 보는 진화 이론의 전래 현상은 번역과 수용의 '다층 과정'에 잠재하는 불균등 구조의 전형이다.[54] 외래 사상을 받아들이는 측은 출발 언어에 담긴 사유 구성의 내재성을 제대로 알 수 없다. 그런 만큼 도착 언어는 개념의 적용에서 어느 정도 자유롭다. 이로부터 어쩔 수 없는 의미 변용과 굴절의 가능성이 생긴다. 자강 전선에 함께했던 신채호의 글쓰기 방식도 그러한 사례에 들어맞을까?

---

53) 량치차오(2017), 「문명과 야만의 세 등급」, 『음빙실자유서』, 37~39쪽; 이혜경(2002), 『천하관과 근대화론: 양계초를 중심으로』, 204쪽 이하.

54) Kurtz, J.(2001), "Coming to Terms with Logic: The Naturalization of an Occidental Nation in China," Michael Lackner, Iwo Amelung and Joachim Kurtz, eds., *New Terms for New Ideas. Western Knowledge and Lexical Change in Late Imperial China*, Leiden/Boston/Köln: Brill, pp.147~175.

2. 인민의 공화

진화와 퇴화

신채호의 생애 첫 출판 작품은 량치차오의 글을 번역하여 1907년에 펴냈던 『이태리건국삼걸전(伊太利建國三傑傳)』이다. 그는 스스로 이 책 서문을 쓰면서 애국 영웅을 기대하는 심정을 위기의 수사법으로 나타낸다. "애국자가 없는 나라는 비록 강하나 반드시 약해질 것이며, … 비록 살아 있으나 반드시 죽을 것이고, 애국자가 있는 나라는 비록 약하나 반드시 강해질 것이며, … 비록 죽었으나 반드시 살아날 터이다."[55)]

이듬해 그가 「독사신론(讀史新論)」이라 이름 붙인 시대의 문제작을 펴냈을 적에도 진화설의 언어는 위기 국면의 진단과 결심의 시간 묘사에 쓰인다. "오늘날 민족주의로 온 나라의 완몽(頑夢)을 일깨우며, 국가 관념으로 청년의 뇌를 새로 구워 만들어 우존열망(優存劣亡)의 십자가두(十字街頭)에 함께 나아가 한 가닥 아직 남아

55) 신채호(1907), 「緖論」, 신채호 역술, 『伊太利建國三傑傳』, 廣學書舖, 1쪽. 신채호가 1908년에 한 권의 영웅전으로 펴낸 『을지문덕』에는 경쟁의 수사법이 더욱 분명히 드러나 있다. "그윽한 하늘이 우리의 중립을 허락하지 않아서 나아가지 못하면 반드시 물러가고, 물러나지 않으면 반드시 나아감은 고금의 통의(通儀)다. 그래서 옛 노래에 이르기를 '가자 가자 어서 가자 오늘에 아니 가면 다시는 갈 날 없다'고 했다. 이는 곧 우리 인간 경쟁계에 우승열패의 공리를 지명한 하나의 천서(天書)로다." 신채호(1908), 『乙支文德』, 廣學書舖, 29쪽.

있는 국맥(國脈)을 보유코자 할진대, 역사를 내버리고는 그 어떠한 방법도 없다 할지라."[56]

이러한 수사법은 동시대 언론에 우후죽순처럼 나타났던 진화론 설명의 표현 방식과 거의 다를 바 없다. 그러나 그들 숱한 장광설은 1910년 신채호의 「진화와 퇴화」를 만나면서 하나 마나 한 이야기나 같아진다.

> 우리 인간이 진화한 까닭에, 제1기 동물 가운데서 이 특이한 인류가 일어나서, 제2기 금수와 경쟁하여 승리를 얻고, 제3기 사회다운 생활을 가꾸며, 제4기 국가다운 생활을 운영하여, 제5기 세계 공통의 시대를 이룩하였다. 그리하여 국가다운 생활의 발달을 논하더라도 역시 진화의 규칙이 차츰 이루어져, 제1기 추장 시대가 되고, 제2기 귀족 시대가 되고, 제3기 전제 시대가 되고, 제4기 입헌 시대가 되었다. 그러나 세계에는 진화만 있는 것이 아니라 퇴화도 있다. 다른 나라 사례는 내버려 둔 채 우리나라를 두고 논하더라도, 단군 시대와 부여 시대와 기자 시대는 마땅히 제1기·제2기 시대에 속할 것이다. 고구려 백제 신라가 일어나니 제2기 시대가 차츰 저물면서 제3기 시대 곧 전제 시대가 점차 굳어지고, 고려 시대를 지나 조선 초엽 언저리에 이르면 슬그머니 제3기 전제 시대가 은밀한 가운데 점점 사라지

56) 신채호(1908), 「독사신론」, 《대한매일신보》 1908년 8월 27일.

고 도리어 일보를 후퇴하여 제2기 귀족 시대가 다시금 돌아왔으니, 이는 바로 국가 퇴화의 하나다.

역사의 발전 과정에 끼어드는 '퇴화' 현상은 '우리나라의 문명관'도 아울러 새롭게 갖추어 볼 만한 인식 지평이다. 신채호가 보기에 "단군 부여 기자 시대는 문명의 맹아기며 고구려 백제 신라는 문명의 방장(方長) 시대이다." 그러다가 고려 중엽 이후로는 문명이 날로 쇠퇴하다가 조선 초반기 즈음부터 잠시 다시 일어나는 때가 있기는 했으나, "매일매일 하강하여 조선 중엽 이후로 점차 암흑시대에 떨어졌고, 금세기에 들어서는 드디어 참담 비분의 천지를 이루었다."

이처럼 한국 문명사는 아득한 옛적 맹아기를 뒤이어 짧은 성장기를 거친 뒤 어둡고 긴 퇴화의 길을 겪어 왔지만, 바로 여기에서 기대 지평이 밝아진다. "수년래로 신문명의 맹아 시대를 다시 일으키면, 그 기운이 처음 솟아오르는 샘과 같으니, 과연 구문명에 남아 있는 본성을 버리고 신문명의 큰 빛을 떨치면, 문명의 방성(方盛) 시대가 역시 멀지 않을 터이다." 그러므로 퇴화는 '필경' 세계를 멸망의 '종극'으로 이끌 수밖에 없는 탓에 진화의 역설이나 한가지다.[57]

이렇듯 퇴화와 진화, 곧 어둠과 빛, 옛 경험과 미래의 기대, 하

57) 신채호(1910), 「진화와 퇴화」, 《대한매일신보》 1910년 1월 8일.

강과 방장(方長)처럼 서로 대립하는 의미 연관 가운데에서 한국 정치사나 문명사의 운명을 진단하려는 글쓰기 방식은 동시대 문헌에서 드물다. 얼핏 보면 글 쓴 사람이 하나가 다른 하나를 밀어내는 개념 쌍을 내세우면서 극예술 기법과 같은 놀라움 효과를 미리 헤아렸는지도 모를 일이다.[58] 글의 첫 줄은 그의 내심을 감추어 두는 표현의 장치다. "모 학자가 진화설을 주창하여 동서에 선전하니, 거기에 세계가 휩쓸려 그 학설의 기(旗)에 기울었다." 그는 이렇게 말하면서도 그 학자나 그 학설이 누구이며 무엇인지 밝히지 않는다.[59]

아울러서 '아국(我國)'의 정치 생활이나 문명 과정에서 두드러지게 나타나는 퇴락 현상의 설명에 진화설의 관용어들도 쓰이지 않는다. 그 대신 문명이 역사철학다운 목적 개념으로 나타난다. 이로써 '진화의 규칙(例)'은 하나의 보편성 요구로서 한국 역사 과정에 개입한다. 곧 '신문명'으로 향해 진화하지 않으면 '우리나라'에 닥칠 '시대'는 인류의 역사에서 탈락하는 시간이다.

이렇게 보면 왜 굳이 진화와 퇴화의 개념 쌍이 글 제목이었던가

---

58) 보편성을 요구하는 대립 개념의 의미 연관은 다음 책에서 자세한 설명을 만날 수 있다. Koselleck, R.(1989), *Vergangene Zukunft. Zur Semantik geschichtlicher Zeiten*, Frankfurt am Main: Suhrkamp, pp.211～259.

59) 글의 내용과 표현 방식에서 보건대, 신채호가 다음 량치차오의 글들에서 주요 내용을 간추려 자신의 논지를 구성한 것으로 보인다. 梁啓超(1899), 「論中國與歐洲國體異同」, 《淸議報》 第十七, 二十六册(『飮冰室文集』 四卷, 61～67쪽); 「論近世國民競爭之大勢及中國前途」, 《淸議報》 第三十册 (『飮冰室文集』 四卷, 56～60쪽).

를 물음 직하다.60) 신채호의 속마음 밑바탕에 진정으로 드러내고 싶었던 주장이 가라앉아 있었을지도 모른다. 이 글보다 몇 달 전에 나왔던 「신가국(身家國) 관념의 변천」에 깊이 주목할 만하다.

> 인류 진보가 시대에 따라 다른 까닭에, 상고 시대의 역사가 중고(中古)로 바뀌며, 중고 시대의 역사가 근세로 바뀐다. 그 진보의 상태가 복잡한즉, 오늘날 어느 한 건 지난 자취를 가리켜 그것을 진보한 것이라 일컬으며, 그 일개 결과만 가리켜 그것을 진보한 것이라 일컬음은 불가하다. 그러나 만일 굳이 예를 들어 그 가운데 몇몇 조건만 지적하여 인류 역사상 진보의 상황을 밝히고자 한다면, 기자는 그것을 신(身), 가(家), 국(國) 삼관념(三觀念)의 변천이라고 본다.61)

이처럼 글의 첫 단락에서 뚜렷하듯, 신채호는 인류 역사의 변화를 '진보의 상황'으로 설명한다. 그 과정은 아무래도 국가에 이르는 '관념'의 발전일 터이다. 그런데 흥미롭게도 '그 진보의 상태'는 '진화'의 과정과 다를 바 없다. "인간세계 진화의 상태는 대략 그

60) 중국과 유럽 국가체제의 성격을 비교해서 설명했던 량치차오의 글에서 다음과 같은 표현을 찾을 수 있다. "오늘날 퇴보에 당면하여 진보를 부르는 상황에서, 혹자는 우리 중국이 오히려 돌비(突飛)할 날이 오리라고 한다"(「論中國與歐洲國體異同」, 67쪽). 신채호는 아마도 여기에서 보는 진보와 퇴보를 진화와 퇴화로 바꾸어 그의 글 제목에 사용했으리라 추리해 볼 만하다.

61) 신채호(1909), 「신가국(身家國) 관념의 변천」, 《대한매일신보》 1909년 7월 15일.

신가국에서 벗어나지 않으니, 제1기에는 신의 관념뿐이며 제2기에는 가의 관념뿐이다가, 제3기에는 가와 국 양 관념이 바뀌는 지점이며, 제4기에 이르러서는 국가 관념이 크게 떨친다." 말하자면 그의 언어 용례에서 진화와 진보는 이음동의어와 한가지다. 다만 제4기 이전, 곧 사람과 동물 사이의 경쟁이 치열했던 '인류 역사의 젖먹이 시대', 사람 사이의 강약이 가족의 화목과 단결을 거쳐 부락(部落) 형성으로 이어지는 시기, 그리고 그 가운데 '최강자'가 국가의 '이름'을 얻은 시기에 진화설의 언어로 표현할 만한 현상들이 좀 더 두드러질 따름이다. 그러다가 '진정한 국가'의 설명에 이르면 진화의 용례는 거의 드러나지 않는다.

> 부락이 이미 번성하는 가운데 가장 강한 자가 일어나 약자를 병탄하며 적은 무리를 합쳐 여러 부락을 통일하니, 비로소 국가의 이름이 처음으로 생겨났다. … 그러나 이들의 이름은 국가라고 하였으나 그 실상은 국가가 아니니, 군주와 귀족들이 그 토지를 자기 사유재산으로 알며, 인민을 자기 노예로 보았던 까닭에, 말하기를 자손만대에 빼앗지 못할 업이라 하며 사해구주의 부자라 함이다. 비록 신라와 고려의 3성과 6부, 요순(堯舜) 사이의 전수(傳授), 그리고 아테네의 공화제도는 다소간 국가를 공공 산물로 인지한 듯하나, 자세하게 살필진대 그 실상은 크게 어긋난 바라. 다만 몇몇 호족(豪族)이 크게 근심하는 듯 서로 사양하여 서로의 이해(利害)를 헤아리고 환난에 서로 구원

하기 위함이니, 이는 귀족의 공화요 인민의 공화가 아니다. 오호라, 인민이 정치권리와 무관하면, 그 권리가 귀족에게 있든지 군주에게 있든지 물을 바 없이, 그것이 진정한 국가가 아님은 다 마찬가지다. …

수백 년 이래 대세의 재촉에 따라 진정한 국가의 주의가 매우 빠르게 발달하여 학자의 글이나 무사의 검에도 나타나며, 변사(辯士)의 혀나 열사의 피를 통하여 드러나서, 일파 큰 조류가 유럽 중심에서 새로 일어나 서쪽으로 대서양을 건너 아메리카를 두드리고 동쪽으로 태평양을 건너 아시아를 깨우치고, 그 거친 파도와 어지러운 물결이 동서로 세차게 달려가 사방에 두루 퍼져 이제 막 20세기 신천지를 조성하니, 이제야 비로소 국가는 곧 민(民)의 나라라 하여 그 존망을 오직 민이 도모하며, 국민은 나라의 민이라 하여 그 안위를 오직 나라가 돌본다. 그래서 국가는 국민의 공공 산업을 일으키며, 국민은 국가의 공공 권리를 지니기에 이른다.[62]

글의 '기자'는 드디어 외래 사유를 받아들인 끝에 하나의 중심 명제를 얻는다. 그 표현은 신문 글의 모범인 듯 간결하고 선명하다. '인민의 공화'가 아니면 '진정한 국가'라 할 수 없다. '허명'의 국가가 거기에 마주 선다. 인민에게서 정치권리를 빼앗거나 나라

62) 신채호(1909), 「신가국 삼관념(三觀念)의 변천 (속)」, 《대한매일신보》 1909년 7월 16~17일.

의 존속과 멸망을 인민의 대책에 두지 않는 국가가 그 범주에 속한다. 동시대 정치 논설 가운데 백미로 꼽을 만한 이 글이 경각에 놓여 있던 대한제국의 운명과 겹쳐 보인다는 점에서 의미심장하다. 신채호의 후반생과 간난의 여정을 결정지었던 망명의 꿈이 일찍부터 그의 글쓰기 저편에 활동하는 무대를 펼치고 있었는지 모를 일이다.

아니나 다를까, 그가 그리는 '국의 관념' 속에는 인민의 안위를 돌보지 않았거나, 이제 그럴 수도 없는 대한제국의 처지를 두고서 한탄이나 미련 따위를 드러내는 수사법이 작용하지 않는다. 다만 '시대'라고 부르는 존재, 곧 사람이 빠져나갈 수도 가만히 들어박혀 있을 수도 없는 그 감옥 같은 '울타리'를 좋은 쓰임새로 바꾸어 써야 한다는 단속 한마디가 있을 따름이다. "근세에 이르러 국의 관념이 크게 펼쳐지지 못하면, 모두 함께 망조에 빠져 담담(潭潭)한 처소를 비둘기 집으로 내어주거나 번성하는 자손을 범 아가리에 던지고 말리라."

이렇듯 '진정한 국가의 주의'와 '20세기 신천지'를 아울러서 같은 지평에 불러내는 글쓰기 기법이 절묘하다. 앞으로 나아가는 시간의 흐름에서 그 무슨 '허명의' 통치 체제도 견뎌낼 만한 지형을 찾기 어려울 터이다. 신채호는 아마도 그렇게 표현하면서 거의 목숨을 다해 가는 전통의 왕조 국가와 이어진 연을 놓아 버리고 싶었을지도 모른다.

유기체 국가론

신채호의 청년기를 일컬어 한국 계몽의 시간이라고 할 수 있다면, '진정한 국가'의 기대와 더불어 그는 그 첨단에 서 있었던 셈이다. 맨 처음 유럽 중심에서 일어났다고 하는 그 '주의', 곧 새로운 국가 사조는 성난 파도처럼 물결쳐 오면서 무언가 심층 의미를 전한 듯하다. 그 전래 과정에 어떤 사연이 담겼을까?

먼저, 량치차오가 1901년 《청의보》에 실었던 「국가사상변천이동론(國家思想變遷異同論)」이 눈에 띈다. "사상이란 사실의 어머니다. 그래서 어떤 사실을 만들어 보고자 한다면, 반드시 먼저 사상을 길러야 한다." 이렇게 시작하는 글은 '근세'에 이르러서야 비로소 세계에 '완전 국가'가 세워질 수 있었다는 사실로부터, 그 조건을 이루었거나 그러지 못했던 국가 사상의 '진화 궤적'을 뒤쫓는다.

글의 구성에서 보건대, 완전 국가란 유럽 근대 시점에 비로소 제모습을 갖출 수 있었던 '자유 정신'의 산물이다. 이때 이루어진 '국가 사상'을 중세 시대의 통치 원리와 비교한 다음, '유럽 신사상'을 '유럽 구사상' 및 '중국 구사상'과 더불어 하나의 대조표에 올려 보여 주는 설명 방식은 한국 계몽 지식층의 공명을 불러일으킬 만했다.[63)]

63) 문제의 글은 1908년 5월 발행자 정인호(鄭寅琥)의 이름으로 나온 『國家思想學』(1908, 右文館)에 실려 있다. 국한문 혼용의 번역으로 나온 이 글은 '유럽 신사상'과 비교하

량치차오가 풀어 보는 '유럽 신사상'에 따르면, "국가란 인민이 세운 존재다." 군주는 국가의 '한 지체'일 따름이며, 인민을 위해 존재한다는 공리에 어떤 문제를 내세울 수 없다. 말하자면, 인민이 국가의 '주체'이며 "인민과 국가는 일체이다."[64] 여기에서 보는 '완전 국가'란 바로 '진정한 국가'와 같은 뜻일까? '유럽 신사상'의 설명으로부터 '20세기 신천지'에 펼쳐지는 새로운 통치질서를 유추해 낼 만하다. 그러나 신채호가 모처럼 한국 지식사회에 불러냈던 '인민의 공화'는 앞서 보았던 대조표에 모습을 드러내지 않는다. 또 다른 문헌이 그의 독서 목록에 올랐을까?

량치차오는 국가 사상의 대조표를 만들 때 덕국(德國) 대정치학자 백륜지리(伯倫知理)가 저술한 '국가학'에서 '특이점' 몇몇을 가려 뽑아 썼다고 한다.[65] 여기에서 말하는 덕국이란 도이칠란트이며, 백륜지리는 유명한 공법학자 블룬칠리(Johann Caspar Bluntschli, 1808~1881)의 한문 이름이다. 신채호도 1908년 《대한매일신보》 논설에서 그 인물을 두고서 '국가학 개산시조(開山始祖)'라고 일컬은 적이 있다.[66] 그 학자의 저술 어딘가에 '진정한 국가'라는 표현

는 '중국 구사상'을 '한국 구사상'이라고 바꾸어서 독자층의 관심에 호소한 듯 보인다. 그리고 같은 해 《공립신보(公立新報)》에도 7월 22일부터 몇 차례에 걸쳐 같은 글을 한글 번역으로 내어놓은 연재물이 실려 있다.

64) 梁啓超(1901), 「國家思想變遷異同論」, 《淸議報》 第九十四, 九十五册(『飮冰室文集』 六卷, 12~16쪽).

65) 梁啓超(1901), 「國家思想變遷異同論」, 13쪽. "德國大政治學者伯倫知理所著國家學 將歐洲中世與近世國家思想之變遷 擧其特異之點 凡若干條 玆譯錄如下."

이 들어 있을 가능성이 커 보인다.

"인민이 없다면 진정한 국가도 없다." 1907년 안종화(安鍾和, 1860~1924)가 국한문 번역서로 펴낸 『국가학 강령』에서 읽을 수 있는 말이다.[67] 신채호의 수사법에 이어지는 어떤 관련성을 유추해 보도록 부추기는 그 텍스트 서문에 다음과 같은 설명이 함께한다. "이 책은 덕인(德人) 백륜(伯倫)이 지은 데서 나온 것으로, 중국 사람 양계초가 번역한 것이다. 이제 내가 고루하고 좁은 견문으로 다시 그 구두(句讀)를 교정하여 세상의 동지 여러분에게 고하니, … 이전에 실패한 일을 뒤에라도 회복하는 계책으로 삼음이 어떠한가."[68]

그렇다면 량치차오는 그 도이칠란트 학자의 원전을 직접 읽을 수 있었을까? 이 물음 가운데 외래 사조의 전파와 수용에 얽힌 중층 구조가 내재한다. 굽이굽이 이어지는 그 전래 이야기는 너무 복잡하여 여기에서 자세히 말하기 어렵다.[69] 블룬칠리의 '국가학'

---

66) 신채호(1908), 「국수보전설」, 《대한매일신보》 1908년 8월 12일.

67) 伯倫知理 著(1907), 『國家學 綱領』, 安鍾和 譯, 廣學書舖, 13쪽.

68) 안종화(1907), 「自叙」, 『國家學 綱領』, 1쪽.

69) 그 과정에 담긴 이야기는 다음 책에 자세히 적혀 있다. 박근갑(2020), 『문명국가의 기원』, 5장: 수용과 소통, 377쪽 이하. 간추려서 원전 번역과 뒤이은 중역(重譯) 사례만 떼어서 보면, 그 내용은 다음과 같다. 맨 처음 1852년에 원저자 블룬칠리는 『일반국법(Allgemeines Staatsrecht)』이라는 이름의 공법학 텍스트를 펴낸다. 유럽 여러 나라에서 이 책의 명성이 높아지는 만큼 그 수정 판본도 늘어났다. 1872년 그 텍스트들 가운데 어느 한 권의 서론이 일본어로 바뀌어 '『국법범론(國法汎論)』 수권(首卷)'으로 거듭났다. 이른바 일본식 '도이츠가쿠(獨逸學)'의 효시를 이루는 그 번역은 앞

텍스트들은 1870년대 이래로 여러 권의 일본어 또는 한문 번역서로 거듭나는데, 량치차오는 이들 가운데 어느 하나 또는 여러 사례를 참조했으리라 짐작할 만하다.70)

서 보았던 가토 히로유키의 손에서 이루어졌다. 문부성(文部省)에 이어 사법성(司法省)이 출판을 맡아 계속 이어졌던 『국법범론』의 번역 작업은 1890년대에나 끝날 수 있었다. 그러던 1882년, 그 '속역(續譯)' 작업을 이끌었던 히라타 도스케(平田東助, 1849~1925)가 『국가론』을 따로 펴낸다. 이 번역서의 원본도 마찬가지로 블룬칠리의 저술이었다. 원저자는 앞서 1874년 "도이치 인민의 정치 교양을 계몽하고 북돋우기 위해" 자신의 국가학 텍스트들을 한 권의 대중 교재로 쉽게 풀어 썼으며, 거기에 『교양인을 위한 도이치 국가학(Deutsche Statslehre für Gebildete)』이라는 이름을 붙였다. 그리고 한참 지난 1899년 12월에는 아즈마 헤이지(吾妻兵治)가 바로 이 원서를 한문으로 옮긴 『국가학』이 일본의 또 다른 번역서로 나왔다. 그런데 이보다 몇 달 앞선 3월 1일, 량치차오가 펴내는 《청의보》에도 '덕국(德國) 백륜지리(伯倫知理) 저' 『국가론』의 권1 가운데 제1장이 실렸으며, 후속 번역 연재물은 그 뒤로도 계속 이어졌다. 번역자의 이름은 거기에 빠져 있다. 1907년 안종화가 '한성 광학서포'에서 출간했던 『국가학 강령』은 《청의보》에 실렸던 『국가론』의 연재글 가운데 권1(제1장~제5장)을 국한문 혼용의 형식으로 바꾸어 펴낸 책이다.

70) 1899년 아즈마 헤이지가 펴낸 한문본 『국가학』이 번역어와 목차 구성 양식과 원저자 이름 명기에서 《청의보》 연재물과 같은 결이라고 볼 수 있다. 그 번역서의 '범례'에는 "원서가 덕국(德國) … 백륜지리(約翰 加斯巴路 伯崙知理)의 저서이며, 1874년 12월 간행"이라고 밝혀져 있다. 그리고 번역자 서문에는 중국 사람들에게 '커다란 이익'을 전해 주면서 선린 관계를 잘 이어가기 위해 한문본 번역서를 서둘러 내어놓는다는 설명이 있다. 게다가 그 두 번역 글들의 문장 내용이 거의 다 겹친다고 보면 그들 사이의 상관성을 유추할 만하다. 그런데 아즈마의 한역본(『국가학』) 서문은 《청의보》의 첫 번째 『국가론』 연재물보다 몇 달 뒤진 1899년 6월에 쓰였다. 그리고 《청의보》의 연재가 모두 끝나고 난 뒤 12월 중순에 이르러서야 아즈마 번역서의 출판이 가능했다. 두 번역 글 가운데 어느 편이 모범이었을까? 아즈마의 한역본 '범례'에 따르면, 번역자는 "원문을 그대로 직역하여" 그 내용을 조금이라도 깎아 내지 않았

한국 지식사회에 이어지는 그 전파 내력을 염두에 두면서 서둘러 물어보자면, 안종화는 《청의보》 연재물을 두고서 "중국 사람 양계초가 번역한 것"이라고 어떻게 단정할 수 있었을까? 량치차오가 1903년에 내어놓았던 한 편의 논문, 곧 「정치학 대가 백륜지리의 학설」71)을 하나의 추정 자료로 볼 만하다. "날마다 정치학을 말하고 사람마다 정치학을 말하면 나라를 마침내 구원할 수 있는가." 이렇게 물으면서 시작하는 그 글은 다음 표현으로 마감한다. "루소가 19세기의 어머니라고 한다면, 블룬칠리도 역시 20세기의 어머니라고 할 수 있다."

그러면서 량치차오는 현 시세에 적합한 '이상(理想)의 진리'를 가려 감화력을 전해 줄 뜻에서 블룬칠리 학설을 폭넓게 소개한다고 밝힌다. 이로부터 이 땅의 애국지사들이 '20세기 신천지'를 내다볼 만한 어떤 식견을 얻었음 직하다. 바로 그즈음 한국 언론에 등장하는 '백륜지리의 정치', '정치는 백륜지리를 기망(期望)하며' 등의 표현에서 그 논문의 영향력을 감지할 수 있다.72) 누가 보더

다고 한다. 틀림없이 그 『국가학』이 《청의보》 연재물의 모형이었다고 단정할 만하다. 그렇더라도 뒤바뀐 출판 시점은 의문으로 남는다. 이 문제를 밝힐 만한 근거 자료는 아직 드러나지 않았다. 權純哲(2012), 「大韓帝国の'国家学' 書籍におけるブルンチュリ·梁啓超·有賀張雄の影響」, 『奇玉大学紀要(教養学部)』 48-1, 3쪽.

71) 梁啓超(1903), 「政治學大家伯倫知理之學說」, 《新民叢報》 第三十八, 三十九期(『飮冰室文集』 十三卷, 67～89쪽); 량치차오(2011), 「정치학 대가 블룬칠리의 학설」, 강중기 옮김, 《개념과 소통》 8, 253～286쪽.

72) 박근갑(2020), 『문명국가의 기원』, 427쪽 이하.

라도 량치차오 논문에 밝혀진 '블룬칠리 정치학'은 《청의보》 연재물의 『국가론』과 판박이다. 안종화도 역시 량치차오의 해설 글을 먼저 읽고서 또 다른 국한문 '국가론'을 펴내고자 다짐했으리라 여길 만하다.

'블룬칠리 정치학'을 세세히 풀어쓴 량치차오의 논문이 한국 지식사회에 그 나름의 '감화력'을 전할 수 있었다는 추정은 1908년 7월 30일 《대한매일신보》 논설에서 거의 사실로 드러난다. 「민족과 국민의 구별」이라고 제목을 붙인 그 글은 이렇게 시작한다. "국민이라는 명사는 민족 두 글자와 구별이 크게 있거늘, 그것을 모르는 자들이 왕왕 이 두 용어를 뒤섞어 부르니, 이는 불가한 일이라." 그러면서 논설은 모호하기 그지없었던 '민족'과 '국민'의 뜻을 분명히 구획하고, 어느 개념으로 정치 주체의 '자격'을 정리해야 하는지를 따져 묻는다. "오호라 … 오늘에 이르러서는 만일 국민 자격을 갖추지 못한 민족이면 대지 위에 발붙일 틈새 땅이 없을지라."[73] 이러한 성격의 글이 한국 언론에 나타난 적 있었던가를 물을 만하다.

같은 글 제목이 문제의 량치차오 논문에 들어 있다. 「정치학 대가 백륜지리의 학설」 2절의 제목이 '국민과 민족의 구별 및 그 관계'인데, 그 첫마디가 벌써 익숙하다. "블룬칠리는 학자들이 흔히 국민과 민족을 뒤섞어 하나로 말하는 것을 어리석은 견해라고 보

73) 「민족과 국민의 구별」, 《대한매일신보》 1908년 7월 30일.

았다.” 그리고 설명이 이어지는 가운데 다음 글귀가 나타난다. “참으로 국가가 가장 필요로 하는 것은 국민의 자격이다.”[74] 아무래도 이 글의 제목과 주요 내용이 《대한매일신보》에 실린 논설의 골격을 이루었을 터이다.

이처럼 정치 주체의 ‘자격’을 문제 삼는 글 내용은 블룬칠리 원전의 해당 부분(제2장)에 ‘Nation und Volk’라는 제목과 더불어 실려 있다.[75] 이 텍스트를 번역했던 한역본은 그 제목 이름을 ‘족민(族民)과 국민을 논함’으로 삼았다.[76] 그런데 안종화의 번역서가 모형으로 삼았던 《청의보》의 연재 글에는 무슨 까닭에 그랬는지 바로 이 부분 번역이 빠져 있다. 이로써 보건대 「민족과 국민의 구별」은 문제의 량치차오 해설 글, 그러니까 「정치학 대가 백륜지리의 학설」밖에 기댈 곳이 없었을 것이다.

이렇듯 다시금 량치차오의 글은 한국 ‘애국계몽’의 무대에 서구 신사조의 메신저로 등장한다. 「정치학 대가 백륜지리의 학설」 가운데에서 낯선 ‘국가학’ 용어들이 이 땅에 뿌리내리는 전이 과정을 살펴볼 수 있다. 아마도 이 글을 통해 한국 지식사회는 이른바 ‘국가유기체설’을 처음으로 접했을 것이다. “국가란 단지 인민을 모은 것이 아니고, 단지 창고와 제도가 있다는 것도 아니다. 거기

---

74) 梁啓超(1903),「政治學大家伯倫知理之學說」, 71쪽 이하.

75) Bluntschli, J. C.(1874), *Deutsche Statslehre für Gebildete*, Nödlingen: C. H. Beck, pp.36ff.

76) 伯崙知理 著(1899), 吾妻兵治 訳,『國家學』, 東京: 善隣譯書館, 22쪽 이하.

에는 의지가 있어야 하고, 또한 행동이 있어야 한다. 무어라 명명할 수 없지만, 억지로 명명한다면 유기체라고 할 수 있다."

이어지는 설명 가운데 국가라는 유기체는 천연 물질과 다른 고유 성격을 지닌다고 한다. ① 국가에는 본래 정신과 형체가 서로 이어져 있다. 이 점에서 국가 구성체는 인간과 다를 바 없다. ② 인간 유기체가 사지와 각 기관으로 나뉘듯, 국가에서도 정부의 개개 부처와 의회가 유기체 구성을 이루어 각각 고유한 성질과 역할을 유지한다. ③ 이와 같은 사지와 뼈들이 서로 이어져 하나의 전체를 구성한다. ④ 이처럼 먼저 내부에서 발육한 연후에 장성하여 외부로 나아가는 성격이 곧 국가의 연혁이다. 이렇게 이해하는 국가는 기계와 전혀 다르다. 사지와 오관을 닮은 여러 부분이 서로 이어져 기계 작동을 이루지만, 거기에는 국가처럼 발육하고 생장하는 성격이 빠져 있다. 그래서 그 운동은 늘 정해진 규칙을 따를 수밖에 없으며, 시간 변화에 대응하여 새로운 모습을 드러낼 수도 없다. 이와 다르게 국가는 스스로 행동하면서 자기의식에 따라 정책 결정에 나선다.[77]

량치차오가 밝히는 국가의 유기체 성격, 곧 천연 물질과 다른 생육 존재의 원리는 그 구성 인력의 왕성한 자율 활동과 자기 운동에 근거한다. 신채호가 힘주어 말했던 '진정한 국가'란 바로 그 원리에서 나온 말일 터이다. 그렇다면 그의 말대로 국가란 '민의

77) 량치차오(2011), 「정치학 대가 블룬칠리의 학설」, 259쪽 이하.

나라'로서 '그 존망'이 '오직' 구성원의 희망과 계획에 달릴 수밖에 없다. 이와 같은 설명이 량치차오의 해설 글에는 들어 있지 않다. 그러나 흥미롭게도 그가 번역하여 올렸다고 추정할 만한《청의보》의 '국가학' 연재물에서 다음과 같은 내용을 읽을 수 있다. "국가라는 이름은 어디에서 비롯하는가?" 국가 건설의 맨 처음 싹들은 한 가족과 한 족속 가운데에서 자라난다. 그래서 한 촌락의 민(民)은 그 우두머리를 가부장처럼 존경하며, 또 족장은 부족의 군주와 같은 대접을 받는다. 그러나 국가의 건설은 가족이나 혈족의 좁은 범위를 넘어선다. 말하자면 오늘날 국가는 혼인이나 족보 관계에서 말미암기보다는, '민인(民人)의 천성뿐만 아니라 그 욕망'에 근거하여 이루어진다. 그래서 그 내용을 다음처럼 간추려 말할 수 있다.

"현재의 여러 문명국가는 다 같이 민인국가(民人國家)다. 민인국가란 무릇 나라 속 민(民)이 한 몸으로 합성하여 자신의 도리를 스스로 결정하고, 자신의 의지를 스스로 펼치며, 자신의 정치를 스스로 행하는 것을 이른다. 민인의 의지가 곧 국가의 정신이다. 그러므로 헌법은 그 몸이고, 정부 부서와 의회는 그 사지와 오관으로서 하나의 활동하는 몸, 국가를 이룬다. 이렇게 보면서 국가의 요지를 한마디 말로 아울러 표현하자면, 인민이 없다면 진정한 국가도 없다고 할 수 있다."[78]

78) 德國 伯倫知理 著(1899), 「國家論 卷一」, 《淸議報》 第十五册, 5~6쪽.

이 글의 주요 줄거리가 앞에 나왔던 신채호의 문제작 「신가국(身家國) 관념의 변천」에 거의 그대로 이어진다. 번역문의 원전에서 해당 절의 명칭은 '오늘날의 국가 개념'이다. 여기에서 보는 '개념'이 번역 글에서는 '이름'으로 옮겨진다. 그리고 '폴크(Volk)'라고 붙인 소제목 밑에 앞서 인용한 글 내용이 담겨 있다. 그 구성을 보면, 문명국가의 뿌리를 이루는 'Volk'의 '공공정신'과 '공공생활'이 또 다른 소제목으로 나오는 '국가의 유기체 성격'에 선행하는 조건으로 작용한다.

바로 이 도이치 단어의 번역이 문젯거리다. 원저자 블룬칠리는 이 말에 따라붙는 언어 관습에 주목한다. 이를테면 '나치온(Nation)'이 원래 출생이나 가문의 뜻을 지니는 라틴어 'natio'에서 유래했다면, 'Volk'는 지방의 주민이나 일반 평민과 같은 의미의 라틴어 'populus'에 가깝다. 굳이 현대의 다른 유럽 용례와 비교하자면, 'Volk'는 프랑스어 'peuple'과 친화력을 갖는다.79)

블룬칠리 '국가학'을 맨 처음 일본에 알렸던 가토 히로유키는 문제의 'Volk'를 주로 '국민'이라는 신조어와 짝을 지으면서 '민종(民種)'으로 번역한 'Nation'과 나란히 세웠다. 아즈마 헤이지의 한역본에서는 조금 다른 용례가 보인다. 이 책에서 'Nation'의 번역어는 이제 '족민(族民)'으로 바뀌었다. 그리고 'Volk'는 가토의 사례처럼 주로 '국민'과 짝하고 있지만, 그러면서도 '인민'과 더불어

79) Bluntschli, J. C.(1868), *Allgemeines Statsrecht*, vol.1, München: Literarisch-artistischen Anstalt der J. G. Cottaschen Buchhandlung, p.85(Anmerkungen 2).

서로 바꾸어 부를 수도 있는 '민인(民人)'이 자주 그 번역어로 나타난다. 아마도 '선린'의 취지에 걸맞도록 중국 고전어와 더 가까운 번역 용례가 나왔을 것이다. 이러한 표현 방식이 《청의보》 연재글과 안종화 번역의 『국가학 강령』에도 이어진 것으로 보인다. 여기에서 읽을 수 있는 '민인국가' 또는 '인민이 없다면' 등의 표현이 그 사례다.

량치차오는 바로 이 부분 설명을 자신의 해설 글에서 온통 빠뜨렸다. 어떤 사연이 있었을까? 그는 아마도 신채호처럼 '완전한 국가'에 이르는 '인민의 공화'에 어떤 시대 전망의 뜻을 더하고 싶지 않았을지도 모른다. 량치차오의 속내는 블룬칠리의 정치체제 서술을 해설하는 장면에서 드러난다. "블룬칠리는 정체를 널리 논하여 군주입헌이 가장 탁월하며 정치상의 각종 세력과 각종 이념을 모아서 조화시킬 수 있다고 하였다."[80] 이렇게 밝히는 량치차오의 말처럼, 블룬칠리는 입헌 왕정을 현실 세계의 국가 형태들 가운데 바람직한 유형으로 삼는다.

그런데 그 이상 체제는 '넓은 의미'에서 공화정에 속한다. 블룬칠리의 생각대로 "인민(Volk)의 자유를 귀하게 여기고 공공정신에 충만한"[81] 국가라면 모두 독재정치 또는 미성숙 체제에 대립하는 공화국이라고 일컬을 만하다. 근대 문명국가의 모범으로 보아야

80) 량치차오(2011), 「정치학 대가 블룬칠리의 학설」, 268쪽.

81) 'Volk'를 '인민'으로 번역하는 문제는 다음 글에 자세하다. 박근갑(2020), 『문명국가의 기원』, 406쪽 이하.

옳은 두 가지 '국가 양식(Statsformen)', 곧 '대의제 왕정'과 '대의제 공화정'은 한결같이 다음과 같은 원리에 따른다. "국가 지도자는 국가 바깥에 있지 않으며, 국가의 주인도 아니다. 그는 국가와 인민의 구성원들 가운데 가장 높은 자리에 있을 따름이다. 현대 국가는 인민국가(Volksstat)다."[82]

무슨 까닭에선지 량치차오는 그 같은 기본 전제를 쏙 빼버린 채 공화정의 성격을 설명한다. "블룬칠리는 또 말했다. 공화 국체가 다른 국체보다 우월한 점은 다섯 가지다. ① 국민의 자각심을 길러 스스로 권리와 의무를 알고 또 명예를 중시하게 한다. ② 인민에게 사람 도리의 귀중함을 알아서 서로 인격을 존중하게 한다. ③ 훌륭한 선거법으로 준수한 인재가 각자 재능에 따라 높은 지위를 얻을 수 있도록 하고, 그리하여 공민(公民)의 경쟁심을 장려한다. ④ 재능 있는 사람이면 누구나 빈부귀천을 묻지 않더라도 모두 스스로 현달(顯達)에 이르러 정권에 참여하고 국가에 봉사할 수 있다. ⑤ 인류의 선한 성품을 잘 이끌어 국민의 지식이 발달하게 하여 행복이 날로 늘어나도록 한다. 따라서 국민이 공화에 불가결한 여러 덕성을 온전히 다 갖추고서 이 정체를 행하면 애국심을 배양하기에 충분하고, 민지(民智)를 장려하여 하등사회의 대중에게 그 정치사상이 또한 날로 발달하여 고상한 데 이르도록 한다. 아름답도다, 공화제여!"[83]

---

82) Bluntschli, J. C.(1874), *Deutsche Statslehre für Gebildete*, pp.88f.

83) 량치차오(2011), 「정치학 대가 블룬칠리의 학설」, 271~272쪽.

인용문의 설명처럼, 인간의 인격과 좋은 성품의 함양으로 이루어지는 '정치사상'은 홀로 공화정에만 두드러지는 요구조건일까? 블룬칠리는 물론 국가가 '도덕 존재'라는 점을 인정한다. 그렇지만 그는 도덕률이 혼자 힘으로 국가 구성원의 자유와 아울러 통치 질서를 규정할 수는 없다고 본다. 곧 현실 국가는 법과 정치의 결합으로 생존한다. 바로 여기에 지배와 피지배 사이의 긴장 관계를 깊이 헤아려야만 하는 '국체' 논의의 과제가 놓인다.

공화정을 두고 말하자면, 그 구성원은 주권 인민이며, 이로부터 통치권을 위임받은 국가 지도자는 따라서 자율성의 권리로 누릴 만한 국가 권력을 개인 의지대로 행사할 수 없다. 바로 여기에, 좀 더 좁게 들여다본 국가 형태 사이의 차별성이 내재한다. 이를테면 다른 한편의 왕정체제에서는 최대 자율성을 누리는 국가 권력의 인격화와 개인화 현상이 오로지 군주에게 모이는 행정 권능 및 국가 주권의 합법성과 일치하며, 따라서 국가 구성원은 모두 신민(臣民)의 자리에 들 수밖에 없다.[84]

이렇듯 블룬칠리 '국가학'에서 제도와 정책을 선택하는 문제가 논의의 중심이었다면, 그 과제가 '정치학 대가의 학설'을 해설하는 량치차오의 글에서는 뒷전에 밀려 있었을 따름이다. 이즈음 이미 서구 계몽사상으로부터 물려받은 '개혁 전망'을 흐릿한 지평에 가두는 가운데 지식의 욕망을 개인 덕성으로 바꾸고 있었던 그

84) Bluntschli(1874), *Deutsche Statslehre für Gebildete*, p.90; 德國 伯倫知理 著(1899), 「國家論 卷一」, 6쪽 이하.

가[85] 통치질서에 내재하는 긴장과 갈등의 문제를 일부러 피해 갔을지도 모른다. 그는 끝내 공화정의 기대를 감상의 외침에 묻어버린다. "내가 그대와 이별하려 하니 눈물이 쏟아진다. … 아, 공화여 공화여! 나는 너를 사랑하지만, 조국을 더 사랑한다. 나는 너를 사랑하지만, 자유를 더 사랑한다. 나의 조국과 나의 자유가 끝내 다른 방도로 회복할 수 없다면, 이는 하늘의 뜻이다. 나의 조국과 나의 자유가 너의 손에서 훼멸한다면, 이는 사람의 탓이다. 아, 공화여 공화여! 나는 더 이상 너의 아름다운 이름을 더럽혀, 후에 정체를 논하는 이들이 다시 하나의 증거를 더하여 너를 저주하게 하는 것을 차마 하지 못하겠다."[86]

국수

이제 길을 에돌아 신채호의 글에 이른다. 량치차오가 공화와 이별하면서 쏟아냈다고 하는 '눈물'의 흔적이 거기에도 남았을까? 먼저, 1908년 8월 12일 《대한매일신보》에 1면 논설로 실린 「국수보전설(國粹保全說)」을 보자. "국수란 무엇인가? 그 나라에 역사적으로 전래하는 풍속, 습관, 법률, 제도 등의 정신이 바로 그것이다." 여기에서 읽는 '국수'가 여러 갈래 상상을 불러일으킬 만하다. 누구는 그 말에서 변함없는 '유학의 본지'를, 또 누구는 그로

85) 이혜경(2002), 『천하관과 근대화론: 양계초를 중심으로』, 204쪽 이하.

86) 량치차오(2011), 「정치학 대가 블룬칠리의 학설」, 281쪽.

부터 지나칠 만큼 '민족'에 기우는 '애착'을 유추해 낼 수 있을지도 모른다.

그러려면 같은 글의 다음 문장에도 눈을 열어야 마땅하다. "옛적에 국가학 개산시조(開山始祖) 되는 백륜지리(伯倫智理) 씨가 말하기를, 무릇 조종의 전래하는 풍속, 습관, 법률, 제도가 그 국가 발달에 방해를 일으키지 않으면 그것을 보전함이 옳다고 했으니, 오호라 파괴를 주장하는 자가 세 번 반복할 바로다." 이 표현은 바로 앞서 거듭거듭 말했던 '정치학 대가 백륜지리'를 떠올린다. 량치차오가 쓴 그 해설 글은 이렇다. "… 국가를 건립하면 족수(族粹)의 보존을 최고 목적으로 삼는다. 조상으로부터 전해져 내려온 모든 제도를 국가의 발전에 방해되지 않는다면 함부로 파괴할 수 없다."[87]

누가 보더라도 '국수 보전'은 '족수 보존'의 판박이다. 그러므로 그 말들은 블룬칠리 국가학의 용례에서 비롯했다고 보아야 옳다. 《청의보》의 연재 글 가운데 국가의 유기체 본성을 설명하는 부분이 맞춤한 참고 자료다. 거기에서 국가의 생기조직체(生氣組織體), 곧 유기체는 '정신과 형체의 연합'이다. 원전의 용례로 보면, '정신'은 '영혼(Seele)'이고, '형체'는 '육신(Leib)'이다. 이로부터 '국가 정신'과 '국가 신체'라는 표현이 유래한다. 신채호가 말하는 '국수'란 바로 '국가 정신', 곧 국가의 혼과 같다고 할 수 있다. 유기

87) 량치차오(2011), 「정치학 대가 블룬칠리의 학설」, 262쪽.

체 이론의 비조라고 부를 만한 아리스토텔레스가 생물의 구성 원리를 밝히면서 말했던 '혼이 깃든 신체'에서 그와 같은 용례의 실마리를 찾을 수 있다. "눈동자와 시력이 눈을 구성하듯, 영혼과 신체가 생명 존재를 구성한다."[88]

아리스토텔레스는 자연 존재가 재료와 형상의 결합이듯, 영혼과 신체가 하나라고 설명한다. 곧 '기관들이 구성하는 신체'는 영혼의 '작용'과 더불어 생명의 '실체'로 활동한다. 여기에서 '혼이 깃든 신체'를 전체로 보면, 몸과 영혼 또는 지체들이 전체와 관계 맺는 상호작용을 유추할 수 있다. 이와 같은 사유 방식이 칸트의 '목적론' 명제를 거쳐 19세기 유기체 국가 이론으로 이어진다.

블룬칠리 국가학은 바로 그 계승의 완성물이나 마찬가지다. 그의 정의대로, 국가는 '생동하는 유기체'다. 이 구성체는 '혼이 깃든 문화 존재'로서 '가장 고귀한 성격'을 지니는 하나의 인격체이기도 하다.[89] 그의 '국가학' 가운데 한 부분을 번역하여 올린《청의보》연재도 그러한 구성 원리를 상징하는 표현, 곧 '국민의 의지', '국민의 정신', '국민의 특성' 등과 같은 번역 용어를 담을 수 있었다.[90]

---

88) Aristoteles(1831), *De anima, in Aristotelis Opera*, ex recensione Immanuelis Bekkeri. Edidit Academia Regia Borussica. Volumen prius, Berolini, apude Georgium Reimerum, p.413a.

89) 박근갑(2020), 『문명국가의 기원』, 319쪽 이하.

90) 德國 伯倫知理 著(1899), 「國家論 卷一」, 5~6쪽.

그 글을 틀림없이 읽어 보았으리라 여겨지는 신채호는 "인민이 국성(國性)을 발휘할 수 있도록" 해 주는 교육의 필요성을 강조하면서 바로 '혼이 깃든 국가'를 염두에 두었을 터이다.[91] 그래서 그는 다음처럼 힘주어 말한다. "장래 무엇에 기초하여 국민의 정신을 유지하며, 무엇에 근거하여 국민의 애국심을 환기하리오. … 중(重)하도다, 국수의 보전이며 급하도다, 국수의 보전이여."[92] 아울러서 그는 여러 글에서 '정신상 국가', '국권을 보전할 정신', '국민의 혼' 등과 같은 표현을 드러내는데, 이 말들도 또한 '국수'와 같은 의미 연관에 놓여 있다. '정신의 국가'를 설명하는 다음 글이 의미심장하다.

> 오호라 정신상 국가는 곧 형식상 국가의 어머니라. 정신상 국가란 무슨 뜻인가. 그 민족의 독립할 정신, 자유를 누릴 정신, 생존할 정신, 불굴할 정신, 국권을 보전할 정신, 국위를 분양(奮揚)할 정신, 국광(國光)을 훤히 밝힐 정신 등을 말함이니라. 형식상 국가란 또 무엇을 뜻하는가. 강토, 주권, 군주, 정부, 의회, 관리, 군함, 대포, 육군, 해군 등의 집합체를 말함이니라. 오호라 정신상 국가가 망하면 형식상 국가는 망하지 않았을지라

91) 아니나 다를까 1908년 8월 12일, 「국수보전설」이 나온 그날의 《대한매일신보》 국문판에 같은 내용의 논설이 실리는데, 그 제목은 바로 「나랏 정신을 보전ᄒᆞᄂᆞᆫ 말」이었다.

92) 신채호(1908), 「국수보전설」, 《대한매일신보》 1908년 8월 12일.

도 그 나라는 이미 망한 나라이며, 정신상 국가만 망하지 않으면 형식상 국가는 망하였을지라도 그 나라는 망하지 않은 나라이니라. …

형식상 국가를 건립하려면 먼저 정신상 국가를 건립하며, 형식상 국가를 보전하려면 먼저 정신상 국가를 보전하며, 형식상 국가의 망함을 염려할진대 먼저 정신상 국가의 망함을 염려할지니라. 내가 온 천하 애국 동포에게 향하여 정신상 국가의 수립(竪立)을 축원하노라.[93]

블룬칠리의 용례대로 풀어 본다면, '정신상 국가'란 내재하는 영혼의 작용 덕분에 고유한 욕구와 생기로 가득 찬 국가이며, '형식상 국가'는 육신과도 같은 기관과 기구의 특별한 기능으로 활동하는 조직과 질서의 합체다. 신채호가 "정신상 국가란 무엇인가"라고 물었을 즈음, 대한의 형식상 국가는 마지막 숨결의 순간에 있었다. 바로 그때 그는 블룬칠리가 밝히는 '국가의 생기조직체'로부터 아직도 망하지 않았으며 앞으로도 보전할 수 있는 정신의 국가를 떠올릴 수 있었을 터이다.

이 기묘한 착상에는 블룬칠리 명제를 중국 사례에 비쳐 보는 량치차오의 설명이 어느 만큼 도움을 주었을지도 모른다. "국가는 유기체이므로 유기체를 이루지 못하면 국가라고 할 수 없다. 중국

93) 신채호(1909), 「정신상 국가」, 《대한매일신보》 1909년 4월 29일.

은 폐질(廢疾)과 고병(痼病)을 앓고 있는 기체다. 마땅히 그것은 국가도 아니다."[94] 그렇더라도 블룬칠리의 처방이 만성병에 시달리는 자신의 조국에 통할 듯한 기미는 없어 보인다. 그래서 량치차오는 끝내 '인민의 국성(國性)'에 거는 기대를 버리고 말았던가. 그는 다음 문장으로 정체 논의를 마감한다. "언젠가 세계가 대동으로 나아가 전쟁의 자취가 세상에서 사라져 버리면 공화정이 참으로 국가 건립의 최고 형태가 될 것이지만, 지금은 아직 가장 적합하고 가장 우월하지는 않다."[95]

량치차오가 꿈꾸는 대동은 바로 '민족제국주의' 세상이다. "민족주의가 변하여 이루어진 민족제국주의는 성인으로 큰 뒤에 일을 도모하여 사업을 이룩하는 것과 같이 마땅하다." 그가 기대하는 제국주의는 이전의 제국 이념으로부터 비슷한 외형을 물려받았으나, 그 실상은 크게 다르다. 옛적 정부에서는 일개 군주가 주체였던 탓에 그 제국이 '독부(獨夫)'제국에 머물렀다. 그러나 오늘날 체제에서는 전체 국민이 주체인 까닭에 이를 두고 민족제국이라 일컬을 수 있다.[96] 신채호는 그 지평에서 '정신상 국가'를 꿈꿀 수 있었을까? 아무리 미화하더라도 거기에 '인민의 공화'가 들어설 자리는 없어 보인다.

량치차오가 '국가의 목적'을 해설하는 마당에 블룬칠리를 끌어

94) 량치차오(2011), 「정치학 대가 블룬칠리의 학설」, 260쪽.
95) 량치차오(2011), 「정치학 대가 블룬칠리의 학설」, 274쪽.
96) 梁啓超(1901), 「國家思想變遷異同論」, 22쪽.

댈 때 '주권 인민'의 위상은 흐릿해지고 만다. "블룬칠리의 의도는 국가란 각 개인의 생명을 다 바쳐 그 자체를 구제해도 된다는 것이다." 무슨 뜻일까? 량치차오의 설명에 따르면, 인민의 부유함과 국가의 풍요, 인민의 지혜로움과 국가의 문명화 그리고 인민의 용감함과 국가의 강성함이 모두 한결같다. 그렇지만 이는 두 개의 목적이지 하나의 목적은 아니다. 그래서 변고를 당하면, 각 개인의 행복과 국가의 번영을 모두 다 용납할 수 없는 사정에 이른다.[97] 아무래도 희생의 요구는 오로지 개인에게 기울 수밖에 없다.

량치차오는 또 이렇게 말한다. "자유란 단체의 자유이지 개인의 자유가 아니다. … 문명 시대에는 단체의 자유가 강하고, 개인의 자유는 감소한다."[98] 그러나 정작 블룬칠리는 그 주제를 다음처럼 풀이한다. "자유가 하나의 법률 개념이며 하나의 정치 개념이라고 판단한다면, 그것은 인민 자유 곧 온 국가와 그 구성원의 자결권이거나 사적 자유 곧 자결권을 지닌 개인 삶의 깨달음으로 여긴다. … 건전한 국가정책은 인민 자유의 발전과 개인 자유의 보호를 함께 요청한다."[99]

신채호는 어느 쪽에 시선을 맞추었을까? 1910년 2월 22일부터 3월 3일까지, 그러니까 경술년 국치일을 몇 달 앞둔 그 시점에 《대한매일신보》는 보기 드물게 긴 논설을 연재하는데, 그 가운데에서

97) 량치차오(2011), 「정치학 대가 블룬칠리의 학설」, 285쪽.

98) 이혜경(2002), 『천하관과 근대화론: 양계초를 중심으로』, 217쪽에서 재인용.

99) Bluntschli(1874), *Deutsche Statslehre für Gebildete*, p.34.

다음 글을 읽을 수 있다.

자유는 우리의 제2 생명이라. 그러므로 신체가 죽음은 유형의 죽음이요, 자유가 죽음은 무형의 죽음이니, 왜 그런가? 인격이 있는 까닭에 사람이라고 하거늘, 자유를 잃어버린 사람은 인격이 없어서 한 금수이며 한 목석이니, 이것이 이른바 무형의 죽음이다. 그리고 형이하답게 관찰하더라도 자유의 죽음이 곧 신체의 죽음이니, 왜 그런가? 자유를 잃어버린 사람이 오늘은 비록 형이하다운 수치의 생명을 유지할 수 있었다 할지라도 그 자유를 얻지 못하면 반드시 멸망을 면할 수 없으니, 그래서 이른바 자유의 죽음이 곧 신체의 죽음이라. 오호라, 그래서 그 안광이 횃불 같은 국민은 몸을 희생하여 자유를 갈구하였구나.

슬프도다, 한국은 종래 자유라는 두 글자를 알지 못한 나라인 까닭에 세력계(勢力界)의 노예, 사상계의 노예, 현상계의 노예가 되어 ① 세력이 중등인 자는 세력이 상등인 자의 노예가 되며, 세력이 하등인 자는 세력이 중등인 자의 노예가 되어, 혹 일신이 노예로, 혹 일가가 노예로, 혹 거국이 노예로 떨어져서 필경 전국 가운데 노예 아닌 자는 한 사람도 없음에 이르고, ② 중고(中古) 사람의 사상은 상고 사람 사상의 노예가 되며, 오늘날 사람의 사상은 중고 사람 사상의 노예가 되어, 우수마발(牛溲馬勃)의 냄새 짙은 말이라도 옛사람의 여타(餘唾)라면 천사의 명으

> 로 받들며, 번천동지(翻天動地)의 위업이라도 뒷사람의 소행이라면 분개의 검을 쳐들어 물리쳐버리고, ③ 현상의 노예를 찬양하여 인순고식(因循姑息)을 일로 삼고는 치욕과 고통도 따지지 않고서 개같이 구차한 생명을 유지하며, 회천(回天)의 웅대한 계획을 버리고는 공물 바치러 가는 사신의 북행이 500년 동안 끊어지지 않으면서 헐벗은 백성을 괴롭히는 정사가 수 세기 동안 꾸준히 펼쳐졌다.[100]

이렇듯 '자유' 한국의 기대를 담으면서 '민국(民國)의 위세 당당한 정신'을 밝히는 「20세기 신국민」은 무기명 논설이다. 앞으로 세워야만 하는 국민의 국가를 위해 '신국민'의 도덕성을 갖추어야 한다는 주장이 글의 중심에 서 있다. 이 논설은 문장의 흐름이나 기세로 보아 오랫동안 신채호의 글로 알려져 왔다.

그러나 글의 제목뿐만 아니라 주요 개념들의 구성이 량치차오의 「신민설」과 겹친다는 근거에서 그저 한 편의 번역문으로 여겨야 옳다는 주장도 만만찮다.[101] 1902년 2월 8일 《신민총보》 창간호부터 나오기 시작했던 「신민설」[102]에서 '공덕(公德)'의 구성 내

100) 「20세기 신국민 (속)」, 《대한매일신보》 1910년 2월 24일.

101) 그래서 독립기념관 한국독립운동사연구소 주관으로 이루어진 단재신채호전집편찬위원회는 문제의 논설 필자를 확정하지 못한 채, 다만 신채호의 글일지도 모른다는 '추정' 의견을 내놓는다. 『단재신채호전집』 6권, 734~746쪽.

102) 이혜경(2002), 『천하관과 근대화론: 양계초를 중심으로』, 211쪽 이하.

용으로 짜여 있는 여러 덕목이 한국 '신국민'이 갖추어야 할 도덕률에서 거의 되살아나기 때문이다.103)

그렇다면 앞서 보았던 형식상 국가와 정신상 국가의 대립 관계를 꼭 닮은 듯, 다시금 신체의 죽음과 자유의 죽음 곧 유형의 죽음과 무형의 죽음이 서로 상반하는 의미 연관에 놓이는 글쓰기 방식을 어떻게 이해할 수 있을까? 이와 같은 놀라움 기법은 신채호 특유의 문장 형식을 상징한다. 다음 사례도 주목할 만하다.

"오늘날 한국에 정신이 발달하였는가. 아니다. … 눈에 띄는 바가 쓸쓸하고 귀에 들리는 바가 처량할 뿐이니, 오호라 저 하늘이 어찌 우리 민(民)을 돌보지 않을까."104) 그러고는 다음처럼 희망과 기대의 메시지가 뜨거운 불길이나 깊은 물과 같은 '지금 한국'의 위기 순간에 맞선다. "국민 동포가 단지 20세기 신국민의 이상과 기력을 떨쳐 일으키면, … 가히 동아 일방에 우뚝 솟아 강국의 토대를 자랑할지며, 가히 세계 무대에 뛰어올라 문명의 기를 펄럭일지니, 오호라 동포여. 어찌 힘을 다하지 아니하리오."105) 신채호가 앞서 썼던 「대한의 희망」이나 「금일 대한국민의 목적지」를 다시 읽는 듯하다. 그렇지만 무엇보다도, 량치차오가 감상의 '눈물'과 함께 이별을 고했던 공화의 희망이 한국 '신민'의 지평에서

103) 우남숙(2007), 「梁啓超와 신채호의 자유론 비교-『신민설』과 <二十世紀新國民>을 중심으로」, 《한국동양정치사상사연구》 6, 135~161쪽.

104) 「20세기 신국민 (속)」, 《대한매일신보》 1910년 2월 23일.

105) 「20세기 신국민 (속)」, 《대한매일신보》 1910년 3월 3일.

는 생생하다.

> … 저 서양에서는 암흑시대가 점점 지나가고 황금시대가 회복하여 문명의 기운이 정신계와 물질계에 팽창하였다. 이에 도덕, 정치, 경제, 종교, 무력, 법률, 학술, 공예 등이 장족의 진보를 이루니, 어시호(於是乎) 국가의 이익이 날로 늘어나며 인민의 복이 날로 커져서 전제봉건(專制封建)의 옛적 폐단이 사라지고 입헌공화(立憲共和)의 복음이 두루 퍼져, 국가는 인민의 낙원이 되며 인민은 국가의 주인이 되어, 공맹(孔孟)의 보세장민주의(輔世長民主義)가 거기에서 실행되며, 루소의 평등 자유 정신이 거기에서 성공하였도다.[106)]

인용문에서 보듯, '입헌공화의 복음'은 먼저 서양에서 시작했던 '문명의 진보'에 따른다. 여기에서도 신채호 특유의 대칭 기법, 곧 빛과 어두움, 진보와 쇠퇴, 정신계와 물질계 등의 개념 배치가 미래 지평으로 향하는 기대에 경이로움을 더한다.

이 줄기에서 '민기(民氣)의 추락이 극도에' 다다르고 있는 '한국의 지위'가 먼저 대응 관계의 한쪽 축을 장식한 다음, "국민 동포가 단지 20세기 신국민의 이상과 기력을 떨쳐 일으켜서 국민적 국가의 기초를 공고히 하여 … 가히 세계 무대에 뛰어올라 문명의

106) 「20세기 신국민 (속)」, 《대한매일신보》 1910년 2월 23일.

기를 펄럭일" 날을 다른 쪽의 범주에 세운다. 그래서 한국 국민에게 가장 필요한 '도덕'이 논의의 중심에 서는데, 그것은 바로 량치차오가 중국의 '신민'에게 요구도 기대도 하지 않았던 평등주의다. 그 서술에서도 어김없이 대칭 기법이 글을 이끈다.

"… 인류는 평등이다. 그러므로 강자도 사람이고 약자도 사람이며, 부자도 사람이고, 왕후장상이나 영웅과 성인도 사람이며, 어부와 목동뿐만 아니라 어리석은 남녀도 사람이다. 이처럼 인류에서는 인격이 평등이다. 인권이 평등이니, 오호라 저 불평등주의는 인류의 악마요 생물계의 죄인이로다. … 묻건대, 한국이 어떤 까닭에 오늘날 이와 같은 지경에 이르렀는가. 우리는 첫째 손가락을 꼽아 불평등이라고 하니, 불평등 세(三) 자는 한국의 최대 원수이니라."[107]

그리고 글은 동포에게 묻는다. 살고자 하는가, 죽고자 하는가? 존속하고자 하는가, 망하고자 하는가? 이처럼 비장했던 논설 연재는 1910년 3월 3일에 끝난다. 이 글을 실었던 《대한매일신보》는 그 뒤 8월 28일에 국권 운동의 위상을 마감했다. 바로 그다음 날 대한제국의 마지막 숨결이 멈췄다.

'형식상 국가'는 그렇게 신채호의 조국 땅에서 사라지고 말았다. 같은 해 4월 8일, 미리 이 모든 일을 알고나 있었던 듯 그는 비밀리에 공화정을 모의했던 신민회 동지들과 더불어 망명길에 올랐

107) 「20세기 신국민 (속)」, 《대한매일신보》 1910년 2월 24일.

다. 국경선을 넘으면서도 가슴 깊이 품고 있던 '정신상 국가'의 꿈을 그 뒤 그가 언제 버린 적 있었던가.

제2장
민족의 뿌리

1. 정신상 국가

망명길

"사정이 허락한다면 중국을 한번 돌아보고 국내로 가서 종교·윤리 등의 서적을 손에 쥐고서 두세 명 친구와 함께 고향 숲속을 거니는 일이 주야로 기도하는 바이며, 그밖에 원하는 것 없습니다."[1] 이 글은 1912년 11월 1일 신채호가 미국에 머물던 안창호에게 쓴 편지 가운데 한 조각이다. 그때 신채호는 블라디보스토크 변방의 '신한촌'에서 몇몇 언론을 전전하는 가운데 항일과 독립 정신을 일깨우는 글쓰기에 매달리고 있었다.

스산한 심정을 전하는 편지글에는 고행과 좌절로 이어지는 심상한 망명의 나날이 묻어난다. 그가 그곳에서 마지막으로 맡았던

1) 「단재가 안창호에게 보낸 편지」(1912년 11월 1일), 단재신채호전집편찬위원회 편(2008), 『단재신채호전집』 7권, 독립기념관 한국독립운동사연구소, 490~493쪽.

《권업신문》의 주필을 그만둔 채 한인 사회를 떠나려고 마음먹던 무렵이었다. 무엇보다도 연해주 동포들 사이에 뿌리 깊었던 파벌 싸움이 항일 조직의 와해뿐만 아니라 신채호 개인의 염증을 부추긴 듯 보인다.[2] 그의 망명길을 이끌었던 안창호는 이런저런 사정을 헤아리고는 신채호에게 미국으로 건너와 언론 글쓰기를 계속하자고 권했다.

그러나 신채호의 마음이 그렇게 움직이지 않았다. "동서로 두루 돌아다니는 일은 실로 원하는 바 아니며, 단체 사업도 열심히 하기 어렵습니다. 지금은 자금이 없어 한 발자국도 스스로 움직일 수 없답니다." 이처럼 신채호는 이러지도 저러지도 못하는 자신의 처지를 안창호에게 자조하듯 전하고 있다. 예전처럼 '독행자자(獨行自恣)'의 모습[3]이 그의 상징이었다. 망명길에 들어서는 그의 행보도 유별나기는 마찬가지였다.

우국지사와 같은 시대 인물의 망명 이야기에는 무언가 비장함의 서사와 더불어 드라마 같은 일화가 뒤따르기 마련이다. 1907년 4월 어느 날 비밀리에 모여 항일 결사를 맹약했던 신민회 사람들의 사정도 그러했다. 그때부터 그들이 곧바로 해외 거점을 마련하는 일에 골몰했는지를 알려 줄 만한 자료는 없다. 그렇지만 늦어

2) 이호룡(2013), 『신채호 다시 읽기. 민족주의자에서 아나키스트로』, 돌베개, 87쪽 이하.

3) 「서한: 백원보→안창호 1912.7.22.(俄曆)」, 『단재신채호전집』 8권, 147~150쪽. 그 무렵 신채호의 처신을 두고서 "申博士ᄂᆞᆫ 無味로 經過ᄒᆞᆷ이 如前이오나 氏의 所欲은 某人의 機關에든지 不入ᄒᆞ고 獨行自恣ᄒᆞᆯ 趣旨"라고 전하는 말이 이 편지글에 들어 있다.

도 1909년 3월경에는 그 문제가 중심 논제였던 모양이다. 그 와중에 큰일이 벌어졌다. 10월 26일 하얼빈역에서 안중근 의거가 일어나고, 그 빌미 끝에 안창호와 몇몇 동지는 이듬해 2월까지 수감 생활을 겪어야만 했다.

사정이 다급해지자 신민회 사람들은 망명을 서둘러 준비할 수밖에 없었다. 바로 1910년 3월에 '독립전쟁전략'이 세워졌으며, 곧바로 다음 달 8일 망명 거사가 시작했다. 일차 목표지는 중국 칭다오(靑島)였으며, 그곳에서 만주나 연해주에 독립군 근거지를 마련하는 확대 회의가 열릴 예정이었다. 몇 길로 나뉜 망명 루트 가운데 신채호는 안창호가 이끄는 길에 함께하기로 정해졌다. 배를 타고 서해를 건너 산둥(山東)반도로 지르는 여정이었다.

행주 나루터를 떠난 목선 한 척이 망망대해로 막 나아가던 참이었다. "… 너를 두고 나는 간다 …"고 절절히 불렀던 안창호의 이별 노래도 울렸다. 그런데 갑자기 함께 타고 가던 신채호에게 큰 탈이 생겼다. 뱃멀미를 도저히 견딜 수 없었던 그는 강화 교동 섬에 내릴 수밖에 없었다. 그는 육로로 우회해서 국경선을 넘어 칭다오까지 가야만 했다. 그래서 그는 중간에 20일가량 정주 오산학교를 들르는데, 그때 저 유명한 세수 모습이 이광수의 글 한 자락에 남을 수 있었다.[4)]

4) 장석홍(2016), 『한국 독립운동의 혁명 영수 안창호』, 역사공간; 임중빈(2015), 『단재 신채호 일대기』, 범우사; 신용하(1977), 「신민회의 창건과 그 국권회복운동(하)」, 《한국학보》 9, 155쪽 이하.

칭다오 대회는 처음부터 난항이었다. 어렵사리 중국 지린(吉林)성 미산(密山)부 역내에 사관학교를 건설하고, 신채호도 거기에 교원으로 참여한다는 결의가 이루어졌다. 그러나 이 계획은 자금 문제로 중간에 꺾이고 말았다. 그래서 신채호의 블라디보스토크 시절이 기록으로 남을 수 있었다. 홍범도 같은 의병장들이 미리 항일의 터전을 닦아 놓고 기다리던 곳이었다. 여기에서 신채호가 윤세복을 만나 함께 광복회를 꾸렸던 일도 특기할 만하다. 그 뒤 그의 도움으로 신채호가 고구려 유적을 답사한 뒤 기념비 같은 저술 작업을 이어갈 수 있었기 때문이다. 아무튼 그 단체 사업에 더하여 언론 글쓰기가 신채호다운 과업으로 이어졌다.

그런데 이 일들을 시작하던 바로 그즈음부터 신채호는 그곳을 떠나 상하이로 가거나 귀국하고 싶다는 뜻을 내비쳤다고 한다. 공부를 더하고 싶다는 말이 늘 나오는 신채호의 변명이었다. 오죽했으면 지켜보던 한 동지는 안창호에게 쓴 편지에서 신채호의 구실을 두고서 "굶어도 떡은 한다는 격"이라고 쓰기도 했다.[5]

앞서 보았듯, 신채호도 직접 안창호에게 쓴 편지에서 꼭 같은 의사를 전하고 있었다. 자신을 망명의 길로 이끈 사람에게 했던 말, 곧 이제는 그저 중국을 둘러본 뒤 귀국하여 종교나 윤리 공부를 계속하고 싶다는 표현에 그의 속내가 그대로 담겼을 것이다. 그래서 그는 미국으로 오라는 안창호의 의견도 따를 수 없었으며,

5) 이호룡(2013), 『신채호 다시 읽기』, 94쪽에서 재인용.

연해주 한인촌의 항일운동도 그의 바람이 아니었다. 그렇다면 왜 중국을 둘러본다거나 상하이로 가고 싶다는 말이 신채호의 진심처럼 드러날 수 있었을까? 한참 지난 뒤 그가 자신의 주요 저술에 유명한 '총론'을 쓰면서 다음과 같은 한마디 말을 적어 넣었다. "해외에 나오던 날부터 고구려와 발해의 옛 강토를 답사하리라는 회포가 매우 깊었었다."6)

지금까지 살펴본 곡절의 사정에 딱 들어맞는 말이다. 신채호가 안정복(安鼎福, 1712~1791)의 『동사강목』을 통째로 손수 '백지에 베낀' 꾸러미를 짐 궤짝에 넣고서 행주 나루터의 뱃길에 나섰으며, 이리저리 먼 땅들을 떠돌면서도 그 종이뭉치를 끝내 잘 간직했다는 에피소드는 그의 망명 생활을 상징하는 그림으로 볼 만하다. 정인보가 나중에 상하이 시절의 신채호를 떠올리면서, 바로 그 『동사강목』 필사본 뭉치가 "꺼내던 대로 연방 나오던" 모습이 "아직도 눈에 선하다"고 회상했던 그대로다.7) 출발 지점의 유별남 가운데 신채호의 망명 계획이 숨어 있었던 셈이다.

고토 답사

왜 『동사강목』이 그토록 소중했을까? 그 저자를 두고서 신채호

6) 신채호(1948), 『조선상고사』, 종로서원, 21쪽.

7) 정인보(1936), 「丹齋와 史學」, 《東亞日報》 1936년 2월 26, 28일[『단재신채호전집』 9권, 256쪽].

는 나중 저술에서 이렇게 밝힌다. "기왕에 사(史)의 기록만 있고 사의 연구는 없었다고 할 만한 조선사계(朝鮮史界)에서 선생이 처음으로 사학의 단서를 열었다 하여도 가할 것이다." 그리고 그의 설명은 다음으로 이어진다.

안정복은 평생토록 역사 한 분야에 매진해서 5백 년 이래 유일한 사학 전문가 대접을 받을 만하다. 그렇지만 초야의 가난한 선비였던 그는 많은 서적을 볼 수 없었던 까닭으로 자신의 저술에 숱한 오류를 남겨 놓았다. 무엇보다도 그는 시대에 유행하는 공자의 『춘추』, 그리고 주희가 편찬한 『강목(綱目)』의 함정에 빠진 나머지 자신의 책 『동사강목』 가운데 기자본기(箕子本紀)에서는 단군과 부여를 그 속국이라고 기록하는 잘못을 저질렀다. 게다가 그는 너무나 황실 중심의 이념을 고수했다. 그 탓에 민족 자체의 활동을 소홀히 다룬 흔적이 책 곳곳에 남아 있다. 그렇더라도 연구의 정밀함을 두고서 말하자면, 안정복을 능가하는 역사가를 찾아보기 어렵다. 전래 지지(地志) 가운데 오류 부분을 바로잡고 사실의 모순을 변증한 점이 후세에 남긴 그의 공적 가운데 가장 큰 몫이다.8)

이 설명에 겹쳐서 다음 이야기를 들어보면, 굳이 중국을 둘러보아야 한다고 말했던 신채호의 속내가 좀 더 자세히 드러난다. 1920년대 초반 언저리 어느 때 일이다. 나중에 우리말 연구로 큰

8) 신채호(1948), 『조선상고사』, 14~15쪽.

이름을 남긴 이윤재가 베이징 시절의 신채호를 찾아갔다. 처음 만나는 신채호에게 그는 이렇게 말한다. “내가 이번에 여기 오기는 다만 학술 연구자를 목적하는 것입니다. 동양 문화를 연구하는 데에는 중국이 가장 좋을 것이다 생각하였던 것입니다. 앞으로 선생께서 많이 지도하여 주시기를 바랍니다.” 이윤재가 이렇게 베이징에 온 취지를 설명하자 신채호는 아주 기뻐하며 말한다. “매우 좋소이다. 지금 조선 사람은 무엇을 연구하든지 서양이나 일본으로 가기들은 잘하지마는 중국 땅에 오는 이는 별로 없는 모양입니다. 중국이 동양 대부분을 차지하고 있으니, 동양 문화를 연구하려면 중국을 떠날 수 없을 터이지요. 그리고 중국은 우리 조선의 역사를 탐색할 것이 얼마나 많은지, 이것이 다 우리가 할 일이 아닙니까.” 이렇게 주고받으면서 점점 사론(史論)으로 들어가는 가운데 이윤재가 먼저 묻는다. “선생은 그새 새 사료를 많이 발견하셨겠지요.” 신채호가 대답한다. “내가 노령(露領) 방면과 만주 방면에 있었을 적에는 우리의 사적을 찾기에 거의 전력을 다하다시피 하였는데, 여간 많은 것이 아닙니다. 그중에는 우리의 자랑이 되는 훌륭한 것도 많았는데, 저 무지한 중국인의 손에서 자꾸자꾸 없어져 가고 맙니다. 이를 생각하면 과연 통곡할 밖에 없습니다.”9)

수많은 사연을 담고 있으리라 추정할 만한 두 가지 에피소드의

9) 이윤재(1936), 「北京時代의 丹齋」, 《朝光》 2-4, 1936년 4월[『단재신채호전집』 9권, 312~314쪽].

속내를 풀이하기 전에 먼저 사실 근거를 살펴보자. 신채호의 기억대로면, 그는 러시아령 '신한촌'을 떠나 만주를 지나는 동안에 여러 유적을 답사할 수 있었다. 상하이 시절 신채호와 고락을 함께했던 지인들도 이 이야기를 여러 차례 들었을 터이다. 홍명희는 이렇게 전한다. "단재가 노령(露領) 블라디보스토크에서 고 이종호 씨가 경영하던 신문을 주재하다가, 이씨의 자금이 핍절했던지 신문을 내지 못하게 되고 의식(衣食)조차 어렵게 된 것을 고 신규식 씨(睨觀)가 듣고 굶든 먹든 와서 같이 지내자고 상해로 다려 왔습니다."[10] 정인보의 기억도 거의 근사하다. "무창혁명(武昌革命)한 지 3년 되던 해 상해서 단재를 만났다. 단재가 북만(北滿)을 거쳐 그리로 왔던 것, 노자는 예관(睨觀)이 보냈다던 것들이 생각나고 …"[11]

남은 서간 자료들로 추정해 보건대, 이 기억들은 대체로 다음 사실에 근거한 것으로 보인다. 신채호는 1913년 초에 연해주를 떠났으며, 그해 8월에 칭다오를 거쳐 상하이에 도착했다. 그 여정 중간에 그는 만주 지역에 머물 수 있었다. 그의 동향 사람 신백우의 기억에 따르면, 1913년 초 무렵 연해주에서 상하이로 가던 도중 만주 땅 펑톈(奉天)에 들른 신채호는 지인들과 함께 백두산을 오르고 압록강 위쪽의 지안(輯安)현에서 광개토대왕의 무덤을 답

10) 홍명희(1936), 「上海時代의 丹齋」, 《朝光》 2-4, 1936년 4월[『단재신채호전집』 9권, 308쪽].

11) 정인보(1936), 「丹齋와 史學」, 256쪽.

사할 수 있었다.[12] 그리고 신채호는 1914년 대종교 계열 학교를 운영하던 윤세복의 초청으로 서간도 환런(桓仁)현 홍도천으로 가서 1년여 머물렀다. 거기서 그는 동창학교 국사 교사로 지내면서 '조선사'라는 이름의 교과서를 펴냈다. 그 무렵 그가 고구려 고분군을 답사할 수 있었던 일이 그의 후기 저술 작업에 밑거름으로 작용했다.[13] 나중에 나온 『조선상고사』에는 그때 답사 기억이 생생하다.

> 한번은 친구 네댓 명과 동행하여 압록강 상의 집안현(輯安縣), 곧 제2 환도성(丸都城)을 언뜻 돌아본 것이 나의 일생에서 기념할 만한 장관이라 할 수 있으나, 그러나 여비가 모자라서 능묘가 몇 개인지 헤아려 볼 여가도 없어서 다만 능으로 인정할 것이 수백 개이고, 묘가 1만 개 내외라는 억단(臆斷)을 하였을 뿐이다.
>
> 촌사람이 주운 것이라 하는 대나무 잎 그림 쇠 자(金尺)와, 그

12) 이호룡(2013), 『신채호 다시 읽기』, 100쪽 이하.

13) 진록성의 회고에 따르면, 신채호는 1920년 여름에도 만주 지역뿐만 아니라 시베리아와 연해주 방면을 답사했던 것으로 여겨진다. "… 만주 거친 벌판을 헤매다가 집안현 황성 광개토왕비에서 단재 신채호 선생을 만나 역사 바탕을 함께 걸머지고 신경으로 할빈으로 흑하 막하를 거쳐 바이칼 호수로 한 바퀴 돌아 거기에서 시베리아를 횡단한 기차를 타고 연해주 '블라디보스토크'까지 와서, 나는 화태(樺太)도로 건너오고, 단재 선생은 부여족의 연원 지대를 더 답습하고 상해로 간다고 하여 서로 헤어졌다(庚申七月十日 檀紀四二五三 西紀一九二〇年)." 진록성(1955), 「丹齋와 나」, 《靑史》 1[『단재신채호전집』 9권, 119~121쪽].

곳에 거주하는 일본 사람이 탁본해서 파는 광개토 비문을 가격만 물어보았으며, 훼손당하여 부서진(지상에 나와 있는 부분만-원주) 여러 백 개의 왕릉들 가운데 천행으로 남아 있는 8층 석탑 사면 각형의 광개토왕릉과 그 오른쪽에 있는 제천단(祭天壇)을 붓으로 대강 모사하여 사진을 대신하고, 그 왕릉의 넓이와 높이를 발로 밟아 몸으로써 재어 보면서 측척(測尺)을 대신하였을 뿐이다.(높이는 10장가량이고, 하층의 주위는 80발이니, 다른 왕릉은 상층이 부서져서 그 높이는 알 수 없으나, 그 하층의 주위는 대개 광개토왕의 능과 똑같았다.-원주)

왕릉의 상층에 올라가 돌기둥(石柱)이 섰던 자취와 그 위를 덮었던 기와의 남은 파편과 드문드문 서 있는 소나무와 측백나무를 보고, 『후한서』에서 "고구려는 … 금은과 재물과 돈을 후한 장례(厚葬)에 다 썼다. 돌을 쌓아 봉분을 만들고 또 소나무와 측백나무를 심었다"라고 썼던 간단하기 짝없는 문구를 비로소 충분히 해석할 수 있게 되었고, "수백 원이 있으면 묘 한 개를 파 볼 수 있고, 수천 원 혹 수만 원만 있으면 능 한 개를 파 볼 수 있을 것이다. 그리하면 수천 년 전 고구려 사람들이 생활한 모습에 대한 살아 있는 사진을 볼 수 있을 텐데 …" 하는 꿈만 꾸었다.

아 슬프다. 이처럼 하늘이 감추어둔 비사(祕史)의 보고(寶庫)를 만나서 나의 소득은 무엇이었는가. 인재와 물력이 없으면 재료가 있어도 나의 소유가 아님을 알았다. 그러나 하루 동안 그 외부에 대한 조잡하고 얕은 관찰뿐이지만, 고구려의 종교, 예술, 경제력 등이 어떠하였는지가 눈앞에 훤히 되살아나 해당 지역에 가서 "집안현을 한 번 봄이 김부식의 고구려사를 만 번 읽음보다 낫다"는 단안을 내렸다.14)

신채호의 탐사 열정과 『동사강목』 에피소드를 겹쳐 보면, 망명길에 나섰던 그의 내심을 어렴풋이나마 유추할 수 있다. 그는 오로지 옛 강토의 유적을 살펴볼 목적으로 신민회 사람들의 여정에 함께했다고 단정할 수는 없겠지만, 자신의 '일생에서 기념할 만했던' 그 광경들을 보지 못하는 망명길을 상정할 수도 없었을 것이다. 그렇지 않았다면 그가 왜 굳이 번거롭기 그지없었을 종이뭉치 짐보따리를 조국을 떠나는 순간부터 애지중지 간직했을까. 그가 보기에 안정복의 『동사강목』은 정밀한 지리 지식과 정확한 역사 사실을 적지 않게 담았을 뿐만 아니라 한국 '사학'의 첫 문을 연 저술이었다.

그러나 그 책에는, 말하자면 "하늘이 감추어 둔 비사(祕史)의 보고(寶庫)"가 빠져 있다. 신채호의 유적 탐방은 그 책의 오류와 결손 부분을 살아 있는 자료에 비추어 보는 여정이었다. 이로부터 실증의 '단재 사학'을 완수하기 위해 '온 힘'을 다 쏟으면서 '우리의 사적'을 찾아 나서는 신채호 상을 그려 볼 수 있을까?

14) 신채호(1948), 『조선상고사』, 21~22쪽.

그 단면은 옳아 보인다. 그렇지만 그 그림은 그의 복잡한 마음을 다 드러낼 수는 없을 터이다. 그가 안창호에게 편지글로 전했던 말, 곧 중국을 둘러는 보아야 하겠지만(當一觀中國) 귀국하여 종교와 윤리 등의 책에 빠져들기를 밤낮으로 원한다는 표현 가운데 그의 심층 내면이 담겨 있으리라 추정할 만하다. 이렇게 보면, 그가 '정신상 국가'와 '형식상 국가'처럼 놀라움의 글쓰기 기법으로 드러냈던 대립 관계의 의미 연관이 새로운 문젯거리로 떠오른다.

민족정신

앞서 보았듯, '정신상 국가'란 신채호의 미래 지평에서 무엇보다도 뚜렷하게 떠오른 기대의 이미지다. '형식상 국가'가 망하더라도 '정신상 국가'가 살아 있다면 그 나라는 망할 리 없다. 한마디로, 영혼과 같은 추상성 국가가 사람 몸의 형상을 닮은 구체성 국가에 앞선다. "그러므로 형식상 국가를 건설코자 하면 먼저 정신상 국가를 건설할지며, 형식상 국가를 보전코자 하면 먼저 정신상 국가를 보전할지며, 형식상 국가의 망함을 걱정할진대 먼저 정신상 국가의 망함을 걱정할지니라."[15]

이와 같은 명제의 실험이 유기체 이론에서 비롯했다면, 다음과 같은 질문이 거기에 반드시 뒤따라야만 한다. '형식상 국가'의 토대

---

15) 신채호(1909), 「정신상 국가」, 《대한매일신보》 1909년 4월 29일.

를 잃은 '정신상 국가'는 어떻게 생명을 유지하는가? 일찍이 유기체 이론의 비조 아리스토텔레스도 같은 성격의 질문을 던졌다. 영혼은 신체에서 동떨어져 독립 상태로 존재할 수 있는가, 아니면 신체 내부에서만 존재하는가? '혼이 깃든 몸'을 온전한 구성의 현실태라고 할 수 있다면, 몸과 영혼은 두 개의 실체가 아니라 단일한 실체 안에서 불가분의 요소로 엮여 있다.[16] 량치차오가 먼저 읽고서 신채호에게 전수했던 '정치학 대가'의 학설도 또한 그와 같은 완전함의 아르케(ἀρχή), 곧 유기체의 으뜸 원리에 근거한다.

신채호가 틀림없이 읽었으리라 추정할 만한 《청의보》 속 블룬칠리의 '국가학' 연재 글 또는 그 국한문 번역의 『국가학 강령』 가운데 유기체 본성을 설명하는 요지를 간추려 보자. 국가란 생기를 갖는 조직체다. 조직이란 화학 용어로 결구(結構)라는 말과 같다. 대개 생기 있는 존재는 모두 유기체라고 할 수 있다. 국가의 본질도 거기에 속한다. 국가는 천연 유기체와 유사(類似)하지만, 자연의 소산물이 아니다. 인간이 만든 그 유기 구성체는 정신과 형체의 연합이다. 국가 구성체 안에서 각각의 기관은 인간의 지체처럼 모두 고유 성정과 기능을 지닌다. 그 부분들이 서로 이어져서 이루어 낸 전체 구성이 곧 국가다. 인간을 닮은 국가는 그러므로 내부로부터 성장하여 외부 발전을 계속 이어갈 수 있다.[17]

이렇게 보는 '정신과 형체의 연합'이 신채호의 글에서 '정신상 국

16) 박근갑(2020), 『문명국가의 기원』, 나남, 143쪽 이하.

17) 伯倫知理 著(1907), 『國家學 綱領』, 安鍾和 譯, 廣學書舖, 15쪽 이하.

가'와 '형식상 국가'의 대립 구성으로 거듭났을 것이다. 유기체 이론의 용례에 따르면, 영혼과 같은 뜻의 정신은 사람 몸의 구성을 닮은 형체에서 동떨어져 생명을 유지할 수 없다. 이와 같은 원리, 그러니까 신채호 자신의 표현대로 '국가학 개산시조'의 '말'을 누구나 곧이곧대로 받아들여야만 한다는 당위성의 주장은 성립할 수 없다. 마찬가지로 신채호가 '혼이 깃든 몸'의 의미 연관을 전혀 이해할 수 없었으리라는 추정도 어려워 보인다. 다만, '무형의 죽음'을 '유형의 죽음'과 맞선 자리에 놓았던 그의 글쓰기는 망국을 목전에 둔 시점의 위기 수사법이라고 보아야 옳을 터이다. 그렇더라도 그의 미래 지평에서 국가 생명에 혼을 불어넣어야 할 '정신'의 활동은 너무 순정한 나머지 무미하고 수수할 따름이다.

그가 애써 '국수'라는 표현과 더불어 끌어온 의미 영역을 보자. 한 나라에 전래하는 풍속과 습관, 법률과 제도 등의 '정신'이 그 구성 요인이다. 이 내용은 옛적 성인과 현자의 심혈이 한데 뭉친 것이며, 위대한 철학자나 선비의 성력(誠力)이 맺혀진 결실이고, 그 밖에도 조종선민(祖宗先民)의 기거동작(起居動作), 시청언어(視聽言語), 시정행사(施政行事) 등의 여러 업력(業力)이 감화를 끼친 영향력이다. 이와 같은 구성이 부족했던 탓에 '형식상 국가'의 생명은 그토록 어이없이 사그라들고 말았는가. 그러한 '정신'의 작용은 신채호가 떠나보냈던 그의 조국에 이미 차고 넘치지 않았던가. '국수'의 논설은 그렇듯 석연치 않은 의미 연관 가운데서도 망명을 강제할 만큼 어지러운 시대 상황을 밑바탕에서부터 바라보는 시선을 함축하고 있다.

한국 사람의 덕성을 살펴보건대 진취 성질이 적다기보다는 지구(持久) 성질이 적으며, 한국의 앞길을 내다보건대 개혁 사업이 어렵기보다는 보수 사업이 어렵다고 할 수 있다. 어째서 그렇다고 말하는가. 역사상 지난 일을 보면 알 수 있다. 곧 단군 이후로 삼국이 처음 일어날 때까지는 신화가 진정으로 번성하여 황제와 임금이 우뚝 솟을 적에는 반드시 상제(上帝)의 아들이라 일컬으며 왕후와 왕비를 맞이할 적에는 반드시 하백(河伯)의 딸이라 일컬어서 미신 풍조가 온 나라에 두루 넘쳤다. 그러나 지금 이때에는 완벽한 신의 통치를 기록했던 한 편 역사가 전하지 않는다. 그리고 고구려는 서북에 있었으며, 신라와 백제는 동쪽과 남쪽에서 일어나, 혁혁한 무공이 인접 나라의 역사에도 뚜렷이 적혀 있다. 그러나 그 무렵 전공(戰功)을 소상하게 기록한 한 권의 역사책도 이제 볼 수 없다. 고려 이전에는 불교가 성행하였다. 그래서 심지어 지명과 인명에도 불경 문자를 반드시 쓰곤 하더니, 유교 신도가 그 주석(主席)을 빼앗은 뒤로는 승가의 옛 사적이 다 없어지고, 동방에서 성인으로 존경받던 원효와 의상의 교화도 후세에 전해지지 않았다. 오호라 이로써 미루어 보건대, 옛사람을 기념하지도 않으며 옛적 일을 그리워하여 애틋이 여기지도 않는 성격은 한국 사람 누구에게나 두루 통한다. 대저 한국의 고대 인물을 두고서 말하자면 광풍제월(光風霽月)의 도덕가도 많았고 편풍가전(鞭風駕電)의 전술가도 자주 나타났으며, 그 밖에도 수많은 기인, 미속, 선정이 있었다. 이 모두가 일일이 이십 세기 신세계의 유신주의(維新主義)에 적당한 인물과 정치 풍속으로 거듭날 수는 없을지라도, 그 단점을 버리고 그 장점을 취하여 청년들에게 선대 사람을 숭배토록 하며 인민에게 국성(國性)을 발휘토록 할 수 있을 터이다.[18]

여기에서 말하는 '국성'이란 나라의 혼을 뜻하는 정신 활동에 들어맞는다. 온갖 전통 요소가 그 작용을 부추기는 힘으로 꾸며진다. 이 글에서 신채호는 말 그대로 옛것을 '보수'하는 일에 문제 삼을 만한 인식 과제를 덧붙이고 있다. 태곳적 '완벽한 신의 통치'에도 어떤 향수를 느끼도록 이끄는 서술 방향이 이채롭다.

옛 정신세계를 되살리려는 글쓰기 방식은 앞서 보았던 기대 지평의 의미론과 사뭇 다르다. '역사상 지난 일'에 매인 듯한 '시세소추(所趨)'의 진단은 그의 논설문에 자주 나타났던 진취 기상과 서로 어긋나는 지점에 서는가? 이 질문에는 오늘날의 지식 수준에서도 풀기 어려워 보이는 난제가 함께하고 있다.

신채호가 신문글을 쓰면서 즐겨 편승했던 여러 전망 개념은 거의 모두 유럽 어원의 번역 용어들이다. 그 원래 용례에는 새로운

18) 신채호(1908), 「국수보전설」, 《대한매일신보》 1908년 8월 12일.

시간 경험의 징후들이 들어 있다. 그때그때의 관점을 은근하거나 공공연히 드러내는 언어 사용의 새로움이란 지나간 시간의 회고 의식에서 벗어남을 뜻한다. 그때부터 사람들은 다가올 시간의 시작점에서 자기 존재를 찾고자 애쓴다. 이러한 현상은 눈에 띄도록 드러나는 지점이기보다는 의식 가운데 남아 있는 시간 경험을 넘어서서 앞으로 나아가려는 욕망의 상징이다. 이러한 언어 성과들이 한문 용어의 외피와 더불어 거듭날 때 그 번역과 수용 과정에는 피할 수 없는 아이러니 현상이 뒤따르기 마련이다. 번역 신조어에 명칭을 빌려주었던 전통 언어의 내부에는 시간 동학을 표현하는 의미 요소가 빠져 있기 때문이다. 따라서 번역 용어를 수용하는 측은 어쩔 수 없이 희망과 미래의 계기를 모두 외부 용례에서 유추해야만 한다.

이러한 불균등 관계의 괴리는 신채호의 인식세계에 어떤 징후를 남겼을까? 그는 시간 추이를 되돌리는 의미론 작용에서 그 문제의 실마리를 찾으려고 애쓴 듯하다.

> 국가의 역사는 민족 소장성쇠(消長盛衰)의 상태를 살펴서 서술한 것이다. 그러므로 민족을 버리면 역사가 없을지며, 역사를 버리면 자기 국가를 대하는 민족의 관념이 크지 못할 터이다. 오호라, 역사가의 책임도 역시 무겁도다. 그러나 고대의 역사는 동서를 따질 바 없이 한 모양으로 유치하다. 중국 사마천(司馬遷)이나 반고(班固)의 저술은 모두 한 성씨의 전래 족보

이며, 서구 로마와 이집트의 역사 자료는 모두 한 편의 재이(災異) 기록일 따름이니, 우리나라의 고사인들 어찌 오늘날 새로운 안목으로만 가혹하게 논의할 수 있겠는가. …

국가가 이미 민족정신으로 이루어진 유기체이므로 단순한 혈족으로 전래한 국가는 물론이려니와 혼잡한 각족(各族)으로 뭉쳐진 국가일지라도 반드시 그 가운데는 항상 주동력을 이루는 특별 종족이 있어야만 비로소 그 국가가 나라다울 터이다. 만일 쟁반 위에 모래를 뿌려 놓은 듯, 동쪽에서 온 한 종족도 이곳에 모여 살고, 서쪽에서 온 한 종족도 이곳에 모여 살며, 남북에서 온 한 종족도 이곳에 모여 살면서, 너도 장부 나도 장부라는 생각을 각각 가지고 있다면, 이는 하나의 추장정치(酋長政治)도 튼튼하게 실행할 수 없으며, 하나의 부락단체(部落團體)도 완전히 세울 수 없을 것이니, 하물며 국가 건설 문제를 어찌 논할 수 있겠는가. …

비록 고대의 역사가 불완전하더라도 이를 자세히 살펴보면, 동국의 주족(主族) 단군 후손이 발달시켜 온 실제 발자취가 뚜렷하다. 그런데 무슨 까닭으로 우리 선민(先民)을 속임이 이 정도에 이르렀는가. 오늘날 민족주의로 온 나라의 완몽(頑夢)을 불러 일깨우고 청년의 푸릇한 뇌에 국가 관념을 불어넣어서 우존열망의 십자가두에 함께 서서 한 가닥 남아 있는 나라 맥(脈)을 보유코자 한다면 역사 말고는 다른 방법이 없다고 하겠지만, 이따위 역사를 역사라고 할진대 역사가 없음만도 못하다.[19)]

이렇게 시작하는 「독사신론」은 여러모로 유명하다. 신채호의 청년기 작품 가운데 이보다 더 길고 잘 짜인 서술을 찾아보기 어렵다. 게다가 그의 성숙기 주요 역사서는 한결같이 여기에 그 사유 체계의 뿌리를 대고 있다. 그러나 무엇보다도 이 장편 신문 논설[20]은 '한국 민족주의 역사학'의 시작점을 놓았다고 평가받을 만큼 뜻깊다.[21]

처음부터 신채호는 밖으로 드러날 어떤 공감의 힘이 그 글 가운데 작용하리라는 열망을 자의식 밑바탕에 가라앉혀 둔 듯 보인다. 그래서 그의 표현은 겸양의 미덕을 앞세우면서도 어떤 통찰력의 암시를 내비칠 수밖에 없었다. "이것은 정연하게 조직한 학설도 아니며, 찬란하게 마름질하여 이룩한 역사도 아니고, 다만 내가 느낀 대로 어지럽게 써낸 바에 그칠 따름이다. 그러나 그 논의 범위는 우리 민족 발달의 상태에서 벗어나지 않았고, 커다란 재앙과 복을 민족에게 끼친 사실이 아니면 따져 묻지 않았으니, 일정한 조리는 없으나 일관(一貫)하는 정신은 있다고 하겠다."

여기에서 말하는 '정신'은 민족 역사의 처음부터 '지금'까지 한

---

19) 신채호(1908), 「독사신론」, 《대한매일신보》 1908년 8월 27일.

20) 「독사신론」은 1908년 8월 27일 《대한매일신보》에 처음 실린 뒤 그해 12월 13일까지 같은 제목의 연재글 형식으로 계속 이어졌다. 독자들이 쉽게 이 글을 참고할 수 있도록 신채호(2007), 「독사신론」, 『단재신채호전집』 3권(독립기념관 한국독립운동사연구소)의 텍스트를 인용 글로 삼는다.

21) 한영우(1996), 『한국 민족주의 역사학』, 일조각; 이만열(1990), 『단재 신채호의 역사학 연구』, 문학과지성사.

결같이 이어져 내려온 '결집' 요소를 뜻한다. 이 같은 인식 근거에서 다음의 강세 표현이 어우러진다. "정신이 없는 역사는 정신이 없는 민족을 낳고 정신이 없는 국가를 만들 터이니, 이 어찌 두려운 일이 아니겠는가?"[22] 정신과 역사 그리고 민족과 국가를 하나의 인식 범주 안에 버무리는 표현은 전통을 새로운 의미의 장으로 불러내는 수사법이다. 이때 '민족정신'이 감성 요인과 이해 요인을 한꺼번에 충족한다고 보면, 다음과 같은 명제가 거기에 잘 들어맞는다. 곧 우리가 전통을 이해하려면 우리 자신도 그 상황 가운데로 들어가 다른 사람들의 처지와 함께해야만 한다. 우리는 역사 속의 존재이기 때문이다.[23]

이처럼 전통의 인식 과제를 실천 지식의 문제와 함께 엮는 「독사신론」은 이보다 며칠 앞서 나왔던 「국수보전설」의 속편으로 읽을 만하다. 거기에서는 '국가학 개산시조', 그러니까 바로 블룬칠리의 생각대로 풍속이나 제도 같은 전통 요소를 국가 발전에 이롭도록 잘 보존하자는 주장이 두드러졌다. 그리고 이제 "국가가 이미 민족정신으로 이루어진 유기체이므로" 모든 개별 정신을 하나의 역사 공동체로 수렴하는 방안이 중심 논제로 떠오른다. '우리' 역사의 '실제 발자취'를 세세히 밝히는 일이 그 과제에 반드시 함께해야 한다면, 앞서 보았던 신채호의 답사 여정도 그 가운

22) 신채호(2007), 「독사신론」, 309쪽 이하.

23) 한스게오르크 가다머(2012), 『진리와 방법. 철학적 해석학의 기본 특징들 2』, 임홍배 옮김, 문학동네, 72~103쪽.

데 하나에 속한다.

개개 사람이 저마다 형편에 따라 해낼 만한 그 책무에 분분한 논쟁을 대기 쉽지 않다. 그러나 국가 구성을 '민족정신'의 유기체로 인식하고 이해하는 문제에는 심층 의미가 내재한다. 유기체 사유의 뿌리를 되새겨 보면, 혼이 몸의 근본으로 작용하여 사지와 장기 등의 부분들로 짜이는 인체의 첫 번째 존재이듯, 국가도 마찬가지로 그 기관들에 앞서는 기능과 목적을 갖는다. 이와 같은 이해의 근거에는 국가가 자신의 본성에 따라 '가장 좋은' 공동 삶을 위해 자족의 목적을 추구한다는 전제가 놓여 있다. 이로부터 국가라는 정치 공동체가 부분들을 능가하여 궁극 지점으로 향하는 목적 요인이자 작용 요인이라는 추론의 공식이 가능해진다. 일찍이 아리스토텔레스가 말했듯, 공동의 일을 더불어 나눌 수 없거나 그 필요성을 느끼지 못할 만큼 자족하는 사람은 공동체의 부분으로 살아갈 수 없다. 만약 그런 사람이 있다면 "그 사람은 짐승이거나 신이다."[24]

전체와 부분들 사이의 연관성을 이처럼 자연 목적의 본성 작용으로 이해하는 원론이 곧바로 신채호의 인식세계에 맞닿았다고 짐작하기는 어렵다. 다만 그가 국가란 '생기(生氣)'를 갖는 유기체라고 밝히는 블룬칠리 '학설'을 받아들인 끝에, '민족정신'을 앞세우는 전통 요소에 깊이 주목할 수 있었다고 어림할 수 있다. 만

24) 박근갑(2020), 『문명국가의 기원』, 170쪽.

야 거기에 공감하는 이해, 곧 어떤 좋은 목적의 정신 활동과 그 자연 섭리에 함께하는 개개인의 품성이 궁극 지점에서 만날 수 있다는 추론의 원리가 작용한다면 '이미' 신채호 방식의 유기체 사유에 이데올로기 함정이 잠재한다고 여길 만하다.

아니나 다를까 그는 '전 국민'이 공감해야만 하는 '민족주의'를 으뜸 공식으로 다듬는 일에 아무런 망설임도 보이지 않는다. 유기체 사유의 밑바닥에 잔여 요소로 가라앉아 있을지도 모르는 국가주의 요소가 새로운 이데올로기 현상에 겹쳐지는 셈이다. 더군다나 '민족'은 한문 문화권의 전통에서는 낯선 용례다. 그 말은 1880년대 끝 무렵 또는 1890년대 초반에야 비로소 일본식 번역어로 쓰이기 시작했던 신조어다. 그 단어와 밀접했던 '민족주의'가 처음부터 일본 특유의 배타주의나 인종주의 성향에서 벗어나기 어려웠다면, 꼭 같은 말로써 전통을 불러내는 신채호의 언어 용례는 벌써 어떤 질곡 상태에 놓여 있었던 셈이다. 이 문제는 그의 자각 속에 있었을까? 낯선 언어 의미가 새로운 외피를 걸치며 거듭나는 이야기를 먼저 살펴야 옳을 터이다.

2. 박래품 민족

일본어 번역

‘민족’은 오늘날에도 뜻풀이를 두고 벌어지는 논란거리다. 문제의 시작점은 블룬칠리 ‘국가학’ 가운데 한 부분을 일본어로 옮기는 과정에 있었다. 국가 구성원의 성격을 밝히는 원전 내용이 아마도 난독의 대상이었을 것이다. “나치온(Nation)은 하나의 문화 개념(Culturbegriff)이다. 그러나 폴크(Volk)는 하나의 국법 개념(ein statsrechtlicher Begriff)이다. 국가 안에서, 그리고 국가를 통할 때 비로소 Nation은 Volk로 바뀐다. 국가 공동체(Statsgemeinschaft)가 Volk의 통합을 이룬다.”

이 표현에는 유기체 구성의 성격을 따지는 질문이 얽혀 있다. 블룬칠리는 온전한 공동체의 두 중추 세력, 그러니까 ‘Nation’과 ‘Volk’를 다 함께 국가 형성의 ‘근본 조건’으로 여긴다. 그렇지만 그는 두 종류 집합체의 역사성과 고유성에 주목하면서, 거기에 각각 다른 개념 의미를 붙인다. 먼저, ‘Nation’은 여러 인종(Rasse) 또는 그와 비슷한 이질의 구성 요소가 하나의 새로운 형상을 갖추는 무리로 갈라져 이루어진다. 그 형성 과정에는 무엇보다도 ‘정신’이 가장 큰 힘으로 작용한다. 이를테면 같은 언어를 쓰면서 다져지는 감성의 끈이 한 집단에 속한다는 공동체 의식을 키운다. 관습과 제도는 그다음으로 결속을 이끌며, 신체 외형이나 복장 또는 주거 방식 따위의 차별성이 그 뒤를 따른다. 한마디로, 'Nation'의 고유 성격은 선천 품성에 따른다. 이와 다르게 'Volk'의 구성 요건은 훨씬 더 인위 성격에 가깝다. 그 공동체는 법률상 의미의 인격체라고 할 수 있다. 국가 속에서 온전한 신체, 곧 전체 구성 조직을 갖추는 인간집단이 바로 그 이름과 어울린다.25)

블룬칠리는 이처럼 문화 개념과 국법 개념을 내세워 공동체를 구성하는 중심 세력들 사이의 차별성을 분명하게 드러내 보이는 가운데 언어 관습에서 유래하는 의미의 뒤바뀜 가능성을 염려한다. 그가 말하는 'Nation'은 라틴어 나티오(natio: 출생, 가문)에 어원을 둔다. 족속이나 인종이 거기에 가깝다. 그리고 'Volk'는 그리스어 폴리스(πόλις)와 라틴어 포풀루스(populus: 주민, 뭇 사람)와 밀접하다. 이러한 용례와 비교해서 보면 프랑스어와 영어에 뿌리 깊은 언어 관습은 완전히 뒤바뀌어 있다. 이를테면, populus에서 유래한 'peuple' 또는 'people'이 되려 'Nation'의 의미 연관과 가깝게 쓰이며, 'nation'이 'Volk'의 의미 역할을 대신한다.

블룬칠리는 굳이 이렇게 따지면서 국가의 유기체 구성을 더욱 분명하게 드러내고자 한다. 그의 언어 용례에서 'Nation'과 차별성을 지니는 'Volk'는 '최상의 의미에서' 국가로 뭉칠 만한 '정치 인격체'의 다른 이름이다. "Volk는 하나의 통일 의지를 지니며, 그 뜻은 입법으로 나타난다." 그러므로 그것을 하나의 '법률 존재'라

25) Bluntschli, J. C.(1868), *Allgemeines Statsrecht*, vol 1, München: Literarisch-artistische Anstalt der J. G. Cottaschen Buchhandlung, pp.84f.

고 일컬을 수 있다.[26)]

이처럼 블룬칠리는 칸트의 정치철학을 계승하면서 공동체 구성원들을 구별해서 보는 그 철학자의 인간학도 받아들인다. "Volk라는 말을 우리는 한 지역 안에 뭉쳐 있는 다수 사람으로 이해한다. 그들이 하나의 전체 구성(ein Ganzes)을 갖춘다는 뜻에서 그러하다. 그렇지만 공통의 혈연 유대를 거쳐 시민다운 전체 구성으로 뭉쳤다고 알려진 부류의 다수 사람을 우리는 Nation(gens)이라고 일컫는다. 이 준칙에서 벗어나는 부류(Volk 가운데 야만성의 다수)는 무지렁이(Pöbel, vulgus)라고 불리는데, 준칙에 어긋나는 이들의 결사는 패거리(agere per turbas)이다. 이 패거리라는 말은 곧 이들을 국가 시민의 질에서 제외하는 처신과 같다."[27)]

한마디로 공동체 구성원을 호칭하는 유럽의 언어 전통에는 의미의 혼란을 내재하는 관습이 함께한다. 이 짐을 피할 수 없었을 것으로 보이는 일본어 번역 사례가 궁금하다. "민종(民種)은 많은 민중(民衆)이 함께 동일(同一)한 취향의 개화(開化)를 얻음으로써 생겨난다. 국민(國民)은 많은 민중이 함께 하나의 국가를 이룸으로써 탄생한다. 민종은 국가의 성립에 따라 비로소 국민이 되는 것

26) Bluntschli, J. C.(1862), "Nation und Volk, Nationalitätsprincip," in Bluntschli, J. C. and Carl Ludwig Theodor Brater eds., *Deutsches Staats-Wörterbuch*, vol. 9, Stuttgart and Leipzig: Expedition des Staats-Wörterbuchs, p.154.

27) Kant, E.(1798), *Anthropologie in pragmatischer Hinsicht*, in Königliche Preußische Akademie der Wissenschaft ed.(1917), *Kant's gesammelte Schriften*, vol.7, Berlin: Georg Reimer, p.311.

이다. 즉 국가사회의 성립에 따라 비로소 국민의 합동이 생겨나는 것이다. … 각 민종은 동일(同一)한 언어로 합동을 나타내는 것이므로 자연스럽게 이루어진 활인(活人)이라고 칭할 수 있지만, 법제상(法制上)의 활인이라고 칭할 수는 없다. 그러나 국민은 전적으로 국가의 힘에 의지하여 비로소 하나의 형태를 갖추게 되고 또 국법상의 활인이 되는 것이다."[28]

그다지 길지 않은 이 번역 글에서 낯선 언어와 사유 체계를 만나는 동시대 일본의 인식세계 가운데 몇몇 특징이 드러난다. 이를테면 '문화 개념'과 '국법 개념'이 일본어 번역문에 담기지 않았다. 그와 같은 탐색 용어가 미지의 영역이었거나 맞춤 번역어를 찾을 수 없었던 사정이 있었는지도 모른다. 블룬칠리 텍스트가 도이치 언어 이론서를 맨 처음 일본어로 옮긴 사례라고 하니, 원전에는 난해한 내용이 숱했을 터이다.

'Volk'의 뜻에 맞는 짝을 찾는 문제도 어렵기는 마찬가지였던 모양새다. "국가는 반드시 Volk의 본성에 걸맞아야 한다." 국가의 헌법은 Volk의 의지와 욕구에 따라야만 한다는 원전 설명대로, 그 구성원리를 곧이곧게 옮겨 담을 용어가 없었을지도 모른다. 國民, 國家, 臣民, 호루쿠(ホルク) 같은 혼용어 사용이 그 사정을 말해 준다. 이들 가운데 '국민'이 가장 많이 쓰이는 번역어로 굳어지는데, 여기에도 이름의 뒤섞임 현상은 여전했다.

---

28) ヨハン·カスパルト·ブルンチュリ 著(1876), 『国法汎論 巻之二』, 文部省, 16쪽 이하; 가토 히로유키(2011), 「『国法汎論』第2款」, 홍선영 역, 《개념과 소통》 7, 269~278쪽.

문제의 국가학 텍스트가 일본어 번역본으로 나오는 바로 그즈음 '국민'은 이미 'nation'의 번역어로 굳어져 가는 형편이었다. 그리고 메이지 초반기 이래 영어 저술 번역서와 영일사전에서 'people'과 짝하는 '인민(人民)'은 익숙한 용례였다. 블룬칠리의 설명처럼 'Volk'가 'people'의 유사어라면 왜 그 번역어에 '인민'이 따라붙지 않았을까? 그 번역 작업을 맡았던 가토 히로유키로부터 어떤 설명도 들을 수 없다. 다만 그의 번역 글을 두루 살펴보면서, 다음과 같은 추론을 끌어낼 수 있다. 그는 원래 nation의 번역어였던 '국민'을 Volk의 뜻으로 바꾸면서 '국가에 매인 구성원'이라는 의미론을 만들어 낼 수 있었다.[29)]

---

29) 이러한 설명은 다음 책에서 자세하다. 박근갑(2020), 앞의 책, 406~420쪽(5장 수용과 소통, 2. 인민이 국민으로). 한국의 언어 용례는 가토의 사례와 꼭 들어맞지 않는다. "인민이 없다면 진정한 국가도 없다." 안종화 번역의『국가학 강령』에 있는 표현이다. 블룬칠리 원전에는 '인민'과 짝하는 'Volk'가 뚜렷하다. "Kein Volk, ohne Stat (인민이 없다면 국가도 없다)." 신채호의 글에서 돌출하는 '인민의 공화'도 틀림없이 거기에 뿌리를 두었을 것이다. '인민'이라는 표현은 1944년에 만들어진 대한민국 임시헌장(제5차 개헌)의 '총강'에도 들어간다. "제1조 대한민국은 민주공화국임. … 제3조 대한민국의 주권은 인민 전체에 있음." 그 뒤 해방정국에서도 '인민'은 여전히 국가 주권의 상징어처럼 쓰였다. 그러다가 1948년 제헌헌법이 만들어지면서, 그 표현은 '국민'으로 바뀌고 만다. "제1조 대한민국은 민주공화국이다. 제2조 대한민국의 주권은 국민에게 있고 모든 권력은 국민으로부터 나온다." 오늘날 헌법에도 뚜렷이 새겨진 '국민'은 정치의 장에서 여전히 주요 쟁점 가운데 하나다. 이 용어가 직접 가토의 번역 표현에서 유래했다고 단정할 수는 없을지도 모른다. 다만, 다음과 같은 내용의 바이마르 헌법 제1조에 깊이 주목할 만하다. "도이치 제국은 공화국이다. 그 국가 권력은 인민(Volk)으로부터 나온다(Das Deutsche Reich ist eine Republik. Die Staatsgewalt geht vom Volke aus)." 이 표현 방식을 한국 제헌헌법의 총강 머리 조

'Nation'의 번역어는 'Volk'의 사례보다 좀 더 쉽게 만들어진 듯 보인다. 원전에는 이미 혈연 집단을 함축하는 가족, 혼인 관계, 족속 등의 표현이 있다. '민종(民種)'이라는 번역어는 아무래도 성정이나 체질 같은 종족 본성을 떠올리면서 만들어졌을 것이다. 이 이름은 나중 번역 글에서 '족민(族民)'으로 바뀌었다. 두 번역어 모두 일찍이 일본의 공공 언어로 자리 잡았던 '인종'과 근친 관계에 있었다.

1875년에 시작하여 1886년에 완성된 어휘사전 『겐카이(言海)』에서 "사람의 종족, 사람의 골격, 피부색, 언어 등이 대동소이한, 세계 인민을 몇몇으로 구별하는 명칭"이라고 지시하는 '인종' 항목을 찾을 수 있다. 이때까지도 '민족'이라는 말은 아직 'Nation'의 번역을 맡을 만한 위상에 들지 못했다. 1909년에 나온 『일본품사사전』에 '민종'의 동의어라고 적힌 '민족'을 보면, 이전 용례를 대신하는 그 단어가 1886년 이후 어느 사이에 등장했다고 추정할 수

항이 베꼈다고 추정할 만하다. 여기에서 보는 'Volk'가 블룬칠리 텍스트에 거듭거듭 나오는 그 말과 다른 뜻을 갖는다고 여길 수는 없다. 제헌헌법을 만들 때 주요 역할을 맡았던 유진오는 흥미로운 회상 한 토막을 남긴다. "인민이라는 말은 구 대한제국 절대군주제하에서도 사용되던 말이고, 미국 헌법에 있어서도 인민(people, person)은 국가의 구성원으로서의 시민(citizen)과는 구별되고 있다. 국민은 국가의 구성원으로서의 인민을 의미하므로 국가 우월의 냄새를 풍기어 국가라 할지라도 함부로 침범할 수 없는 자유와 권리의 주체로서의 사람을 표현하기에는 반드시 적절하지 못하다. 결국 우리는 좋은 단어 하나를 공산주의자에게 빼앗긴 셈이다." 유진오(1980), 『헌법기초회고록』, 일조각, 65쪽. 이렇게 본다면, 가토의 번역 용례를 뒤집어서 'Volk'에 짝하는 '인민'을 되살려 봄 직하다.

있다.[30)]

우연인 듯 그 과정에 매개 작용으로 나타나는 블룬칠리의 단편 글에 주목할 만하다. 1887년 1월 일본의 《독일학협회잡지》에 「족민적(族民的) 건국과 족민주의(族民主義)」라는 제목의 번역 논문이 실리는데, 그 내용은 앞서 보았던 '국가학' 텍스트 가운데 'Nation'과 'Volk'의 구별을 다루는 부분의 압축 글이다. '족민'이란 원래 '문화적 공동체'이며, 따라서 그 말은 '국가적 공동체'로 불릴 수 없다는 설명은 이미 앞에서 본 그대로다. 여기에서 'Nation'의 번역어로 쓰이는 '족민'은 '민종'의 갈음이다. 함께 나타나는 '족민주의'도 이전 번역 글에서는 볼 수 없었던 말이다. 이들 신생어는 그 뒤를 이어 시대의 유행어로 쓰이기 시작했던 '민족'에게 길을 비켜 준 뒤 점차 사그라졌다.[31)]

이렇게 '민족'으로 모이는 언어 수렴의 궤적에서 두 가지 경향성이 나타난다. 먼저, 'Nation'을 번역하기 위해 새로 만들어진 '족민'은 인종 요소를 짙게 담은 종족과 같은 뜻으로 쓰이다가 '민족'에게 그 의미소를 그대로 물려준다. 굳이 풀어 보자면, '종족의

30) 고야스 노부쿠니(2011), 『일본 내셔널리즘 해부』, 송석원 옮김, 그린비, 121쪽 이하. 가토 히로유키의 번역 글에도 '민족'이 보인다. 거기에서 그 단어는 종족이나 인종을 뜻하는 'Stamm(スタム)'과 짝하고 있다(『国法汎論 卷之二 』, 37쪽). 이렇게 단 한 차례 나왔던 그 말이 나중에 'Nation'의 번역어로 널리 쓰이는 '민족' 용례에 어떤 영향을 미쳤던가를 묻는 연구 사례는 없어 보인다.

31) 박양신(2008), 「근대 일본에서의 국민 민족 개념의 형성과 전개—nation 개념의 수용사」, 《동양사학연구》 104, 235~265쪽.

민'이 '민의 종족'으로 바뀌는 호칭 방법의 변화가 있었을 따름이다. 그다음으로, 'Nation'에서 유래한 '족민주의'가 새 번역 용어로 들어서면서 '최근' 추세로 두드러진 '국가의 주요 이념'을 표상하기 시작한다. 그 번역어는 '족민'과 '민족'의 용례처럼 더 새로운 '민족주의'의 길을 예비하는 소임을 맡는다. 1905년, 처음으로 이러한 이데올로기 현상을 일본어 저술 가운데 담을 수 있었던 한 권의 '국가학'에서 다음 표현을 읽을 수 있다. "민족주의는 할 수 있는 대로 하나의 국가를 하나의 민족으로 형성하려는 주의(主義)다."[32]

간추려서 보자면, 블룬칠리의 저술이 일본어와 접한 뒤 낯선 토양에서 새 모습으로 거듭나는 동안 인종과 국가에 강세를 두는 언어 용례가 두드러지게 나타난다. 이로부터 자칫 한쪽으로만 치우치는 이데올로기 기류가 만들어져 가는 모양새다.[33] 원전에 그러한 경향성이 잠재하고 있을까? 서둘러서 말하건대, 블룬칠리의 글에서 한 민족(Nation)이 같은 계통의 인종이나 종족에서 유래한다는 설명은 찾을 수 없다. "근래에 이르러 마침내 여러 다양한 민족들 사이에서 흔하게 혼인 공동체와 가족들의 유대가 생겨나

32) 高田早苗 講述(1905), 『國家學原理』, 早稲田大学出版部, 30쪽.

33) 1940년대 초반, 그러니까 이른바 '태평양 전쟁'이 한창이던 바로 그즈음에, 일본의 어느 유명 저술가가 블룬칠리 작품을 인용하면서, "종족을 서로 같이하는 일정한 민중"이 '족민'을 형성한다는 정의를 끌어냈다고 한다. 고야스 노부쿠니(2011), 『일본 내셔널리즘 해부』, 126쪽.

지만, 그로부터 하나의 새로운 민족이 태어나지 않는다."

이렇듯 가족이나 족속 계통 또는 혼인 관계와 같은 혈연 공동체가 민족 형성에 작용할 수 없다. 오히려 "다른 인종들 또는 민족들에서 유래한 이질의 구성 요소가 뒤섞이어 만들어지는 하나의 새 형상"이 바로 민족이다. 그와 같은 결속을 다지는 과정에서 그 무엇보다도 "정신이 아주 강력한 영향력을 발휘한다." 그래서 다음과 같은 명제를 말할 수 있다. "언어 공동체는 가장 확실한 민족 공동체의 징표다." 말하자면 민족이란 혈족이나 인종의 결합이기보다는 '정신문화'의 통일체다.

이처럼 블룬칠리가 민족의 문화 속성에 강세를 두는 이유는 명백하다. 그의 설명에 따르면, 민족을 구성하는 공동 정신에는 근대 국가의 원리에 걸맞은 본성 권리가 내재한다. 이러한 성격을 '민족성(Nationalität) 원리'라고 할 수 있다. 이 원리는 바로 민족이 정치의 장에서 행사할 수 있는 권리의 밑바탕이다. 개개 민족이 자신의 언어를 사용할 권리, 모든 민족이 전통 관습을 실행할 수 있는 권리, 하나의 민족이 국가 권력의 침해에 맞서 도덕과 정신의 토대를 방어할 권리, 곧 합법성보다 더 우선하는 민족성 방어의 정당성 등등이 거기에 속한다. 한마디로 "고유한 국가 이상(理想)과 아울러 그것을 실행할 만한 힘과 욕구를 지닌 민족은 하나의 민족국가(ein nationaler Stat)를 세울 자격을 갖는다." 이렇듯 한 민족이 국가 구성의 요건을 갖추는 집단 세력 곧 'Volk'의 위상에 들 수 있더라도 최고 수준의 국가 건설은 단일 민족성에 매이지 않는다. 다양한 민족성 요인이 공통의 인간 질서로 뭉칠 때 비로소 민족국가는 형성 단계에 이를 수 있다.[34]

일본어 번역본이 원전 내용을 그대로 옮기느라 애쓴 흔적은 또렷하다. 그러면서도 거기에 앞서 보았던 '민족주의' 명제, 곧 '하나의 민족'이 '하나의 국가'를 형성하려는 '주의(主義)'에 어떤 설명 근거를 미리 갖추어 주는 듯한 인상이 짙게 남는다. '한 인종' 또는 '일개(一個) 인종'이 두드러져 보이는 번역 사례가 그러하다. 원전 문장에서 보면, 하나의 민족은 '재래의 인종들' 또는 큰 세력의 옛 민족에서 갈라져 이루어진다. 이렇게 보는 복수 인종이 번역문에서는 "무릇 민종의 기원은 원래 한 인종 …"이라는 말처럼 단수 형식으로 바뀐다. 그 뒤를 이어서 "이렇게 풍습과 체제를 갖춘 민종은 후대로 계승하면서 수백 년이 지나 비로소 한 인종과 같은 민종이 된다"라고 하던가, "한 인종과 같은 민종처럼 한 인종과 같은 국민이 비로소 탄생하는 것이다"라는 표현도 나온다.

이와 같은 흐름은 다음 번역 문장에서 절정을 이룬 듯하다. "다만 여러 민종(民種)이 합동하여 국민이 된 나라에서 그 가운데 한 민종이 특별하게 중요한 지위를 차지하여 나머지 여러 민종의 상위에 위치하고, 나머지 여러 민종이 하등의 위치에 있는 것이 국가의 일치협동(一致協同)을 위하여 매우 필요하다는 점이다."[35]

원문 가운데 들어가 보면, 정치 소양을 갖춘 민족이 'Volk'의 자

34) Bluntschli, J. C.(1868), *Allgemeines Statsrecht*, vol 1, pp.83ff.

35) ヨハン・カスパルト・ブルンチュリ 著(1876),『国法汎論 巻之二』, 32쪽.

격과 마찬가지로 국가를 구성할 만한 '권리'를 누리면서 '그 본성'을 활짝 꽃피울 수 있다는 '민족성' 원리에 근거하여, 국가 구성원의 성향과 욕망에 걸맞은 헌정체제가 이루어진다는 전제를 알아낼 수 있다. 곧 이른바 '국가 인민(Staatsvolk)'이 민족의 구성 요소나 그 성격과 합쳐질 수 있는데, 이때 오로지 '하나의' 민족이 그 필수조건으로 정해질 수 없다는 명제가 중요하다. 왜냐하면 다양한 민족 성격들을 포괄하는 'Volk'의 구성이 국가 형성의 여건에서 더 유리하기 때문이다. 그와 같은 혼합 현상으로부터 인간다움의 원리에 충실한 국가 사명의 의식이 더욱 생생해질 수 있다는 설명이 뒤따른다. 그리고 번역문이 밝히는 '하등의 위치'는 원문 표현(untergeordnete Vehältnisse)을 살펴볼 때 '부수 처지'로 옮겨야 옳을 듯하다. 그 말은 전후 문맥으로 보건대 국가 구성에 함께하는 민족의 숫자가 많고 적음에 따른 비율 관계를 뜻할 따름이다.

이 줄기에서 다음 표현의 의미를 깊이 새겨볼 만하다. "국가 인민으로 나아가기에 적절할 만큼 위대한 민족들은 각각 고유한 정치 생활의 견해를 지니면서 하나의 특별한 공공 임무를 맡는다." 국가를 구성하는 인력 자원, 곧 'Volk 집단들의 다양성'이 '민족들의 다양성'에 상응하며 국가 헌법은 바로 그와 같은 원리에 들어맞아야 한다는 주장이다. 여기에서 말하는 특별 임무란 'Volk'의 자격을 갖춘 민족들이 '자기 본성에 뚜렷이 새겨져 있는 특성'을 '국가에 빌려주는' 일을 뜻한다. 그러니까 그 임무의 주체는 다름 아닌 민족들이다.[36)]

그런데 일본어 번역문은 그 복수의 주체를 '한' 민족으로 분리해 내는 한편으로, 그 세력이 또한 국가에 매여야 하는 듯한 뉘앙스도 드러낸다. "국민이 될 하나의 거대 민종(巨大ノ一民種)은 반드시 국가에 적응해야 하는 본성을 지니며, 아울러 국가를 이루게 되는 특별한 임무를 띤다."[37]

이렇듯 여러 민족은 거대 유일 민족으로 바뀌었으며, 게다가 그 민족은 '반드시' 국가에 순응하는 본성을 지녀야 한다. 이러한 뜻의 '민종'이 '족민'을 거쳐 '민족'으로 바뀌어 불리다가 마침내 '민족주의'라는 이데올로기 지형의 자양분으로 작용한다면, 거기에 들어 있는 국가주의 요소는 이미 번역어 구성 과정과 함께한다고 여길 만하다.

민족성 원리

블룬칠 리가 이해하는 'Nation'과 'Volk'는 무엇보다도 역사성 개념들이다. 그 의미 연관은 유럽 사람들이 고전고대 이래로 이어온 언어 관습을 당대의 현실 문제와 매개하는 유용성을 지닌다. 그래서 문제의 '민족성 원리'는 국법보다는 정치의 장에서 특별히 중요하게 다루어진다. "다양한 민족성이 뭉쳐 한 국가를 세우면서 함께 하나의 커다란 국가 구성원 집단을 이룬다면, 정치 권력

36) Bluntschli, J. C.(1868), *Allgemeines Statsrecht*, vol 1, pp.89ff.

37) ヨハン·カスパルト·ブルンチュリ 著(1876), 『国法汎論 巻之二』, 34쪽.

들은 여러 민족성에 따라 나누어질 수 없다. 오히려 그 민족성들을 구별하지 않고 지켜야 하는 것이 정치다운 공동체와 평등한 권리다."[38] 블룬칠리 유기체 국가론의 상징 표현 가운데 하나로 꼽아도 좋을 듯한 문장이다.

그런데 일본어 번역본은 원전 내용과 같은 듯하면서도 다르다. "여러 민종이 서로 합하여 하나의 국가를 이룬다면, 반드시 각 민종이 균등하게 꼭 같은 공권리를 요구해야 하며, 민종에 따라 이를 빼앗을 수는 없다."[39] 이처럼 '정치'라는 말이 빠지고 보니, 국가를 구성하는 민족성 계기는 모호한 공간에 머문다. 게다가 정작 주요 의미 연관을 내포하는 '민족성 원리(Nationalitätsprincip)'는 번역어에도 채 오르지 못했다. '문화 개념'과 '국법 개념'의 사정에서도 드러났듯이, 맨 처음 번역을 맡았던 가토 히로유키는 그러한 인식세계에 이르지 못했다. 그 핵심 용어는 나중 번역 글, 그러니까 앞서 본 《독일학협회잡지》의 단편 논문에서 '족민주의'로 살아나면서 조금 뒤 시대의 유행어로 거듭날 '민족주의(nationalism)'의 길잡이 소임을 맡는다.[40]

이렇듯 일본 번역어 문장이 제대로 살려내지 못했던 '민족성 원리'는 블룬칠리 사유 체계에서 이데올로기 속성을 표현하기보다는 하나의 개념 범주에 속한다. 여기에 언어 및 문화 민족을 정치

38) Bluntschli, J. C.(1868), *Allgemeines Statsrecht*, vol 1, p.90.

39) ヨハン·カスパルト·ブルンチュリ 著(1876),『国法汎論 巻之二』, 29쪽.

40) 박양신(2008),「근대 일본에서의 국민 민족 개념의 형성과 전개」, 249쪽 이하.

수준의 미래 지평으로 이끄는 현실성의 의미론이 작용한다. 유럽 언어 전통에서 차별 현상으로 여겨져 온 'Nation'과 'Volk'의 용례가 상호작용하는 정치화의 계기들로 거듭날 수 있다는 점에서 그 개념 이해의 파괴력과 새로움을 찾을 수 있다.

온전한 'Nation' 개념은 원래 정신 공동체에 근거하기 때문에 움직이면서 변화하는 성격을 지닌다. 이와는 다르게 'Volk'는 하나의 조직 개념이다. 그 안에는 국가 원수뿐만 아니라 모든 구성원이 '생동하는 전체 인격'으로 함께한다. 이렇게 이해하는 그 구성체는 개념상 국가에 앞서 존재할 수 없다. 'Volk', 그러니까 '진정한 국가 존재'로 나아가고자 하는 기질이나 성향은 "참으로 민족 가운데서 싹틀 수 있다." '민족성 원리란' 바로 그 두 가지 경향성이 서로 겹치는 가운데 영향을 주고받으면서 더 높은 단계로 나아가는 '국가 문화'의 다른 이름이다.[41]

개념 이해와 해석 방법의 이정표를 세웠던 코젤렉은 그 의미 연관을 세심히 관찰한 뒤 솔깃한 설명을 전한다.

> 이 '민족 원리'와 더불어 블룬칠리는 19세기 중반 이래로 사그라지지 않았던 분쟁들과 지금 세기의 폭포수 같은 재앙들이 되새겨져야 한다는 점을 개념으로 이끈다. 그 현상을 예방하도록 그는 국가학자이자 국제법학자로서 오늘날 토론해 볼 만

41) Bluntschli, J. C.(1862), "Nation und Volk, Nationalitätsprincip,", pp.154ff.

> 한 원칙들을 다듬는다. 그는 한 국가 구성원 집단이 한 민족의 문화와 언어를 억압하는 행위를 '인간성에 적대하여 저지른 범죄'로 여긴다. 말하자면, 국가에 앞서 민족답게 스스로 꾸려 왔던 고유 생활은 돌봄과 보호의 대상이어야 한다는 것이다. 틀림없이 그는 문명답게 진보하기 위해 꼭 필요한 적응 과정을 법률 체계 가운데 정리하는데, 그 과제는 자칫 소규모 민족들에게 부담을 지울지도 모른다. 그러나 '더 많은 재능을 부여받고 더 많이 성숙한 민족들' 또는 '더 잘 사는 종족들'이 '억눌린 민족들을 공권 상실의 존재'로 취급한다면, 그들은 범죄를 저지르는 듯 자신들의 우세를 악용할 따름이다.[42]

블룬칠리의 민족성 이해는 한 국가 안에서 개개 민족의 몫으로 나누어질 수 없는 평등한 '정치권리'를 전제한다. 이와 같은 '민족성 원리'에 굳이, 일본어 번역 사례처럼, 무슨 '주의'라는 징표를 덧씌워야 할까?

이 문제는 신채호의 민족 이해에도 얽힌다. 앞서 보았듯, 그는 유명한 「독사신론」에서 국가란 "민족정신으로 이루어진 유기체"라고 하면서, '민족주의로 온 나라의 완몽을' 깨워서 '우존열망의 십자가두에 함께' 나아가는 기대의 지평을 그리고 있다. 여기에서

42) Koselleck, R. et. al.(1992), "Volk, Nation, Nationalismus, Masse," in Otto Brunner et. al. eds., *Geschichtliche Grundbegriffe: Historisches Lexikon zur politisch-sozialen Sprache in Deutschland*, vol. 7, Stuttgart: Klett-Cotta, p.389.

보는 '민족정신'이나 '민족주의'가 아무래도 블룬칠리 용례, 그러니까 그의 말대로 '국가학 개산시조'의 표현 방식에서 유래한다는 믿음이 있었을 터이다. 이번에도 여전히 매개 역할을 다하는 량치차오 글에서 블룬칠리가 "참으로 민족주의를 지극히 숭배하는 인물"이라는 설명을 읽을 수 있다. 거기에는 또한 "자기 종족에 고유한 정신과 세력을 다 흡수하여 국가에 통일시켜야 한다"는 설명도 함께한다. 이렇게 '민족 정수(族粹)'의 작용과 그 활용 방안을 밝히는 서술은 그의 「정치학 대가 백륜지리의 학설」 가운데 두 번째 절('국민과 민족의 구별 및 그 관계')에 들어 있다.[43] 이 내용은 무슨 까닭인지 《청의보》의 '국가론' 번역 글에는 들지 않았던 '권2(卷二)'의 보충 설명이다.

아마도 이 글이 《대한매일신보》에 알려져 1908년 7월 30일 「민족과 국민의 구별」을 내도록 부추긴 듯 보인다. 한 달 뒤부터 나오기 시작했던 신채호의 「독사신론」도 그 추이를 따라 '민족정신'이나 '민족주의' 같은 신생 조어를 담았을 것이다. 그러나 정작 블룬칠리가 민족주의를 숭배하기는커녕 그런 표현을 드러내 본 적도 없다는 사실이 한국 지식사회에 알려질 수는 없었다. "이데올로기 주창자들의 추상성 견해를 나는 이전부터 혐오스럽게 여겼다."[44] 이 말 그대로 블룬칠리는 평생토록 이념 경향성을 경계

43) 량치차오(2011), 「정치학 대가 블룬칠리의 학설」, 강중기 옮김, 《개념과 소통》 8, 260쪽 이하.

44) Bluntschli, J. C.(1844), *Psychologische Studien über Staat und Kirche*, Zürich und

했다. 이와 같은 인물을 량치차오는 어떻게 서슴없이 어떤 주의의 숭배자로 만들 수 있었을까? 그의 설명이 궁금하다.

블룬칠리는 이에 역사 사실을 들어 민족과 국가의 관계를 다음과 같이 말했다.

(갑) 모든 민족은 국가를 건설하려는 마음을 갖고 또한 그것을 실행할 수 있는 세력이 있으며 실행하려는 의지와 기운이 있은 연후에 국가를 건립할 수 있다. 그렇지만 이런 주장에 기대어 국가를 건립하면 족수(族粹)의 보존을 최고 목적으로 삼는다. 국가 발전에 방해를 일으키지 않는다면, 조상으로부터 전해져 내려온 모든 제도를 함부로 파괴할 수 없다.

(을) 민족의 국가 건립은 모든 부민(部民)을 다 국가에 남김없이 편입시켜야 하는 것은 아니다. 그렇지만 자기 종족에 고유한 정신과 세력을 다 흡수하여 국가에 통일시켜야 한다.

(병) 다수의 민족을 합하여 하나의 국가를 건립하는 것은 비록 폐해가 많지만 이익도 적지 않다. 대개 세계 문명은 여러 민족이 서로 가르쳐 주고 서로 이끌어서 이루어진다. 국가의 정무도 역시 때로는 다른 민족의 보조로 인하여 더 나아진다. 이는 화폐의 주조와 마찬가지다. 단지 순질(純質)의 금은을 사용하지 않고 오히려 한두 가지 천한 금속을 섞으면 모양이 비교

Frauenfeld: Druck und Verlag von Ch. Byel, p.12.

> 적 완전하고 문양도 더욱 아름다워진다. 그러나 이처럼 여러 종족이 뒤섞인 국가는 반드시 하나의 강력한 종족을 중심점으로 삼아야 한다. 이로써 여러 종족이 거느려지고 제어 받은 뒤에야 비로소 국가의 기초가 견고해질 수 있다.[45]

량치차오가 이해하는 블룬칠리는 민족과 국가를 '참으로' 다르게 보면서도, 정치 영역에서 항상 밀접한 그 관계의 성질을 해명한다. 그래서 크고 작은 영토에 여러 민족이 함께하는 '현상' 가운데 몇몇 '극단'의 역사 사실이 밝혀진다. 고대 아테네처럼 국가가 그 구성원을 변화시켜 하나의 새로운 분리 민족을 만들어 내는 사례, 중세기 '대제국' 건설을 둘러싼 '정략', 그리고 근래 유럽과 아메리카에서 나타나는 민족 통합의 사례들이 그의 학문 영역에 속한다.

'이로써 보건대' 블룬칠리는 '굳은' 마음을 다 기울여 '민족주의'를 받드는 학자다. 그러면서도 그는 역사에 근거하고 실제에 비추어 입론하는 까닭에, 그 주의를 국가 건립에 꼭 필요한 '유일무이'의 방법으로 여기지는 않는다. 그 과정에는 또 국민의 작용이 중요하다. "참으로 국가가 가장 필요로 하는 것은 국민의 자격이고, 이러한 국민의 자격을 얻는 방법은 각기 시세에 따라 아주 여러 가지다."[46] 이렇게 설명한 끝에 량치차오는 다음 말을 덧붙

45) 량치차오(2011), 「정치학 대가 블룬칠리의 학설」, 262쪽.

46) 량치차오(2011), 「정치학 대가 블룬칠리의 학설」, 263쪽.

이면서 '정치학 대가 블룬칠리'의 작품을 읽은 자신의 소회를 다듬는다. "루소가 19세기의 어머니라면, 블룬칠리는 역시 20세기의 어머니다."[47]

글이 나온 시점은 1903년 10월 4일이다. 그러니까 바로 20세기 시작 무렵에 앞으로 한 세기 동안 세계 '정치학'의 논제와 이론 수준을 떠맡을 '대가' 한 사람이 미리 정해진 셈이다. 이토록 지나치게 부풀려서 "한갓 추상을 따르며 이데올로기 지향으로 나아가는 변종"을 멀리하려는 그 이론가[48]를 애써 어떤 '이상(理想)'의 자리에 올려놓아야만 했을까?

그 이유는 인용문 가운데서 보인다. '천한 금속'에 섞이는 '순질의 금은'은 물론 원전에서 찾을 수 없는 비유다. 이 표현을 '하나의 강력한 종족'과 맞대어 보면, 한 세기의 사상 조류를 이끌고 갈 '정치학 대가'의 '입론'이 절실할 수밖에 없었다고 할 만하다. 어찌하더라도 블룬칠리는 민족주의 숭배자로 널리 알려져야만 했다. 아니나 다를까 다음 설명이 뒤따른다. "근래 2년 동안 중국에 민족주의가 조금 들어왔다. 이에 따라 배만(排滿) 사상이 발흥하여 부활하려 한다." 블룬칠리 '학설'은 이제 만주 배척의 혁명과 모험을 물리치고 중국을 살리는 '곡식'으로 쓰여야만 했다.[49]

---

47) 량치차오(2011), 「정치학 대가 블룬칠리의 학설」, 286쪽.

48) Bluntschli, J. C.(1863), *Allgemeines Statsrecht*, vol. 1, München: Literarisch-artistischen Anstalt der J. G. Cottaschen Buchhandlung, p.27.

49) 이 글의 '머리말'에서 량치차오는 다음처럼 서술한다. "루소의 학설은 백 년 전에 정

량치차오가 억지로 끌어댄 블룬칠리 '민족주의'는 다음 세 가지 질문에 쓰인다고 한다. ① 한족(漢族)은 하나의 민족으로서 새 국가를 건립할 자격을 갖추고 있는가? ② 만주족은 만주족인 까닭에 배척받아야 하는가, 아니면 그 민족이 세운 정부가 나쁜 까닭에 그러해야 하는가? ③ 반드시 만주족을 따로 떼어 놓은 다음에 국가를 건립할 수 있는가, 아니면 만주족뿐만 아니라 다양한 소수민족을 통틀어 합쳐서 새 국가를 만들어야 하는가?

바로 이 마지막 질문에 "민족이란 민속의 연혁(沿革)으로 생긴 결과"라고 말했던 블룬칠리 학설이 절실하다. 민족이란 지역, 혈통, 외모, 언어, 문자, 종교, 풍속, 생계를 같이하는 가운데 "언어·문자·풍속이 가장" 중요하다는 그의 주장이 주목거리다. 블룬칠리 학설을 따르건대, "우리 중국에서 민족을 말할 적에는 소민족주의 외에 대민족주의를 제창해야 한다. 소민족주의란 무엇인가. 국내의 다른 민족들을 대하는 한족의 관계가 그것이다. 대민족주의란 무엇인가. 국내의 본국과 속국의 여러 민족을 합쳐 국외의 여러 민족을 대하는 관계가 그것이다."

이처럼 량치차오는 '정치학 대가'의 학설을 빌려 한족(漢族), 그

계를 변화시키는 데 가장 유일한 것이었고, 블룬칠리 학설은 루소 학설의 반대이다. 양자 가운데 어느 것이 진리에 가까운가. 루소의 학설은 약이고, 블룬칠리의 학설은 곡식이다. 병이 깊으면 참으로 곡식에 의지해서는 치료할 수 없다. 그러나 약은 병을 고칠 수도 있고 병이 낫게도 할 수 있다. 더욱이 약과 증상이 서로 어긋나면, 옛 병이 아직 낫지도 않았는데 새로운 병이 생겨난다. 그러므로 약 쓰는 일은 신중하지 않을 수 없다." 량치차오(2011), 「정치학 대가 블룬칠리의 학설」, 254쪽.

러니까 그의 표현대로 '순질의 금은'을 중심에 두고서 '천한 금속'과 같은 기타 민족들을 '하나의 용광로에 융합해' 넣는 새 국가 건설의 밑그림을 만들고자 한다. 그것은 하나의 대민족 제국이어야 했다.

"지금부터 중국이 망한다면 그만이지만, 중국이 망하지 않아서 이후 세계에 맞서려면 형세를 따지건대 제국의 정략을 취하여 한족·몽골족·묘족·회족·장족을 모아 하나의 대민족을 조성하지 않을 수 없다." 이렇게 만들어질 민족 형상은 반드시 한족 '중심으로', 또한 한족의 '손에서' 이루어져야만 했다. 바로 이 큰 그림 작업에 블룬칠리 문장보다 더 맞춤한 도구를 찾기는 어려웠을 것이다. 그것은 일본어 번역 글로 바뀌는 순간 뒤틀렸던 모습 그대로 량치차오의 손에 건네졌다. "그러나 이처럼 여러 종족이 뒤섞인 국가는 반드시 하나의 강력한 종족을 중심점으로 삼아야 한다."[50]

'국민과 민족의 구별'을 설명하는 블룬칠리 글을 읽고 크게 감동한 듯 량치차오는 "깨닫지 못하는 사이에 말이 길어지고 흥분해서 서술 체계를 갖추지 못하였다"라고 술회한다. 그가 말하는 '서술 체계'에서 견강부회라고 할 만한 표현들을 쉽게 찾을 수 있지만, 블룬칠리 글에서 받은 감흥 탓에 그랬다는 말은 자못 의심스럽다.

그 무렵 량치차오는 이른바 '민족제국주의' 논제에 고부라져 있

50) 량치차오(2011), 「정치학 대가 블룬칠리의 학설」, 264쪽 이하.

었다. 블룬칠리 해설 글보다 조금 먼저 나왔던 「민족 경쟁의 대세론」에서 그는 제국주의 정세를 설명하는 미국과 일본 학자들의 작품을 읽는 가운데[51] '20세기 민족 경쟁의 참극'을 듣고서 '지구상 최대 민족'이 능히 만들어 갈 '천하제일의 제국'을 꿈꾸던 참이었다.[52] 그것은 곧 새로운 '대동'을 이룰 '민족제국주의' 세상과 다를 바 없었을 터이다.[53]

거의 상습에 가까웠던 그의 겹치기 표현법이 블룬칠리 해설 논문에서도 어김없이 드러난 셈이다. 누구든 그 글을 읽고서 '하나의' 강성 종족으로 이루어가는 대민족 국가를 꿈꾸면서, 역사의 흐름에 작용하는 '민족주의'의 정당성을 마음속에 품을 만했을 터이다. 덩달아 신채호도 무언가 크게 느끼면서 '항상 주동력을 이루는 특별 종족'을 상상해 낼 수 있었을까?

51) 차태근(2018), 「20세기 초 동아시아 제국주의론의 세계인식—라인슈(Paul S. Reinsch)의 『세계정치』 및 번역을 중심으로」, 《중국학보》 85, 183~210쪽.

52) 梁啓超(1902), 「論民族競爭之大勢」, 《新民叢報》 第二~五期(『飮冰室文集』 十卷, 10~35쪽).

53) 梁啓超(1901), 「國家思想變遷異同論」, 《淸議報》 第九十四~九十五冊(『飮冰室文集』 六卷, 20쪽 이하).

3. 신성한 부여족

동국 주족

> 역사를 쓰는 자는 반드시 그 나라의 주인(主人)인 한 종족을 먼저 찾아내어 이를 주제로 삼은 뒤에, 그 정치는 어떻게 펼쳐졌으며, 그 실업은 어떻게 번성하고 쇠락했으며, 그 무공은 어떻게 나아가고 물러났으며, 그 습속은 어떻게 변하여 바뀌었으며, 그 외래족을 어떻게 흡입하였으며, 기타 지방 이국(異國)과 어떻게 교섭했던가를 서술해야만 비로소 역사라 말할 수 있을 터이다. 만약 그러지 못한다면 이는 무정신의 역사니, 무정신의 역사는 무정신의 민족을 낳고 무정신의 국가를 만들 것이므로 어찌 두려운 일이 아니겠는가.[54]

이렇듯 신채호는 '민족주의 역사학'의 기틀을 닦았다고 하는'[55] 「독사신론」에서 유별스럽게도 '인종' 이야기부터 시작한다. "동국 민족을 대략 여섯 종(種)으로 나눌 수 있다. 선비족, 부여족, 지나(支那)족, 말갈족, 여진족, 토족(土族)이 그들이다." 이 가운데 선비족은 처음에 요동과 만주 땅에서 우리 민족과 나란히 거주하면서 혈전을 서로 나누었다. 이 종족은 그 뒤 살던 땅에서 쫓겨나 오늘

54) 신채호(2007), 「독사신론」, 310쪽.

55) 한영우(1996), 『한국 민족주의 역사학』, 8쪽.

날 시베리아 등지에서 겨우 명맥을 이어 가고 있다. 부여족은 "곧 우리 신성한 종족으로 단군의 자손이다." 무려 4천 년 동안 이 땅에서 '주인옹(主人翁)' 노릇 했던 세력이 바로 이 종족이다. 지나족은 이 땅에서 부여족 다음으로 많은 인구수를 점한다. 한국과 중국의 땅이 붙어 있는 까닭에 중국 정변의 여파로 전조(前朝)의 충신과 피란 인민이 속속 우리나라로 넘어왔기 때문이다. 말갈족과 여진족은 원래 고구려에 속하여 함경도와 황해도 등지에 살았다. 이 종족은 고구려 멸망 즈음 그 유신들을 따라 발해국에 속했으며, 나중에는 대금(大金)과 대청(大淸) 두 제국을 세웠던 주역의 자리에 올랐다. 마지막으로 토족은 고대 남쪽과 북쪽 지방에 고루 있었던 종족이다. 삼한의 각종 부락과 동쪽의 예맥족 등이 여기에 속한다. 아메리카 인디언이나 아프리카 토인처럼 이 종족은 '우존열망의 결과로' 도태의 길에 내몰렸다.

이렇게 신채호는 '동국 민족'을 구성하는 여섯 종족의 성격을 나열한 다음 그 가운데 오직 하나의 지배 인종을 앞세운다.

> 이들 여섯 종 가운데 오로지 부여족 한 종이 형질상, 정신상으로 다른 다섯 종을 정복하고 다른 다섯 종을 흡수하여 동국 민족의 세위(世位)에 있었음은 사실이니, 대개 4천 년 동안 동국 역사는 곧 부여족 성쇠소장(盛衰消長)의 역사라 할 수 있다.
>
> 지금 하늘과 바다의 교통이 사방으로 크게 열려, 저 푸른 하늘의 뜻이 우리 민족에게 오랫동안 바다 한 귀퉁이에 칩거함을

허락하지 않기 때문에, 결국 오늘날 2십 세기에는 세계 무대로 나아가 육대주 민족들과 전투복을 입고 마주 볼 터이니, 차후 우리 부여족이 웅시활보(雄視闊步)로 기뻐 날뛰며 전진하여 만국 역사 가운데 우승의 자리를 차지할지도 모르며, 더러는 어리석고 사리에 어두워 남에게 굴복하여 엎드려 있다가 나날이 한 걸음씩 퇴보하여 조상 전래의 유업마저도 비둘기 집으로 양보할는지도 모를 일이다. 그러나 어차피 동국 역사는 우리 부여족의 역사이니, 이를 모르고 역사를 좌담하는 자는 정말 헛소리 역사가라 할지라.[56]

신채호의 인종 이야기는 '동국 주족(主族)'과 '외래 각족(各族)'을 서로 마주하는 의미 연관으로 배치하면서 서술의 흐름에 긴장감을 더한다. 마찬가지로 '유기체' 국가를 이룩하는 '민족정신'이 '무정신'의 역사-민족-국가와 대립 관계에 선다. 한마디로 그는 '동국 민족'의 역사 과정에서 대단한 국가 '관념'을 찾으려고 한다. '민족주의'라는 신조어가 그 정신 작용을 통틀어 표상하는 셈이다.

이와 같은 의미 설정은 아무래도 량치차오의 글 내용에 깊이 얽힌 듯 보인다. 틀림없이 신채호의 독서 목록에 들었으리라 추정할 만한 1901년《청의보》의 한 편 논설에 다음 내용이 들어 있다. "민

56) 신채호(2007), 「독사신론」, 312쪽.

족주의란 세계에서 가장 광명하고 정대하며 공평한 주의(主義)라서 다른 민족으로 우리의 자유를 침범할 수 없게 하고 우리도 아울러 다른 민족의 자유를 침범하지 않도록 한다. 이 주의가 본국(本國)에 있으면 인민의 독립이 뒤따르고, 그것이 세계에 걸치면 나라의 독립이 이루어진다."57)

량치차오는 곧이어 '신민(新民)'을 새로운 국가 전망의 중심에 세우면서 다시금 민족주의를 불러낸다. "세계가 진보한 까닭은 모두 민족주의(Nationalism)로 말미암는다. … 민족주의란 무엇인가? 그것은 여러 지역에서 같은 종족, 같은 언어, 같은 종교, 같은 습속을 지닌 사람들이 서로 동포라고 여기면서 독립과 자치에 힘써 정부 조직을 완비하고 공익을 도모하며 여타 민족과 더불어 맞서는 것이다."58) 이 글 다음에 나왔던 블룬칠리 해설 논문에서 민족과 국가는 거듭하여 서로 얽히는 의미 작용을 나타낸다. 앞서 미리 밝혀 놓았듯, 바로 이때 량치차오는 그 '정치학 대가'를 "참으로 민족주의를 지극히 숭배하는 인물"로 그려낸다. 이쯤이면 신채호가 민족주의라는 새로운 이념에 혹하고도 남았을 터이다.

이제 '동국 주족'에 담긴 심층 의미가 드러난다. '동국'은 전통의 흔적이 켜켜이 서려 있는 땅 이름이다. 언론 전선에 나설 무렵부터 즐겨 '대한국'을 말하곤 했던 신채호가 왜 그 낡은 이념 영역을 새삼스레 불러낼까? 량치차오가 블룬칠리 해설 논문에서 설정

57) 梁啓超(1901), 「國家思想變遷異同論」, 20쪽.

58) 梁啓超(1902), 「新民說」, 《新民叢報》 第一期(『飮冰室專集』 四卷, 4쪽).

했던 '대민족주의'와 '만주족' 사이의 작용 연관을 풀어내지 않으면 그 질문은 자칫 미궁에 머물지도 모른다.

량치차오는 다음처럼 서술한다. "지금 관내의 만주족 가운데 만주 문자를 알고 만주어를 구사할 수 있는 사람은 이미 봉황의 깃털이나 기린의 뿔처럼 매우 드물다는 사실은 따질 필요도 없다. 그러므로 블룬칠리의 설명처럼, 만주족은 이미 한족의 풍속에 동화했다고 말할 수 있다. 그럴 수 없다면 한족이 국민의 자격을 스스로 조성할 수 있도록 만주족을 어쩔 수 없이 하나의 용광로에 넣어서 융합해야 할 것이다."[59] 블룬칠리가 이미 밝혔다고 하는 바대로, 민족 형성의 여러 요소 가운데 언어와 문자 그리고 풍속을 가장 중요하게 여긴다면 만주족은 이미 동화 작용을 거쳐 '하나의 대민족'에 합해졌다는 설명이다.

이처럼 량치차오는 한족을 '대민족주의'의 중심에 세우면서 여타 종족들을 다스릴 수 있는 '하나의 강력한 종족'으로 만들어 낸다. 그러면서 그는 자신의 주장에 다음 설명을 덧붙인다. "동서 역사가들은 한결같이 중국의 동화력이 강하다는 점을 인정하는 바이다." 그의 설명은 곧 한족마저 지배하고 말았던 만주족의 옛 땅을 '대민족'의 영역에 합쳐 두려는 '제국의 정략'이나 마찬가지다.

이렇게 '여진족'의 고향이 욕망의 표상으로 드러나는 바로 그 지점에 '동국'의 수사가 자리한다. 량치차오의 한족이 중국의 주

59) 량치차오(2011), 「정치학 대가 블룬칠리의 학설」, 267쪽.

족이라면, 신채호의 '부여족'은 '사천 년 동토(東土)의 주인옹(主人翁)'이다. 만주는 그러니까 '중국의 동화력'이 미칠 수 없는 '동국 역사'와 '동국 민족'의 고토로 남아 있어야만 한다. 그래서 신채호는 '인종' 다음에 '지리' 이야기를 이어 간다.

"역사와 밀접한 관계를 맺는 것은 바로 지리이다. 지리를 버려두고 역사를 말하면 뼈대와 맥박을 잘 모르면서 기혈을 논함과 다를 바 없으니, 어찌 그럴 수 있겠는가. … 슬프도다, 우리나라는 조상의 발상지를 역외로 돌린 탓에 그 연혁(沿革)이 전하지 않으면서 시끄러운 말들만 분분하니, 실로 어디서부터 글을 시작해야 할지 알 수 없어 슬플 따름이다."[60]

신채호의 언어 용례에서 '동국 민족'은 한족 중심의 '대민족'과 맞잡이다. '하나의 용광로' 같은 중국의 '동화력'을 강조하던 량치차오처럼 신채호도 만주 땅을 아우르는 '제국의 정략'을 펼치고자 하는가?

"한민족이 만주를 얻으면 강성하며, 타민족이 만주를 얻으면 한민족이 쇠퇴하고, 또 타민족 중에도 북방민족이 만주를 얻으면 한국은 북방민족의 세력권 안에 들어가며, 동방민족이 만주를 얻으면 한국은 동방민족의 세력권 안에 들어가니, 오호라 이는 사천년 이래로 굳건하여 바꿀 수 없는 정법이다."

1908년 7월 25일 《대한매일신보》에 실린 「한국과 만주」에서 읽

60) 신채호(2007), 「독사신론」, 312쪽.

을 수 있는 내용이다. 「독사신론」의 첫 번째 연재물보다 꼭 한 달 먼저 무기명 논설로 나왔던 이 글은 신채호의 작품으로 통한다. 여기에 무슨 제국주의 '욕망'이 드러나 있다[61]고 단정할 수는 없더라도, 오래전 상실하고 말았던 민족 고토를 되찾아야 한다는 염원은 절절히 나타난다.

만주는 단군이 '처음 나신 성인으로' 조선국을 창건할 때 아들 부루(夫婁)에게 개척을 맡겼던 땅이다. 그곳이야말로 고구려 대무신왕과 광개토왕이 '대제국'을 건설했던 점유지였으며, 대조영 부자가 발해국을 일으켰던 '용무(用武)의 중심점'이었다. 그 뒤론 '한국 민족의 기치(旗幟)'를 만주 땅에서 볼 수 없었던 세월이 오랜 가운데, 러시아와 일본 양국이 그곳 문제를 두고서 수십 년 동안 서로 다투고 있다. "이제 만주는 어떠할 것이며, 한국은 어떠하리오. 동쪽 모퉁이 땅의 실책을 놀라워하고 곤명(昆明)의 겁회(劫灰)를 한탄하면서 이 글을 쓰니, 장래 한국에 식견 높은 풍운아가 몇 명이나 나올는지 알 수 없도다."

이 글은 만주 땅에서 일어났던 청나라가 1912년 신해혁명의 소용돌이 한가운데로 점점 빠져들던 무렵, 그곳의 미래 주인을 누구라고 분명히 짚어 말하기 어려웠던 사정에서 나왔다. 신채호가 애써 단군 후예의 '역사상 영광'을 강조했더라도, 겨우 마지막 숨결을 잇고 있던 대한의 '제국'에 고토 수복을 꾀할 만한 여력이 남았

61) 은정태(2007), 「대한제국기 '간도문제'의 추이와 '식민화'」, 《역사문제연구》 17, 117쪽.

을 리 없었다. 그러므로 량치차오의 '민족제국주의'가 '저 오백만의 만주족'을 '다시 흡수해서' 새 국가를 이루는 실제 '희망'의 표상이었다면, 신채호의 '구강(舊疆) 회복'은 한갓 낭만의 꿈 한 자락이나 마찬가지라고 할 만하다.

그래서 부여족은, 량치차오가 말했던 '순질의 금은'과 마찬가지로 '신성한' 자리에 있어야만 했을 것이다. 그 '특별한 종족'은 이른바 '천한 금속'과 같은 여러 '타족(他族)'과 명백히 갈라지는 어떤 고유 성질을 지니고 있었을까?

이 질문은 바로 블룬칠리의 설명처럼 '가장 확실한 민족 공동체의 징표'를 '동국 주족'의 역사 과정에서 발견하는 과제와 얽힌다. 그 '정치학 대가'를 설명하는 량치차오의 글은 '민족의 가장 중요한 특징'을 다음 여덟 가지로 나누어 본다.

'한곳에 함께 거주하는' 삶이 그 첫째 요소다. "함께 거주하지 않으면, 동족(同族)도 이루어질 수 없다. 그 이후에는 같은 민족이 각 지역에 나뉘어 거주하거나 혹은 다른 종족들이 한곳에 뒤섞여 거주할 수 있다. 이는 그 시초를 말한 것이다." 두 번째로 '동일 혈통'이 그 특징에 든다. "한참 지나면 타족(他族)을 흡수하여 다른 혈통이라도 같은 민족을 이루는 사례가 있다."[62]

---

62) 블룬칠리는 '민족 공동체의 징표'를 밝힐 때 '같은 혈통'을 그 요소라고 말한 적 없다. 그의 설명에 따르면, '가족들의 결합 그 자체만으로' 하나의 민족이 이루어질 수 없다. 민족은 오히려 "개인들과 가족들을 벗어나 모든 사람을 결합하면서" 하나의 공동체로 '차츰' 성숙할 수 있다. 이와 마찬가지로 '재래 인종'은 민족 형성의 주요 요소

그다음으로 신체 형상, 언어, 문자, 종교, 풍속, 생계와 같은 여섯 가지 공유 성질이 민족의 고유성을 이룬다.63)

신채호는 이 가운데서 첫째와 두 번째 요소를 중심으로 부여족의 역사성을 밝히고자 한다. "대개 우리 부여족의 시조가 백두산 언덕의 고원에서 일어나 압록강의 흐름대로 내려와서 부근 평원에 흩어져 거주하니, 압록강 서쪽은 요동이고 압록강 동쪽은 조선(이 조선이란 다만 평안도와 함경도를 가리킴)이다. 이렇듯 초민(初民) 시대의 문명은 압록강 유역에서 시작했다. 그 자손들이 점차 번성하자 한 파는 요동 및 만주 각지에 분포하고 또 한파는 조선 및 삼한 각지에 분포하며, 각각 본족(本族)을 결집하여 토착의 미개 이종(異種)을 정복하거나 흡수하여 모으니, 이는 우리 민족 발달의 제1기다."

이처럼 부여족은 얼핏 보더라도 꽤 넓은 지역에 분포하여 요동과 만주 땅뿐만 아니라 압록강 남쪽 반도 전역에 걸쳐 자손을 번성시킨 '본족'이다.

이와 같은 '지지(地志)'의 성격에 혈통의 '특질'이 더해진다. 신채호는 아주 간결한 말로써 동족(同族) 요소를 가려낸다. "단군 적통(嫡統)을 물려받은 부여 왕조가 훤히 존재한다." 그러므로 '우리 동방'에 '천 개, 억 개의 나라'가 있었을지라도 그 주족은 부여일

에 들지 않는다. "다른 인종이나 민족에서 유래한 이질의 구성 요소"가 하나의 새로운 형상으로 합쳐지는 현상이 곧 민족 형성의 과정에 속한다.

63) 량치차오(2011), 「정치학 대가 블룬칠리의 학설」, 260~261쪽.

따름이다.[64]

이렇듯 '당당한' 단군 정통성이 멸시받지 않도록 '일관(一貫)하는 정신'으로 널리 퍼진 '속임수'를 깨뜨려야만 한다. 바로 민족주의가 시대의 부름에 화답한다. 이로부터 신채호는 "우리 부여족이 타족과 어떻게 관계를 맺어 왔는지를 일일이 상세히 서술함으로써 ① 민족주의를 천명하고, ② 국가 정신을 발휘하며, ③ 우리 고대사의 빠지고 없어진 부분을 보충하며, ④ 수천 년의 동양 역사상 우리 민족이 처한 지위(地位)를 말하고자" 나선다.[65]

신채호는 스스로 자신의 '논단(論斷)'이 '우리 민족 발달의 상태'에서 벗어나지 않으며 '우리 민족에게' 재앙이나 축복을 가져다줄 만큼 중요한 사례들만 따져 묻는다는 근거에서 '새로운' 사론(史論)이라는 이름을 그의 글 제목에 붙인다. 바로 그 서술 방식의 새로움에 여러 질문도 함께한다.

'부여'는 나라 이름인가, 종족 이름인가? 부여족이 '다른 다섯 종족(他五種)'과 갈라지는 어떤 특징을 무엇이라고 말할 수 있을까? 왜 홀로 부여족만 '신성한 종족'의 이름을 얻을 수 있을까? 부여족의 후예 세력 가운데에서 혈연의식이나 집단 연대감과 같은 종족 정체성이 작용하고 있었을까? '동국'의 땅에 거주했던 사람들 가운데 부여족 이외의 주민도 '우리 민족(我民族)'에 속하는가? 그가 말하는 '민족'이란 '주족'이나 '본족'과 같은 뜻을 지니

64) 신채호(2007), 「독사신론」, 312쪽 이하.

65) 신채호(2007), 「독사신론」, 321쪽.

는가? 이 모든 질문은 하나에 모인다. 신채호는 어떤 성격의 민족을 내세우려고 하는가?

그는 즐겨 '동국 민족'이나 '우리 민족'을 말하면서도 그 공동체 현상의 특징이나 구성의 과정 따위를 밝히지 않는다. 한마디로 그의 '민족'은 경계와 범주를 드러내지 않은 채 역사 속의 기억 그 자체로만 존재하는 듯 보인다. 이렇듯 모호한 그의 표현 방식은 동시대 유행어로 떠오르기 시작하는 민족 용례와도 결을 달리한다.

그가 맨 처음 언론 활동을 시작했던 《황성신문》에서 다음 기사를 읽을 수 있다. "우리 2천만 민족이 전날에는 비록 이 나라의 주인이었으나 오늘에는 이미 객이 되어 주인이 아니니, 이 나라가 만약 우리나라가 아니고 이 민족이 이 나라의 주인이 아니라면 장차 생존경쟁 가운데 소멸하고 말 것이며 …." 이렇게 말하는 민족은 '이 나라'의 주인 자리에 존재하는 사람 모두를 가리킨다. 그래서 민족은 2천만 '우리 동포 남녀' 또는 '우리 평등한 종족'과 같은 뜻을 지닌다. 그 범주는 단일 혈족에 갇히지 않는다.

이 줄기에서 '타족' 혈통의 기자(箕子)도 단군과 마찬가지로 우리 민족의 시조 자리에 든다. "오호라 우리 민족(我民族)은 원래 단군과 기자의 후예라. … 우리 동포는 낡은 악습을 버리고 분발심과 자주심과 공덕심과 단합심을 길러서 한 사람 한 사람이 본분의 직분을 열심히 하며 국가의 책임을 짊어져야 나라와 종족을 보존하는 행복을 얻을 수 있을지니, 고로 나는 인심의 혁신을 근본적 개량이라 하노라."[66]

이처럼 민족 구성의 범주가 한 나라의 주민 모두로 넓혀지는 표현 양식에 박은식의 다음 용례도 함께한다. “우리 대한의 강역을 두고 말하자면 다 같은 백두산의 지파(枝派)이며, 그 종족은 다 같은 단군과 기자의 자손이다. 이 나라에 태어남으로 균등한 종족이니, 혈기가 밀접하고 아픔과 가려움을 서로 나누는 관계가 본래 천연으로 타고난 단합의 바탕이다.”[67]

종족 정체성

한문 전통의 언어 세계에서 거의 나타난 적 없었던 ‘민족’이 아무런 예고도 없이 갑작스레 시대를 상징하는 표현으로 떠오른 현상을 두고서 어떤 경이로움을 말할 만하다. 원래 그 원어를 생성했던 유럽 사례에서 전통의 규범이나 관습을 송두리째 뒤흔든 시민혁명의 기운을 맞아 민족을 앞세우는 이념 체계가 만들어지기 시작했다는 점에 주목할 수 있다. 오랜 세월 잘 다듬어진 세계관들에 의지하는 수단만으로는 전혀 해결할 수 없었던 통치질서의 위기가 마침내 민족을 숭고한 공동체 유산으로 받들도록 ‘정치 종교’의 제단 앞에 세웠다. 여기에서 다듬어진 충성의 교리가 집단의 자율성과 영토 공동체를 새로운 정통성의 토대 위에 올려놓으면서 대중을 동원하는 힘을 지니고 있었던 덕택이다.

66) 박찬승(2010), 『민족·민족주의』(한국개념사총서 5), 소화, 70쪽 이하에서 재인용.

67) 박은식(1908), 「서북학회취지서」, 《西友》 第十五號, 1908년 2월 1일.

세습의 통치질서에 저항하는 시민전쟁과 더불어 민족다운 자의식을 일깨웠던 17세기 중엽 영국의 공화국 혁명이 하나의 두드러진 사례다. 그때 열정에 넘치는 청교도의 선민의식이 섬나라 종족 공동체의 성스러운 전통을 기리는 향수와 합쳐질 수 있었다. 그 뒤로 여러 나라 사례에서 모세의 언약을 본받은 '약속의 땅' 메시지는 그곳 주민의 배타 의식을 배양하면서 '민족'의 강토를 조상에게서 물려받은 은총의 유산으로 재구성했다.68)

이로부터 민족주의가 두드러진다면, 미리부터 존속했던 민족이 그 이념 현상을 낳았다고 할 수 없다. 오히려 거꾸로, 근대주의 원리를 내세우는 어니스트 겔너(Ernest Gelner)의 표현처럼, 민족이 채 존재하지 않는 사정에서 민족주의가 '그' 민족을 '발명'했다고 말해야 옳을지도 모른다.69)

유럽의 근대화 위기와 대한제국 끝자락의 난맥상을 같은 줄기에 놓을 수는 없겠지만, 양쪽에서 모두 '민족'을 새로운 정당화 모델로 만들어 가는 모양새는 엇비슷해 보인다. 1908년 《황성신문》의 기사들이 여러 차례 불러냈던 '우리 민족'의 표현 가운데에서 위기의식과 함께하는 선민사상을 읽어 낼 수 있다.

신문 논설이 애써 내세우는 2천만 동포는 '단군과 기자의 신성한 후손'이다. 말하자면 '충효 예의의 교화' 덕분에 '고유한 민족'

---

68) 한스 울리히 벨러(2007), 『허구의 민족주의』, 이용일 옮김, 푸른역사, 41쪽 이하.

69) 앤서니 D. 스미스(2016), 『족류—상징주의와 민족주의. 문화적 접근방법』, 김인중 옮김, 아카넷, 104쪽.

의 본래 성품이 대대로 이어질 수 있었다. 그런데 그토록 '충성스럽고 인자하던 성질'이 바로 오늘날에 이르러 끝 간 곳 없을 만큼 '무너지기에 이르고' 말았다는 탄식이 뒤따른다. 바로 여기에서, 그러니까 통치질서와 정통성의 상실 공간을 빌미로 이전에 없었던 '동포'의 자주성과 단결심이 새삼스레 일깨워진다. '도태와 소멸'의 두려움이 '단합력'의 결기를 부추긴 셈이다.

이로부터 새로운 통치 공동체에 정당성을 더하는 희망의 메시지가 나온다. 곧 '이 시대에' 우리가 단결의 힘을 보이지 않으면 어찌하더라도 다른 족속의 유린을 막아 낼 수 없다. 그러므로 우리의 '완전한 단합'을 널리 알리고 '문명한 신대한민족'을 이루어서 '건강한 신대한제국의 기초'를 세우는 목적에 '우리의 희망'을 걸어야만 한다.70) 이처럼 '우리 민족'이 새로운 '제국'의 덮개를 원하는 만큼 그 '민족'은 거기에 걸맞도록 새로 태어나야 했을 것이다. 그 '단합력'의 호소가 이제 비로소 이루어진다는 점에서, '우리 민족'이라는 행위 주체는 바로 지금부터 구상해서 만들어 갈 만한 유토피아 설계의 산물에 가깝다고 이를 만하다.

《황성신문》이 즐겨 내세웠던 '우리 동포'는 '사천여 년 전해져 내려온 민족'과 같은 이름이다. 그 전통의 공동체는 '삼천리강산'과 '백두의 지맥'을 채우면서 흡사 '자연스러운' 존재처럼 '지금'까지 쭉 영속했을까? 그렇다면 단군과 기자의 자손들은 '민족'으

70) 박찬승(2010), 『민족·민족주의』, 73쪽 이하.

로 불릴 때까지 오랜 세월 어떠한 충성심이나 소속감의 연대체로 잠재하고 있었을까?

민족이라는 호칭이 맨 처음 나왔던 유럽에서도 그 개념에 해당하는 무리는 빨라야 중세나 근대 초기에 다만 지방의 학생 길드나 상공인 길드, 그리고 더 나아가더라도 귀족 엘리트와 어떤 관련성을 지니고 있었을 따름이다. 그러니까 한 민족이 근대 시점 이전부터 하나의 연대 구성체로 존속해 왔다는 주장은 오늘날 그 이름의 본고장에서도 잘 통하지 않는다. 오히려 민족이란 오늘날에 가까운 어느 특정 시점에 민족주의나 그와 유사한 세계관으로부터 처음 탄생한 가치체계라는 인식 범주가 역사 논의의 중심에 들어선 지 이미 오래다.

이와 같은 근대성 원리에 구성주의(constructivism) 사유가 편승하면서, 민족이라는 유동성 질서는 18세기쯤부터 '만들어지기' 시작했던 '전통들'이거나 '상상' 가운데서 불러 내세울 수 있는 '공동체'에 훨씬 더 가까워졌다.[71] 좀 더 지나치게 나아간 사례를 보면, 순전히 조작한 묘사나 소설처럼 꾸며 낸 서사가 민족 이야기와 같아진다. 그러므로 민족국가의 자주성 원리에 내재하는 민족공동체를 근대 시간의 현상으로 인정할 수 있더라도, 거기에 이르는 과정 그 자체를 온통 날조 구성으로 여기는 주장은 자칫 역사

71) 베네딕트 앤더슨(2002), 『상상의 공동체: 민족주의의 기원과 전파에 대한 성찰』, 윤형숙 옮김, 나남; 에릭 홉스봄 외(2004), 『만들어진 전통』, 박지향·장문석 옮김, 휴머니스트.

사유를 '미궁' 가운데 밀어 넣을지도 모른다.

이러한 문제점을 두고서 민족의 근대주의 원리를 따르면서도 그 발전 과정의 인과성에 주목하는 한스 울리히 벨러(Hans-Ulrich Wehler)의 다음 설명이 이채롭다. 곧 민족이란 오로지 민족주의자들의 열정 끝에 탄생한 창작품이라고 여길 수는 없다. 오히려 거기에는 역사 과정에 실제로 작용했던 전통 요소들이 함께한다. 그 내용을 새로운 이념 경향성에 맞추어 짜깁기하면, 발전하는 통치 공동체의 역사를 거기로 소급하여 적용할 만한 가능성이 열린다. "그렇게 민족주의는 영국, 북미(영국에서 이주해간 이들이 새로운 영국이라고 부르며 살았던 곳), 프랑스에서 예로부터 내려오면서 전통으로 가득 찬 종족 공동체를 찾아낸 것이다."72)

민족주의자들이 즐겨 통치 공동체의 '원료'로 가공하는 전통 요소들은 앤서니 스미스(Anthony D. Smith)가 민족다운 유대감과 감성 공동체의 유산으로 이해하는 종족 정체성의 상징 자원과 다르지 않다. 여기에서 말하는 종족 정체성이란 근대의 민족 형성에 앞서 특정 인구가 공동의 역사 경험과 연대의 감성 그리고 영토의 애착을 바탕으로 강하게 다져 온 집단의 결속 의식을 뜻한다. 그러므로 종족은 순전히 혈통 요인으로 갈라지는 인종과 같은 속성을 지닌다고 이를 수 없으며, 오랜 세월 동안 외부 세력과 동떨어져 독립성의 통치구조와 통일성의 문화 단위를 이루는 주민 집

72) 한스 울리히 벨러(2007), 『허구의 민족주의』, 67쪽 이하(인용문, 69쪽).

단이 그 이름에 걸맞다고 할 수 있다.

하나의 영토에 얽혀 있다는 일체감뿐만 아니라 공통의 조상이나 집단기억, 그리고 하나 또는 몇 가지 문화 요소를 지닌다는 자부심이 종족 구성원의 공동체 의식을 키운다. 그 구성체의 역사 과정에 켜켜이 쌓이는 기억과 가치, 신화와 표식 등의 전통 유산이 문화 단위의 성격을 형성한다. 이로부터 하나의 공동체에 속하면서 역사 경험을 공유한다는 정체성이 이루어지고, 그 구성원들의 연대감과 차별성을 보장하는 문화 경계선이 그어진다는 점에서 거기에 작용하는 언어와 종교, 관습과 제례 등의 전통 요소를 통틀어서 상징 자원이라고 이를 수 있다.[73]

이처럼 민족의 기원을 오래전 종족의 역사 과정으로 끌어올리는 이야기에는 환생하는 신채호라면 반색하면서 받아들일 만한 내용이 숱하다. 그 가운데에서도 '집단 이름'의 의미론은 신채호가 힘주어 내세웠던 '동국 주족', 곧 부여족 서사를 색다른 인식의 장으로 이끌 듯 보인다.

먼저 스미스의 이야기를 들어보자. 동서 어디서든 집단의 이름은 역사 기록에서 식별해 낼 수 있는 종족의 표지며 그 공동체를 타자와 구별할 수 있는 상징이다. 집단의 구성원은 자신의 이름으로 자기 공동체를 타자와 구별하면서 그 속에 자신의 본성을 간추릴 수 있다. 마술과도 같은 부적처럼 그 이름은 종족 특색을 함

73) 앤서니 D. 스미스(2016), 『족류—상징주의와 민족주의』, 45쪽 이하.

축하는 신비성을 지닌다. 한 종족 공동체에 붙은 이름은 그 구성원에게 누대로 누릴 만한 영광과 자부심을 안겨 준다. 그래서 집단의 이름은 종족 구성원과 후속 세대들뿐만 아니라 타자들의 상상력에 해당 공동체의 뚜렷한 특성과 이미지를 새겨 놓는다.

이와 더불어서 종족의 기원 신화는 집단의 이름만큼 의미심장한 상징 자원이다. "왜 우리는 비슷한가? 왜 우리는 하나의 공동체인가?" 우리는 같은 장소에서 유래하고 같은 조상에 이어졌기 때문에 한 뿌리에 속한다는 감성과 성향을 지닌다. 이 설명에는 한 종족의 정체성과 연대의식에 작용하는 신화의 함축성 의미가 들어 있다. 태곳적 비밀스러운 전설들로부터 오랜 정제 과정을 거친 신화는 종족 공동체의 경험을 전수하고, 그 구성원들이 자기 집단의 성격을 스스로 정의하면서 연대 활동을 정당화하도록 돕는다.

다양한 설화들, 이를테면 종족 시원의 시간과 장소, 시조와 자손들, 이주나 탈출, 번성했던 시대 등등의 전래 이야기들이 신화의 소재를 이룬다. 신화 속의 이야기가 한 종족 공동체의 형성 과정을 영광스럽고 신성하게 장식한다면, 그 핵심은 거의 판타지이며 절반쯤의 사실이 거기에 함께할 따름이라고 볼 수 있다. 그러므로 신화 자원에서 객관성이나 논증 근거를 찾기보다는, 종족 구성원들의 자기 정립과 감성의 끈을 문화 정체성으로 고양하는 결합의 미학이 바로 그 복합 의미 속에 잠재한다고 여겨야 옳을 터이다.[74]

전통 자원의 탐색 원리는 한국 민족 현상의 근거를 고대 시점으로 거슬러 올려 잡는 적용의 묘미를 가져다줄 만하다. 중국 진(晉)나라 진수(陳壽, 233~297)가 기록한 『삼국지』 위서(魏書) 가운데 이른바 '동이전(東夷傳)'이 맞춤한 이야기를 전한다. "부여는 장성(長城)의 북쪽에 있다." 이렇게 시작하는 서술은 그 어느 사료에서도 찾아보기 어려운 한 종족의 유산을 '집단의 이름'과 더불어 묘사한다.

"부여 사람들은 한곳에 정착해 산다. 거기에는 궁실(宮室)뿐만 아니라 창고와 감옥도 있다." 정치 공동체의 독립성과 통치질서를 말하는 이 표현 다음으로 그 종족의 고유성이 차례로 드러난다. 부여 사람들은 큰 덩치와 굳세고 용맹한 성질을 지닌다. 그러면서도 그들은 근엄하고 후덕한 성품 덕택에 다른 나라를 침범하여 노략질하지 않는다. 음식을 먹고 마실 적에는 모두 조두(俎豆)라는 그릇을 사용하고, 연회에서는 깍듯한 예를 다하여 술잔을 주고받으며, 또 나아가고 물러나거나 올라가고 내려올 때 읍하여 서로 겸양하는 의식을 지킨다. 그 밖에도 제례 행사나 복식 풍속, 장례 관습 등등의 공유 속성이 부여 사람들을 하나의 문화 단위로 결속한다.

종족의 고유성을 나타내는 이들 문화 요소 가운데 영고(迎鼓)라는 이름의 국가 제사가 돋보인다. 은(殷)나라 역법(曆法)으로 정월

74) 앤서니 D. 스미스(2018), 『민족의 인종적 기원』, 이재석 옮김, 그린비, 61쪽 이하.

에 '국중대회(國中大會)'를 열어 하늘에 제사를 지내는데, 이때 사람들은 여러 날 동안 먹고 마시며 노래와 춤을 즐긴다. 죄수들은 형옥(刑獄)의 처리 끝에 풀려 나온다. 전쟁을 앞두고 군사를 움직일 적에도 제천(祭天) 의례가 열린다. 여기에 소를 잡아 발굽을 보며 길흉을 점치는 행사가 함께한다.

그리고 백색(白色)을 숭상하는 풍속도 부여의 고유성 가운데 하나다. 그래서 그곳 사람들은 즐겨 흰 천으로 만든 큰 소매 웃옷과 바지를 입는다. 특히 상중에는 남녀 모두 순백(純白)의 옷을 입는 습속을 지킨다. 장례에도 부여 나름의 관습이 있어서 흔히들 매장을 늦게 할수록 성대한 장례로 여긴다. 상주는 매장 의식을 되도록 늦추려고 하며, 주위 사람들은 서둘러 일을 마치도록 강권한다. 이렇듯 언제나 서로 밀고 당기면서 다투는데, 이 행위를 사람들은 예절로 삼는다.[75)]

『삼국지』'동이전'에 적혀 있는 부여족의 문화유산은 신채호가 애써 내세운 '동국 민족'의 정체성에 근거 요소로 작용할 만하다. 그러나 그는 문제의 중국 고전 자료를 전혀 모르는 듯 거기로부터 부여의 전통 관습과 풍속, 그리고 그토록 중요하게 보이는 제천 의례마저도 끄집어내지 않는다. 고전 자료에 밝았던 그가 아무래도 '동이전' 자료를 일부러 못 본 척했을지도 모른다. 그 기록은 어느 다른 문헌보다도 자세한 이야기들 가운데 부여의 종족 특

75) 『三國志』 魏書 第三十: 烏丸鮮卑東夷傳; 송호정(2016), 『처음 읽는 부여사』, 사계절, 123쪽 이하, 235쪽 이하.

성과 정체성의 문화 자원을 담고 있다. 그 '특별 종족'의 실제 자취를 담고자 하는 '새 역사서 한 편'이 그 내용을 어떻게 빠트리고 말았을까?

추정컨대, 중국 정사를 수용하면 이른바 기자(箕子) 교화의 기록도 어쩔 수 없이 인용해야만 한다는 우려가 신채호의 '새' 사론에 걸림돌이 되었을 터이다. "부여는 당당히 단군 적통(嫡統)을 이어받은 나라이거늘, 부여는 한자 한마디도 언급하지 않고서 기자(箕子)만 칭송하여 노래하고 있으니, 오호라 그 무식함이 어찌 여기까지 이르렀을까." 이 표현처럼 신채호는 「독사신론」을 쓸 무렵부터 평생의 학문을 걸고서 '기자(箕子) 동래(東來)'로 말미암은 소중화(小中華) 이념 체계에 맞서기로 작심했던 듯 보인다. 그래서 그는 『삼국유사』 같은 '우리' 고전에 담긴 유실 자료의 인용문으로부터 단군에서 부루와 고주몽으로 이어지는 단일 혈통의 신화를 받아들여[76] '동국 민족'의 계통을 세우려고 했을 것이다.

신채호가 이해하는 상고는 '신을 받드는 시대'였다. 그 무렵 정치와 사상의 지도자들은 한결같이 신화를 이용하여 사람들을 끌어모았다고 하니, 단군 신화도 틀림없이 그러한 성격에 속했을 것

76) 『삼국유사』는 부여 역사를 설명하는 가운데 오늘날에는 전하지 않는 『단군기(壇君記)』를 인용하여 다음 기록을 적어 둔다. "단군이 서하(西河)에서 하백의 딸과 가까이하여 아들을 낳으니 이름을 부루(夫婁)라고 하였다." 그리고 같은 책의 고구려 왕력(王曆) 가운데 '제일 동명왕' 기사는 이렇게 서술한다. "갑신(甲申)년에 즉위해서 18년을 다스렸다. 성은 고(高)이고 이름은 주몽인데, 추몽(鄒蒙)이라고도 한다. 단군의 아들이다."

이다. 해모수도 천제(天帝)의 자식이며, 가락국의 '신정(神政)'마저 '천신(天神)'에서 비롯했다고 하니, '아주 똑같은 신화'가 '동국'의 정체성을 표상하는 셈이다.[77]

이렇듯 신채호는 공동의 기원 신화를 바탕으로 "고구려와 백제만 부여에서 나온 종족이 아니라, 신라도 부여에서 유래했음"이 자명하다고 내세운다. 그 설명에 같은 '천신'이 '가락국의 신정'마저 만들었다는 사실이 더해진다. 그래서 그는 줄곧 다음처럼 말할 수 있다. "동국이 부여족의 동국이라는 점을 정신상으로 보면 이는 이미 단군 시대에 시작했으나, 실질상으로 논하면 삼국 초에 이르러서야 그 점이 분명해졌다." 그리고 더 나아가, 부여 후예들의 나라에서 땅 이름과 관제 명칭이 똑같은 사례도 '우리 동국 민족'의 같은 뿌리를 말해 준다. "또 그 밖에 성곽, 가옥, 음식, 풍속의 상동점(相同點)을 낱낱이 들어서 말하기 어렵다." 이와 같은 근거에서 신채호는 '우리 선민(先民)의 광영(光榮)'을 되살리면서 부여 고토를 '신성한' 공동 역사의 출발 지점으로 삼는다.

간추려서 보자면, 신채호는 모쪼록 멀리 태고 시대까지 거슬러 올라가 '힘과 지속성'의 공동체 특성을 보이는 '신성 종족'의 흔적을 찾고자 한다. 이 점에서 그의 '동국 주족'은 첨단의 민족 인식 방법에서 탐색 개념으로 쓰이는 '종족 공동체의 핵심(ethnic core)'과 그럴싸하게 어울리면서,[78] 단군과 기자를 '우리 동포'의 공동

77) 신채호(2007), 「독사신론」, 322쪽.

78) 앤서니 D. 스미스(2016), 『족류—상징주의와 민족주의』, 108쪽 이하.

조상으로 삼는 듯한 동시대 언론 용례와 전혀 다른 정체성 모델의 가능성을 연다.

그 기반에서 신채호는 '동국의 주인옹'을 상징하는 전통 요소들을 잘 버무린 나머지 그럴싸한 민족 정체성을 구성할 수 있었을까? 흥미롭게도, 그가 힘주어 내세운 '단군 적통'의 서사가 외려 질문의 대답을 흐려 놓는다. 민족의 범주를 아무리 느슨하게 잡더라도 종족의 전통 유산에서 유래한 공동 뿌리의 믿음, 기원 신화의 자부심, 고토에 애착하는 연대의식, 집단기억의 경험, 우리와 타자 사이에 경계를 긋는 문화 자산 등의 요소들 가운데 몇몇이라도 말하지 않고서 '신성한' 공동체의 정당성을 내세울 수는 어려울 터이다.[79)]

신채호는 이를테면 '너무나도 똑같은 신화'를 바탕으로 '동국 민족'을 상징하는 '혈통의 미화'에 나선 듯 보인다. 그렇지만 그는 이른바 '신정 시대'의 설화들을 가공하여 민족 정체성을 뒷받침하는 공동의 조상이라는 판타지를 만들어 낼 수 없었다. 그 무렵 삼국과 가야 사람들 사이에서 단군을 시조로 받들면서 부여족 계승에 자부심을 느끼고 있었다는 집단 기억을 재생해 낼 수 있을까? 이를 바탕으로 어느 만큼 장기 지속의 전망에서 자율성과 통일성을 유지하는 '동국 민족'의 미래상을 그려 낼 수 있을까?

「독사신론」의 서술은 이 질문들에 미치지 못한다. 그리고 한참

79) 앤서니 D. 스미스(2016), 『족류－상징주의와 민족주의』, 73쪽 이하; 한스 울리히 벨러(2007), 『허구의 민족주의』, 71쪽 이하.

지난 1931년 그의 마지막 역작이 '조선사'의 이름으로 여러 차례 《조선일보》의 연재 글로 나왔을 때 '동국 민족'은 '조선 민족'으로 바뀌면서 다음과 같은 분류 체계 속에 든다. 먼저, "고대 아시아 동부의 종족은 ① 우랄어족, ② 지나어족 두 갈래로 나누어진다." 조선족은 흉노족과 함께 우랄어족에 속한다. 그리고 조선족은 쪼개져서 조선·선비·여진·몽골·퉁구스 등의 '족(族)'으로 발전했으며, 흉노족은 돌궐(지금의 신강족)·헝가리·터키·핀란드 등의 '족'으로 흩어졌다. 이렇듯 글은 민족과 종족 사이에 어떠한 정체성의 차별 현상이 나타나는지를 밝히지 않는다. 그러면서 「독사신론」의 성가를 한창 드높였던 '신성한 주족' 서사는 가뭇 없어졌다.

부여는 새 글에서도 여전히 '조선의 최초를 개척한' 이름이지만, 그 서사의 내용은 이전과 사뭇 다르다. 먼저, 부여라는 말은 '부루(夫婁)'나 '품리(稟離)' 같은 사람 명칭 또는 '부리(夫里)'나 '벌(伐)' 따위의 지명처럼 '불(벌=野地)'의 음역에서 유래한다. 송화강 기슭에 자리한 하얼빈의 옛적 이름이 바로 부여다. '조선 문화'의 시원이라 할 수 있는 '수두'[80]가 거의 다 하얼빈 부근에서 발원했으므로 그곳은 "조선족이 최초로 개척한 야지(野地), 곧 '불'이다." 그 뒤 차례로 열린 야지들이 부여처럼 '불'의 음역에 따르는 지명을 얻는다.

이러한 유래의 부여가 '대단군 왕검'이 세운 '신조선'을 계승했

80) 신채호는 이 말을 신단(神壇)이라는 뜻으로 쓰는데, 거기에서 음역하여 '소도(蘇塗)'라는 말이 나왔다고 본다.

다는 점에서 큰 의미를 지닌다. 여기에서 말하는 '대단군'이란 여러 단군 가운데 우두머리의 이름이다. 신단(神壇)과 같은 뜻의 여러 '수두'에는 저마다 제사를 담당하는 '하느님'이 존재하는데, 가장 높은 '신수두'에서 제사 행위를 주관하는 사람이 곧 '대단군'이다. 그러므로 '신'이란 '최고와 최상'을 의미하며, '신조선'은 가장 으뜸의 조선과 같은 말이다.[81] 이 정도라면 '부여'는 옛적 '동국주인옹'의 자리에 들 만하다. 그러나 신채호의 다음 설명이 흥미롭다.

> 북부여와 두 동부여 그리고 고구려, 이 네 나라는 '신조선'의 판도(版圖) 안에서 세워진 나라들이다. 그러나 '신조선'이 멸망한 끝에 부여 왕조로 바뀌고, 부여가 다시 위의 삼국(三國)으로 분열했는지, 아니면 부여는 곧 '신조선'의 별명이어서 따로 부여라는 왕조가 없는 가운데 '신조선'으로부터 위의 삼국이 나왔는지, 이를 따져 볼 만한 근거가 없다. 그러나 '신조선'이 흉노 모돈(冒頓)에게 패한 때가 기원전 200년 무렵이고, 동부여와 북부여의 분립도 마찬가지로 기원전 200년 무렵이니, 나중 설명이 혹시 더 사실에 가깝지 않을까 한다.[82]

신채호는 '부여 주족' 서사를 계속 밀고 나갈 수 없었다. 이렇듯

81) 신채호(1948), 『조선상고사』, 50쪽 이하.

82) 신채호(1948), 『조선상고사』, 93쪽.

그가 이전 '동국 민족' 사례에서처럼 여전히 '조선 민족'의 범주나 정체성 만들기에 서툴다면, 그를 민족주의 역사가로 부를 만한 근거는 어디에 있을까? 그가 단단히 마음먹은 민족주의자라면, 그의 주장 가운데서 민족이란 최대한의 자율성과 자기표현을 누리면서 정치 권력의 유일한 원천으로 작용해야만 하지 않을까?

그 이념 체계와 함께하는 여러 경향성을 다 빼고 보더라도, 민족이라는 이름의 큰 공동체를 만들어서 통합의 원리로 작용하도록 힘을 가하는 세계관이 곧 민족주의라고 정의할 만하다. 이러한 기반 위에서 종족 전통의 유산을 물려받은 통치 체제는 근대성과 독립성을 유지하면서 정당성의 지평으로 나아갈 수 있다.[83] 신채호의 민족주의 자산이 오늘날 수준의 이론 지형에는 미치지 못하더라도 어렴풋하게나마 그 가운데 민족의 미래 전망이 들어 있는지, 그리고 그 잠재성의 바탕에서 새로운 통치질서의 전망이 열리는지 따져 볼 만하다.[84]

1909년에 쓴 것으로 보이는 「제국주의와 민족주의」에 다음 내용이 들어 있다. "그런즉 이 제국주의를 저항하는 방법은 무엇인가. 민족주의(다른 민족의 간섭을 받지 않는 주의)를 맹렬히 드날림이 그것이다. … 바라건대, 한국 동포는 민족주의를 크게 분발하

83) 앤서니 D. 스미스(2016), 『족류-상징주의와 민족주의』, 141쪽 이하; 한스 울리히 벨러(2007), 『허구의 민족주의』, 31쪽 이하.

84) 윤영실(2011), 「근대계몽기 신채호의 민족론에 나타난 '아(我)'의 의미」, 《한국학연구》 24, 273~309쪽.

여 '우리 민족의 나라는 우리 민족이 주장한다.' 하는 한마디로 호신(護身)의 부적을 만들어 민족을 보전할지어다."[85]

이 표현에는 아무튼 '마귀 굴' 같은 오늘날에서 벗어나야만 한다는 주장이 들어 있다. 그러나 그 의미론의 파괴력은 그즈음 그가 여러 언론 글에서 내세웠던 '인민의 공화'나 '정신상 국가' 또는 '입헌공화의 복음' 같은 희망의 메시지에 훨씬 뒤진다. 아무래도 그의 민족주의 용례는 너무 어설퍼 보인다. 여전히 오늘날에도 새삼, 한 시대를 상징했던 그의 글들을 잘 맞아 보이지도 않는 이데올로기 외투 안에, 더군다나 일본 토양에서 특유의 배타주의 경향성과 밀접하면서 갑옷처럼 나타났던 그 번역 용어로 감싸 두어야만 할까.

연해주 망명지에서 신채호는 이념에 얽혀 있는 민족의 문제점을 깨달았는지도 모른다. 앞서 보았듯, 그곳에서 그가 안창호에게 썼던 편지, 곧 중국을 돌아보고 난 뒤 국내로 되돌아가 종교나 윤리 같은 책을 읽고 싶다던 심정의 표현 가운데 무언가 깊은 내면이 함께한 듯하다. 신채호는 1911년 즈음부터 윤세복·이상설 등과 같은 대종교(大倧敎) 인사들과 깊이 교유하면서 언론 글쓰기를 계속했다. 곧이어 그가 만주 땅 고적을 찾아 나섰을 적에도 그 신흥 교단은 후원 세력이었다.[86] 이때 그는 '동국 민족'의 '신정 체계'를 새로운 종교 인식으로 가다듬어 가려는 욕망을 키워갔을

85) 신채호(1909), 「제국주의와 민족주의」, 《대한매일신보》 1909년 5월 28일.

86) 한영우(1996), 『한국 민족주의 역사학』, 148쪽 이하.

터이다. 때마침 1908년 「독사신론」이 나올 무렵, 'religion'에서 비롯한 번역어는 이미 한국 지식사회에서 '종교'라는 신조어로 정착하고 있었다.

그 새로운 개념은 원래 '종'과 '교'에 담겼던 전통 요소를 축소하고 변용하면서 복잡한 의미론의 장을 열었다. 이를테면 번역 용례의 탄생에 한몫했던 개신교 선교사들은 전통의 '교(敎)'와 '도(道)'를 '종교'에서 떼어 내는 가운데 정교 분리의 원칙을 엄격히 다졌다. 그들에게 '공맹의 도(孔孟之道)', 조상숭배, 국조 신앙 따위는 한결같이 미신 행위나 다를 바 없었다. 여기에 다수 개종 세력이 함께하는 추세 속에서 예외 사례도 있었다. 1902년 유학자에서 감리교 목사로 변신했던 최병헌(崔炳憲, 1858~1927)의 생각이 흥미롭다. 그는 교와 도를 종교와 같은 의미로 이해하면서, 그 전통의 가르침이 실제로 입국의 근본이라고 보았다. 말하자면 그의 새로운 신앙 사유에서도 정치와 종교는 불가분의 의미 연관 속에 있었던 셈이다.[87]

신채호가 그즈음 종교 논쟁에서 어떤 자양분을 얻었는지 알 길 없다. 다만 그가 「독사신론」을 쓰면서 옛적 '동국' 역사의 중심에 세웠던 '신정(神政)'이 모름지기 새로운 의미론의 자장에서 벗어날 수 없었으리라 추정할 수 있다. 이렇게 보면, '신성한' 부여족 서사는 민족의 아르케(ἀρχή)를 찾는 과제나 마찬가지다. 이 낯선

87) 이행훈(2016), 『학문의 고고학—한국 전통 지식의 굴절과 근대 학문의 기원』, 소명출판, 314쪽 이하.

그리스어가 고대 그리스 철학자들 사이에서 '시작'이나 어떤 사물의 '시원(始原)'뿐만 아니라 존재와 인식을 아우르는 '으뜸 원리'의 뜻으로 쓰였듯, 어떤 이념 경향성을 뛰어넘는 심층 의미를 '동국'의 고토에서 발굴해야만 하는 여정이 신채호의 글쓰기 그 자체였을 것이다.

제3장
새로운 시간

1. 희미한 근대

역사 시간의 동학

"이 시기의 우리 민족에게는 근대 개혁과 민족의 독립 및 그것을 위한 민족의식의 강한 발현이 동시에 필요하였다." 신채호 시대의 역사성을 가다듬는 이 말은 한국 역사 발전의 내면 계기에 주목하는 김용섭의 표현이다.[1] 오늘날 '한국사 인식과 역사이론' 지평에서 뚜렷한 발자취를 남긴[2] 그의 설명에서, 신채호는 "우리의 근대 역사학을 완성시킨 학자였다."

그런데 왜 '민족'과 '민족의식'이 문제일까? 김용섭이 보기에,

---

1) 김용섭(2011), 『역사의 오솔길을 가면서—해방세대 학자의 역사연구 역사강의』, 지식산업사, 588쪽 이하.

2) 김용섭교수정년기념한국사학논총간행위원회(2003), 『한국사 인식과 역사이론』, 지식산업사, 3쪽 이하.

신채호의 역사 인식은 "중세 체제의 지양과 근대 사회의 건설이라는 전제조건"에 잘 들어맞는다. "『삼국사기』를 최악의 사서라고 혹평하였던" 신채호에게 전통의 봉건 체제를 넘어서 "새로운 근대 사회를 형성한다는" 시대의 사명이 더해진다. 아울러 제국주의 침략에 '저항'하면서 '민족의 독립'을 지키는 정신이 그의 '역사의식' 가운데 살아 있어야만 했다. 그러니까 안으로는 중세를 넘어 근대 사회로 나아가는 '이념'에 '투철'하면서, 밖으로는 제국주의 침략에 맞서 '국가와 민족을 수호한다는 의식'이 '근대 역사학 성립의 전제조건'을 이룬다는 설명이다. 한마디로 신채호의 "역사 연구는 그 자체가 독립투쟁이었다."

신채호의 '사론'이 '우리나라 근대사'의 내면에서 새로움의 상징으로 두드러졌다면, 먼저 '근대'의 의미론을 물을 만하다. 그 신생어가 '민족'이나 '민족주의'와 마찬가지로 일본에서 건너온 박래품이라는 점에 눈길이 닿는다. '근대(近代)'라는 일본어가 나타나는 시점은 1890년 무렵으로 보이지만, 1950년대에 이르러서야 그 용례가 '고대'나 '중세'와 다른 시대 구분의 개념으로 쓰이기 시작했다고 한다.

먼저 1862년에 처음으로 영어 형용사 'modern'의 번역어가 나타났을 때 거기에 짝하는 일본어는 '당시의', '근경(近頃)의', '근래의' 등과 같은 표현이었다. 그 말의 원어로 알려진 라틴어 'modernus'의 뜻과 거의 가깝다고 여길 만하다. 바로 지금 닥치고 있는 오늘 상황이나 옛것과 다른 새로운 시간 현상이 원어의 함축 의미에 속한다. 이를 활용하는 일본어 번역 사례는 주로 고대, 중세, 근대라는 일본식 시대 구분법 가운데 메이지 유신에서 제2차 세계대전 종결에 이르는 시기를 지시하는 용례로 차츰 정착해 가는 모양새를 보인다. 그 '근대'라는 시대의 유행어가 나타나기 전에 '근세(近世)'가 먼저 쓰이기 시작했다는 점도 주목거리다.[3)]

일본 번역어를 거쳐 서양을 배웠던 유길준도 일본어 용례를 따라 다음처럼 '근세'라는 말을 '옛날'과 '오늘날'을 가르는 용례로 표현한다. "옛날 사람들은 각종 물품을 만들 때 사람의 힘을 들이는 방법밖에 몰라서 그 고생하는 모습이 가련하더니, 오늘날 사람들은 편리한 화륜(火輪) 기계 덕택에 하루에도 수만 명의 노력과 맞먹을 만큼 물건을 만들어 낸다. 우리가 보고 들은 바대로, 옛날 사람들은 그러한 일을 이룰 수 없었는데 근세(近世)에 이르러서야 그 효력이 나타났다."[4)]

이어서 신채호는 일본식 시대 구분의 관례를 뒤따르는 듯 상고(上古)에서 중고(中古)를 거쳐 근세로 나아가는 시간의 추세를 '인류 역사상 진보의 상황'이라고 밝힌다. "인류 진보가 시대에 따라 다른 까닭에 상고 시대의 역사가 중고로 바뀌며 중고 시대의 역사

3) 石塚正英·柴田隆行 監修(2004), 『哲學·思想翻訳語事典』, 東京: 論創社, 77쪽 이하; 米家泰作(2012), 「「近代」概念の空間的含意をめぐって―モダン·ヒストリカル·ジオグラフィの視座と展望」, 《歴史地理學》 54-1, 68쪽 이하; 한스 울리히 굼브레히트(2019), 『근대적/근대성, 근대』(코젤렉의 개념사 사전 13), 원석영 옮김, 푸른역사, 20쪽 이하.

4) 유길준(1895), 『서유견문』, 東京: 交詢社, 384쪽.

가 근세로 바뀐다." 이러한 표현과 더불어 그는 '근세'를 '이제 막' 다다른 '20세기 신천지'와 같은 시간의 지평으로 불러낸다. "이제 비로소 국가는 곧 민(民)의 나라라 하여 그 존망을 오직 민이 도모하며, 국민은 나라의 민이라 하여 그 안위를 오직 나라가 돌본다."[5)]

'새 물결'이나 '신천지' 같은 신채호의 표현에서 보듯, '근세'이든 그 뒤에 쓰였던 '근대'이든 새로운 시간 의식이 그 신생 개념 가운데 내재한다. 오늘날 개념 이해의 방법론은 그 '근대'의 의미론을 다음과 같은 명제로 정리한다. "근대(Neuzeit)에 이르러 경험과 기대 사이의 간격이 점점 더 벌어진다. 더욱 상세하게 말하자면 기대들이 그때까지 만들어진 경험들과 점점 어긋나면서 근대가 하나의 새로운 시간(neue Zeit)으로 받아들여진다."[6)] 그러니까

5) 신채호(1909), 「신가국(身家國) 세 관념의 변천 (속)」, 《대한매일신보》 1909년 7월 17일. '상고'와 '중고'의 용례는 먼저 유길준의 책에 나타난다. 유길준(1895), 『서유견문』, 135, 144, 283, 354, 356, 360, 534쪽. 그리고 안종화 번역(1907)의 『國家學綱領』(廣學書舖), 12쪽에서도 같은 사례를 찾을 수 있다.

6) Koselleck, R.(1989), *Vergangene Zukunft. Zur Semantik geschichtlicher Zeiten*, Frankfurt am Main: Suhrkamp, p.359. 코젤렉이 주목하는 개념 현상의 역사는 무엇보다도 도이치 언어 용례의 형식 규정에 따라 새로움을 말하는 형용사(neu)와 시간을 뜻하는 명사(Zeit)가 합쳐져 'Neuzeit'라는 하나의 합성어로 등장하는 과정이다. 말하자면, 1870년대 후반에야 사전에 올랐던 '근대(Neuzeit)'에 앞서서 '새로운 시간(neue Zeit)'의 용례가 자주 나타났으며, 지나간 낡은 시간과 비교하면서 다른 의미를 드러내려는 그 말은 또한 '중세(Mittelalter)'라는 시대 구분 개념이 생성하면서 비롯했던 결과물이었다. 따라서 중간의 시기와 더 새로워진 시기 사이를 이어 주는 고리를 다루지 않는다면 '새로운 시간' 개념의 생성 과정을 이해할 수 없다. 오늘날 우리에게 익숙한 '르네상스'와 '종교개혁'은 사실 연관의 표현들로서 새로운 개념의 탄생을 예고했던 형성

미래의 시간으로 향하는 사람들의 신념과 희망이 이전의 모든 체험과 삶의 궤적에서 멀어지는 기대에 근거한다는 설명이다.

그때그때의 관점을 은근하거나 공공연히 드러내는 언어 사용의 새로움이란 지나간 시간의 회고의식에서 벗어남을 뜻한다. 그때부터 사람들은 다가올 시간의 시작점에서 자기 존재를 찾고자 애쓴다. 그것은 눈에 띄도록 드러나는 지점이기보다는 넘어서서 나아가려는 욕망의 상징이다. 거기로부터 어떤 '새로운 미래 지평'이 열리자마자 정신의 세계에서 스스로 자기 존재를 규정할 수 있었던 사람들이 점차 시간을 제어할 수 있도록 준비하고 있거나 '역사 만들기'를 하나의 표현 양식으로 나타내기 시작한다.[7]

이른바 '역사 시간의 해석학'[8]에 새 이정표를 세우는 코젤렉의 설명대로면, 근대란 언어 속에 내재하는 힘과 작용의 성과다. "그 시간은 다양한 사건이 벌어지는 형식일 뿐만 아니라 스스로 역사다운 질을 얻는다."[9] 그러니까 '새로운 시간'의 의미론은 말과 실천, 곧 언어와 생활 세계라는 대칭 관계를 인간학답게 이해하는 하나의 방법 사례다.

코젤렉은 역사 그 자체와 언어 작용이 항상 일치할 수 없으면

과정이었다.

7) Koselleck, R.(2003), *Zeitschichten. Studien zur Historik*, Frankfurt am main: Suhrkamp, pp.225ff.

8) 폴 리쾨르(2004), 『시간과 이야기 3: 이야기된 시간』, 김한식 옮김, 문학과지성사, 400쪽.

9) Koselleck, R.(1989), *Vergangene Zukunft*, p.321.

서도 서로서로 지시한다는 긴장 관계를 스토아학파 철학자 에픽테토스('Επίκτητος)의 격언[10]을 통해 풀어 본다. "언어 행위가 없다면 역사 사건들이란 일어날 수 없다."[11] 이 명제에 따라 '근대'에 이르는 개념 발전의 사례를 보면 '시간'과 '새로움'의 언어유희와 더불어 미래의 지평을 펼치는 힘의 작용이 드러난다. 이렇듯, 시간 지평을 표현하는 전망 개념들은 역사 변화의 요소와 그 추진력을 담고 있다. 바로 여기에 개념 연구의 과제가 놓인다.

시간 경험들 가운데에서 빚어지는 언어 구성과 그 과정에서 작용하는 소통 행위의 의미론이 그 중심이다. 이로부터 지나간 경험뿐만 아니라 미래 예측과 기대를 담고 있는 언어 용례의 해석이 이루어진다면, 그 적용의 방법에서 한국 '근대'의 진행 과정으로 들어가는 통로를 찾을 수 있을까?

신채호가 다음처럼 새로운 국가 '관념'의 기대를 '근세'라는 시간의 지평으로 이끌 때 그 의미론은 얼추 코젤렉의 명제에 들어맞는다. "수백 년 이래 대세의 재촉에 따라 진정한 국가의 주의가 매우 빠르게 발달하여 … 일파 큰 조류가 유럽 중심에서 새로 일어나 서쪽으로 대서양을 건너 아메리카를 두드리고 동쪽으로 태평양을 건너 아시아를 깨우치고, 그 거친 파도와 어지러운 물결이

10) "우리를 뒤흔드는 것은 어떤 일(πράγματα)이 아니라, 그런 것을 만들어 내는 도그마(δόγματα)이다." Epictetus(1744), *Enchiridion*, Glasgovia: In Aedibus Academinisis, p.10(Bayerlische Staatsbibliothek: www.bsb-muenchen.de).

11) Koselleck, R.(1989), *Vergangene Zukunft*, p.300.

동서로 세차게 달려가 사방에 두루 퍼져 이제 막 20세기 신천지를 조성하니, 이제야 비로소 … 국민은 국가의 공공 권리를 지니기에 이른다."[12] 그러니까 김용섭의 주장처럼 신채호는 누구보다도 선명하게 새로운 시간 의식을 나타내면서 '유럽 근대 역사학'의 원리와 '같은' 인식세계에 다가섰다고 이를 만하다.[13]

신채호가 어디에서 그러한 표현의 실마리를 찾을 수 있었는지 알 수 없지만, '진정한 국가의 주의'는 그의 언어 배치에서 절묘한 함축 의미에 얽혀 있다. 유럽 중심부에서 '수백 년'의 형세를 거친 뒤 오늘날 '매우 빠른' 조류처럼 동쪽으로 밀쳐 왔다는 그 새로운 이념 현상은 다음과 같은 '근대'의 발견 원리와 서로 어울린다. "그 몇백 년 동안 역사의 시간화(Verzeitlichung)가 이루어지고, 그 끝에서 우리 근대 시기(Moderne)의 징후를 나타낼 만큼 유별난 성격의 가속화가 일어나고 있다."[14]

코젤렉은 1870년대 후반에야 제대로 쓰였던 '근대(Neuzeit)'의 용례보다 훨씬 앞서서 새로움의 형용사(neu)를 시간 단위의 명사(Zeit)에 붙여 사용했던 도이치 언어 용례를 본보기로 든다. 먼저, 17세기의 시작 즈음에 '새로운 역사(historia nova)' 또는 '더 새로운 역사(historia recentior)'라는 라틴어 표현이 변화하는 경험의 성찰을 지시하는 표현으로 나타난다. 그러다가 18세기 중반에 이르면

12) 신채호(1909), 「신가국 삼관념(三觀念)의 변천 (속)」.

13) 김용섭(2011), 『역사의 오솔길을 가면서』, 618쪽.

14) Koselleck, R.(1989), *Vergangene Zukunft*, p.19.

'새로운 시간(neue Zeit)'이 시대 개념으로 널리 쓰이기 시작한다. 이 용례와 더불어 사람들은 지나간 세월과 확실히 구별성을 가지는 지금 시간이 바로 자신들의 고유 시대라는 의식을 길러 낼 수 있었다. 이렇게 나뉘는 시간 단위는 이제 '옛 역사'나 '중간의 역사'에만 얽히기보다는 지금에 이르는 기간 전체를 아우른다.

그 새로움의 언어 용례는 끊임없이 분화를 일으키는 가운데 임박한 '근대(Neuzeit)'의 등장에 앞서서 '최신의 시간(die neueste Zeit)'으로 이어지면서, 신기원의 문턱을 아주 빨리 가리키는 시대의 특징이 나타난다. 단어의 외형처럼 신속하게 나타난 그 시대 개념의 사례는 더욱더 빠르게 진행하는 경험 변화와 그 현상을 더 넓은 차원의 의식세계로 이끄는 경향성과 일치한다. 뒤이어 '근대'가 보편 규정의 형식으로 다듬어지는 중간 단계에 전성기를 이루는 전망 개념들의 작용도 두드러진 시대 상황 가운데 하나다. '혁명', '진보', '발전', '시대정신' 같은 표현은 전통의 언어 관례를 넘어서는 역사의 질을 획득하면서 이전에는 그럴 수 없었던 시간 지침을 나타낸다.[15)]

이렇듯 '근대'의 용례에 이르기까지 어느 만큼 시간이 지나가면서 다양한 의미 영역의 공동 구조를 묶어 내는 통시 성격의 공통분모가 만들어진 다음, 시대 구분에 적합한 '근대'가 하나의 규범개념으로 정착한다. 1870년대 후반, 그러니까 그 말이 처음으로

---

15) Koselleck, R.(1989), *Vergangene Zukunft*, pp.315ff.

널리 쓰이기 시작했던 시점에서 돌이켜 보면, 변화하는 경험의 속도를 의식하고 있던 개개 세대는 그때마다 앞으로 다가올 시간을 체감하고 있었던 셈이다. 그 무렵 사람들의 기대와 함께했던 관점들과 호기심들, 곧 '지나간 미래(vergangene Zukunft)'가 오늘날에 이르러 '진보'나 '시대정신'을 말하는 사람들에게 전해진다는 설명이 코젤렉 방식의 시간 해석학이다.[16]

여기에 비추어서 신채호의 '근세'를 들여다보면, 개념의 수용과 이식 과정에 어쩔 수 없는 난관이 함께하는 듯한 느낌을 피할 수 없다. 새로운 시간 동학을 표현하는 그 박래품 용어에 내면의 시간 계기가 담길 수 있는가라는 근본 질문에서 실마리를 찾을 만하다. 앞에 나왔던 '진정한 국가'의 논설이 맞춤해 보인다.

"생각해 보라. 우리 인류가 상고에 태어나 몸(身)의 관념이 넉넉지 못하면 맹수의 입에 미끼로 들어갈 것이며, 중고에 태어나 집(家)의 관념이 왕성하지 못하면 마귀의 손에 죽임을 당했을 것이며, 근세에 이르러 나라(國)의 관념이 떨치지 못하면 모두 함께 망조에 빠져 담담한 처소를 비둘기 집으로 내어주거나 번성하는 자손을 범 아가리에 던지고 말리라."[17]

이 글에서 신채호는 "우리 동국의 조선, 부여, 신라, 고구려 등"과 같은 표현에서 보듯, 원래 '인류 진보'의 추세에 맞추어서 자기 나라의 역사 시간 문제를 풀어내고 싶었을 것이다. 그러나 어떤

---

16) Koselleck, R.(1989), *Vergangene Zukunft*, pp.17ff.

17) 신채호(1909), 「신가국 삼관념(三觀念)의 변천 (속)」.

내용을 채워서 '우리'의 근대 국가를 묘사할 수 있었을까? 의미심장한 「진화와 퇴화」라는 글에 '우리나라'의 근대를 말하기 어려운 사정이 드러난다. 먼저, 인류의 '국가다운 생활의 발달'을 논하자면, 추장 시대(제1기)와 귀족 시대(제2기)를 거쳐서 전제 시대(제3기)를 넘기면 '제4기 입헌 시대'가 닥치는데, 이때가 아마도 '근세'에 들어맞을 것이다. 여기에 '우리나라'를 비추어 보면, 바로 그 '입헌 시대'를 말해 볼 여지조차 없다. 조선의 시작 즈음에 "슬그머니 제3기 전제 시대가 은밀한 가운데 점점 사라지고 도리어 일보를 후퇴하여, 제2기 귀족 시대가 다시금 돌아왔으니", 무슨 꾀 어떤 힘으로 갑작스레 '제4기'로 비약할 수 있을까.

신채호가 보기에 '우리나라의 문명관(文明觀)'을 사례로 들더라도 앞으로 나아가는 시간의 징후가 잘 드러나지 않는다. 아득한 옛적에 '문명의 맹아기'라고 이를 만한 시대가 있었으며, 그 뒤를 이은 성장기도 한국 문명사의 한 자락이다. 그러다가 그 과정은 고구려 중엽 이후의 쇠퇴기와 조선 초엽의 짧은 회복기로 이어지며, 조선 중엽 이후로 점차 '암흑시대'가 열렸다. "금세기에 들어서서는 드디어 참담하고 비분한 천지에 이르렀다."[18] 말하자면 '근세'든 '근대'든, 신채호는 그 새로운 시대의 수사와 함께 진보하는 한국 역사 과정의 서술을 계속 밀고 나아갈 수 없었다.

18) 신채호(1910), 「진화와 퇴화」, 《대한매일신보》 1910년 1월 8일.

문명의 진보?

하나의 주요 전망 개념을 사례로 역사 시간의 문제에 한 걸음 더 깊이 다가가 보자. 《대한매일신보》 시절의 신채호 논설에 더러 나오는 '문명'은 아주 오랜 전통 용어이면서 박래품의 시대 개념으로서 근대를 상징하는 이력을 갖기도 한다. 그 고전어가 일본의 토양에서 '새로움'과 '시간'의 작용 연관을 표현하는 서양 언어와 짝을 이루면서 하나의 번역어로 거듭났기 때문이다. 그런 만큼 그 언어유희 과정에 '근세'가 미처 다 채우지 못했던 시간 동학의 요소가 잠재하고 있었던가를 물을 만하다.

원래 중국 고전에서 비롯하는 '문명(文明)'은 '문덕(文德)과 지혜가 밝게 빛나는' 군자의 도리와 같은 뜻으로 통한다. 이 말이 일본에 건너가 '훌륭하고 멋있음'을 나타내는 일상어 표현으로 쓰였다. 바로 그곳에서 '문명'은 전통의 유교 이념과 크게 어긋나는 의미소와 접합하고는 '서양'과 한 몸을 이루는 운명을 맞이한다. 1868년, 후쿠자와 유키치(福澤諭吉)가 유명한 『서양사정(西洋事情)』 '외편'을 펴내면서 일상어 '분메이(ぶんめい, 文明)'를 'civilization'의 번역어로 짝지었을 때 '문명'은 곧 일본이 본받아야만 할 '서양' 그 자체로 거듭났다. 최초의 일본 유학생 유길준은 후쿠자와 문하에서 '서양'을 받아들이는데, 그가 귀국하는 뱃길에 '문명'도 함께 따랐다.[19)]

중국 고전어와 이름을 합친 'civilization'은 옛적 로마 시민을 일컬었던 라틴어 '키비스(civis)'에 뿌리를 둔다. 여기에서 나중 'civilization'에 이어지는 키빌리스(civilis: 시민다운, 예의 바른, 정치에 밝은)가 갈라져 나와 옛 그리스어 폴리티코스(πολιτικός: 폴리스다운, 시민의, 현명한)의 번역어로도 쓰였다. 우리에게도 익숙한 폴리스(πόλις)가 그 말의 원형이다. 이렇게 보면, 'civilization'에는 옛적 그리스 사람들이 지칭했던 '완전한 공동체', '최상의 정치 행위' 등의 뜻이 함께한다고 여길 만하다.

이와 같은 본뜻이 그 말 가운데 살아 있지 않았다면, 19세기의 문명사가 기조(François P. G. Guizot, 1787~1874)는 다음과 같은 말을 남길 수 없었을지도 모른다. "진보, 곧 발전이라는 사고방식은 … 문명이라는 말 가운데 들어 있는 근본 이념이다." 이 표현에는 "시민 생활의 완성"이 문명화의 목표라는 역사철학의 의미심장함이 들어 있다. "개개인의 삶과 내면생활의 발전, 곧 인간 자신과 그의 능력·감정·생각의 발전"이 문명의 '진보'를 채우는 의미소로 작용한다.[20]

이렇듯 'civilis'에서 유래한 '문명'은 추상성과 보편성의 지평에서 진보의 역사철학과 동반하면서 미래로 나아가는 시간의 질을 지시한다. 이로부터 한문 표현의 '문명'과 그 출발 언어들 사이에 어떤 의미소들의 겹침이 가능했는가를 물을 만하다.

---

19) 박근갑(2018), 「문명의 시간」, 《문명과 경계》 1, 107~186쪽.

20) Guizot, F.(1838), *Histoire générale de la civilisation en Europe, depuis la chute de l'Empire Romain jusqu'a la Révolution Française*, Paris: Didier, pp.3~31.

1883년, 유길준이 일본 유학에서 돌아오자마자 곧바로 쓴 것으로 여겨지는 몇몇 글에 새로운 의미론으로 거듭난 '문명'이 들어 있다. '세계 역사의 문명 진보', '문명한 여러 나라', '개화 문명의 진보' 등의 표현이 그 사례다.[21] 한국 글쓰기 역사에서 아마도 맨 처음 경이로운 개념들을 배치한다고 이를 만한 「세계대세론」은 문명개화의 등급을 야만, 미개, 반개, 문명의 네 단위로 분류한다. 마지막 단계의 '문명'은 세계가 거기로 향해 '진보하는' 궁극 영역이다. '참된' 문명개화란 경험 세계에 존재할 수 없다. 그 지점이 미지의 차원이기 때문이다. 그 세계에서 '문명 진보'는 이상형에 가까우며, 따라서 지리상의 우열 도식도 거기에 들어설 수 없다. 이처럼 유길준은 문명을 향해 진보하는 '세계 역사'를 표현하는 가운데 한국 지식의 역사에서 처음으로 시간성의 계기를 인식할 수 있었다.

그렇다면 '우리나라'의 문명은 어디로 향할 것인가? 그의 글에서 참다운 진보의 명제에 걸맞은 설명을 찾아보기 어렵다. 그는 그 토대가 내부의 고유성 가운데 구성 성격으로 잠재한다고 어렴풋이 알리지만, 문명이 포괄하는 의미 내용은 끝내 드러나지 않는다. 어림해서 보건대, 유길준은 한자어 문명과 번역어 문명이 각각 다른 가치체계와 도덕질서를 지시하고 있다는 점을 헤아릴 수 있었더라도, 낯선 개념 속에 들어 있는 미래 기획과 희망의 지

21) 유길준(1883), 「세계대세론」, 유길준전서편찬위원회 편(1971), 『유길준전서』 III, 3~121쪽; 유길준(1883), 「신문창간사」, 『유길준전서』 IV, 5~7쪽.

향점들을 잘 알 수 없었던 듯 여겨진다. 그래서 그는 문명으로 향하는 '진보' 그 자체는 표현했지만, 동서에 모두 걸칠 만한 그 교집합 요소들을 꼭 집어 말할 수 없었다.

'文明'과 'civilization'이 처음부터 서로 겹치기 어려운 내용을 각각 지시하고 있다는 개념 현상에 그 근본 문제점이 놓여 있다고 이를 만하다. 무엇보다도 번역 신조어에 이름을 빌려주었던 전통 용어의 내부에는 시간 동학을 표현하는 의미 요소가 빠져 있다. 따라서 번역 용어를 받아들이는 측은 어쩔 수 없이 '진보'를 말하는 가운데 시간의 동학을 표현하더라도 그 계기를 외부 언어에서 유추할 수밖에 없다. 말하자면, 개념의 번역과 수용 과정에는 피할 수 없는 아이러니 현상이 뒤따르는데, 그것은 무엇보다도 출발 언어와 도착 언어 사이의 불균등 관계에서 말미암는다. 이로부터 '새로운 시간'의 지평이 열린다면 그 계기가 내재 필요성과 필연성에서 비롯한다고 이를 수 있을까?

신채호의 '문명' 용례에 별다른 기미가 나타나는지 궁금하다. 1909년 3월 《대한매일신보》에 실린 「동화의 비관」에서 "외국 사회가 문명으로 나아가면 우리도 문명으로 나아갈" 수 있으리라는 희망의 메시지를 읽을 수 있다. '외국의 문물(文物)'과 거의 같은 뜻의 말로 보이는 '문명'은 '모방'의 대상이다. 바로 거기에 주는 쪽과 받는 쪽의 사상 수준이 '동등(同等)'해야 한다는 전제가 따라붙는다. "우리의 정신은 전혀 없이 저들을 복종하기만 좋아하며, 우리의 이해는 헤아리지 않고 저들을 모범으로 삼기만 애쓴다면"

그것은 '동등한 모방'이 아니라 '노예다운 모방' 곧 '동화(同化)'일 따름이다. 새의 '날갯짓 연습'과 같다는 모방에는 우리의 단점을 채워서 우리의 이로움을 꾀한다는 '법문(法門)'이 자리한다. 그렇지만 어떻게 또 무엇으로 '동등한' 수준의 '정신'을 일깨워야 하는지가 의문으로 남는다.[22)]

신채호가 망명길을 목전에 두고 썼으리라 여겨지는 「20세기 신국민」에서 그처럼 머뭇거리는 듯 모호했던 표현이 어떤 사연에 얽히는지를 읽을 수 있다. "오늘날 한국에 정신이 발달하였는가. 아니다. 실력이 확장하였는가. 아니다. 문명이 진보하였는가. 아니다." 그러니까 그가 어쩔 수 없이 이별을 고해야 하는 조국은 '바깥 경쟁'에 실패한 나머지 '처량한' 처지에 떨어졌는데, '완고한 구닥다리 습관'을 굳게 지키면서 '문명의 혁신'을 싫어했던 사정이 그 원인 가운데 하나다.

신채호가 보기에 아쉽기 그지없는 그 '문명'은 원래 서양처럼 동양에서도 찬란한 '빛'을 발한 적 있었다. 그러나 '인도의 문명'은 쇠락에 빠지고, '중국의 문명'은 '보수에 병들어' 시들고 말았다. 이와는 전혀 다르게 그리스와 로마에서 생겨난 '저 서양'의 '문명'은 암흑시대를 차츰 벗어나 '황금시대'를 되찾으니, 정치와 경제나 학술과 도덕 등등 거의 모든 '정신계와 물질계'에서 '장족의 진보'를 이룰 만큼 그 기운이 뻗치고 있다.

---

22) 신채호(1909), 「동화의 비관」, 《대한매일신보》 1909년 3월 23일.

그 덕택에 서양의 국가는 곧 '인민의 낙원'이며, 인민은 또 '국가의 주인'으로 바뀌어서, '평등과 자유의 정신'이 성공에 이르렀다. 그곳에서 '문명의 진보'는 '입헌공화의 복음'이 두루 퍼지는 과정과 겹칠 수밖에 없다. 그것은 바로 우리 '국민 동포'가 '잡아당겨야 할' 시간이며, '반갑게 맞이해야 할' 지평이다.[23] 이처럼 마땅히 '이천만 동포'가 세계 무대에 뛰어올라 '문명의 깃발'을 내세우는 '20세기 신국민(新國民)의 이상'을 펼치고자 한다면,[24] 내면의 발전 계기를 채 갖추지 못한 그 동력의 모범은 바깥으로부터 들여와야만 할 시간 경험이다.

이제 새삼, 근대성의 상징으로 삼을 수 있다는 민족과 민족주의의 의미론으로 되돌아가 시간의 잣대로 그 작용 연관을 살펴보자. 통합의 원리와 어울려야만 하는 그 개념 현상 가운데에서 기대와 새로움의 의미를 읽어낼 수 있을까? 《대한매일신보》 시절 미처 시간의 질에 맞닿지 않았던 신채호의 '민족' 용례가 그의 후기 글에서는 어떤 모습으로 나타나는지 물을 만하다.

1920년대 초반에 저서 형식을 갖춘 듯 여겨지는 『조선상고사』가 유별난 관심을 끈다. 바로 그즈음, 신채호가 점점 무정부주의 이념으로 기울어 가고 있던 때라서 더욱 그러하다. "이제 조선사를 서술하려 하면서 조선 민족을 아(我)의 단위로 잡고, … 민족의식은 어느 때에 가장 왕성하였고 어느 때에 가장 쇠퇴하였으며,

23) 「20세기 신국민 (속)」, 《대한매일신보》 1910년 2월 23일.

24) 「20세기 신국민 (속)」, 《대한매일신보》 1910년 3월 3일.

… 오늘 이후론 서구 문화와 북구 사상이 세계사의 중심에 서는데, 아(我) 조선은 그 문화사상의 노예로 들어가 소멸하고 말 것인지, 아니면 그것을 잘 삭여서 새 문화를 건설할 것인지 등을 나누어 서술함으로써 … 역사를 읽는 사람들 모두에게 조선 면목(面目)을 조금이라도 알리고자 한다."[25]

널리 알려진 '아(我)와 비아(非我)'의 명제가 글을 이끄는 가운데 민족의 '선' 자리를 구성하는 계기는 외부 세력과 얽히는 '접촉'에 매인다. 이를테면 조선 민족, 곧 '아'가 나타난 뒤에야 그 상대편에 선 묘족이나 한족 등의 '비아'가 존재할 수 있다. 뒤집어서 말하건대, '비아'에 선 상대편이 없다면 조선이라는 국명을 세우는 일과 같은 '아'의 작용도 있을 수 없다. 그러므로 '와'와 '비아' 사이의 접촉과 투쟁은 빈번하고 맹렬할 수밖에 없으며, 그 쉼 없는 정신 활동의 '상태'를 서술한 '기록'이 곧 역사다.

이렇듯 오묘한 표현은 한국 글의 궤적에서 전대미문의 사례다. 그러나 관념론자 피히테(J. G. Fichte, 1762~1814)의 자아(自我) 철학에서 빌려온 듯 보이는[26] 그 화려한 언어유희 가운데에서 새로운 시간 의식을 드러내는 민족의 용례를 찾기 어렵다. 조선의 역사란 '조선 민족'이 '아와 비아의 투쟁' 가운데서 발전해 온 '상태의 기록'이므로 글의 구성에서 중심으로 작용하는 그 민족은 그저 관찰의 대상이다. '조선 민족'의 이름은 좀체 미래의 지평에서 새로운

25) 신채호(1948), 『조선상고사』, 종로서원, 6쪽.

26) 더 자세한 설명은 이 장의 3절('아'와 '비아'의 투쟁)에 보인다.

형성 동력의 요소와 한 몸을 이룰 수 없다. 더군다나 그 존재는 바로 내부에 여러 갈래의 '투쟁'으로 이어질 만한 속성을 지니고 있다. "반드시 본위(本位)인 아가 있으면, 따라서 아와 대치한 비아가 있고, 아 가운데 아와 비아가 있으면 비아 가운데도 또 아와 비아가 있다."

이렇게 보는 민족 단위는 통합의 구성 이념이라는 근대주의 원리와 어울리기 어려우며, 따라서 거기로부터 새로운 정당화 모델을 기대할 수도 없다. 그러니까 '투쟁의 기록' 속에서 관찰하는 '조선 민족'이나 그 정신의 '활동'은 1908년 「독사신론」에 담았던 기대의 메시지, 이를테면 "오늘날 민족주의로 온 나라의 완몽을 불러 일깨우고 청년의 푸른 뇌에 국가 관념을 불어넣어서" 모두 함께 흥망의 공동 운명체로 뭉치자는 결기에서 훨씬 뒤처진 모양새를 보인다. 아무래도 무정부주의 이념이 민족국가 전망의 반대편 자리에 서는 만큼 1920년대 『조선상고사』 속의 '조선 민족'은 큰 공동체를 구성하는 통합의 원리와 버성길 수밖에 없었을 것이다.

1919년 10월 신채호가 상해임시정부의 대척점에 자리하는 《신대한》의 주필로서 창간사를 썼을 때, 그 글은 새로운 이념 경향성을 알리는 신호탄이나 마찬가지였다. "세계의 기록은 거의 전쟁의 기록이라. 그 전쟁은 또 두 종류로 나뉘니, 갑은 민족전쟁이요, 을은 계급전쟁이라. … 금번 세계전쟁이 끝나자 민족전쟁은 이미 일단락을 고하였다 함도 가하거니와 … 계급의 전쟁은 그 종극에 다다를 바를 모르겠도다." 그러니까 민족을 중심으로 삼는 '아와 비아의 투쟁'은 이제 그의 관심사도, '미래의 이상 세계'에서 '우리'가 지녀야만 하는 '신심(信心)'의 영역도 아니다. 그래서 신채호는 "이상의 국가보다 먼저 이상의 독립군을 제조할 주의를 가지고 본보(本報)가 출현"했다고 힘주어 말할 수 있었을 것이다.[27)]

민족 용례는 신채호의 후기 작품에서도 여전히 시대의 무대에 등장한다. 그렇더라도 그 모습은 대체로 '우리 조선'의 참상을 온몸으로 겪는 희생자 역할로 나타난다. '한국인 아나키스트들의 교과서'로 널리 알려졌던[28)] 1923년의 「조선혁명선언」에서 그러한 사례를 찾을 수 있다. "강도 일본이 우리의 국호를 없이하며, 우리의 정권을 빼앗으며, 우리의 생존에 필요한 조건을 다 박탈하였다. … '딸깍발이' 등쌀에 우리 민족은 발 디딜 땅이 없어 산으로 물로 서간도로 북간도로 시베리아의 황야로 몰리어가, 아귀(餓鬼)부터 유귀(流鬼)가 될 뿐이며, 강도 일본이 헌병 정치, 경찰 정치를 힘써 시행하여 우리 민족이 몇 발자국 행동도 임의로 못하고, 언론·출판·결사·집회의 일체 자유가 없어 고통과 원한이 있더라도 벙어리의 가슴이나 만질 뿐이요, …"[29)]

그즈음 신채호가 민족국가의 '이상'을 온통 내던졌다고 딱 잘라

27) 신채호(1909), 「신대한창간사」, 《신대한》 1909년 10월 28일(『단재신채호전집』 5권, 4~5쪽); 이호룡(2013), 『신채호 다시 읽기. 민족주의자에서 아나키스트로』, 돌베개, 259~262쪽.

28) 이호룡(2013), 『신채호 다시 읽기』, 189쪽.

29) 신채호(1923), 「조선혁명선언」, 『단재신채호전집』 8권, 891쪽.

말하기는 어렵겠지만, 그의 글에서 정치 권력의 유일한 원천으로 삼는 민족의 위상은 잘 드러나지 않는다. 다음 문장에서 그 사례를 읽을 수 있다. "조선 민족의 생존을 유지하자면 강도 일본을 쫓아낼지며, 강도 일본을 쫓아내려면 오직 혁명으로 할 뿐이니, 혁명이 아니고는 강도 일본을 쫓아낼 방법이 없는 바이다."[30] 민족주의가 신채호의 기대 지평에서 뚜렷했다면, 그 혁명의 힘은 민족에게서 나와야만 옳았을 터이다.

그러나 역사의 무대는 민족에게 그러한 자리를 내어줄 수 없었다. 이제 민중이 그 주역이었다. "금일 혁명으로 말하면 민중이 곧 민중 자기를 위하여 행하는 혁명인 까닭에 '민중혁명'이라 '직접혁명'이라 칭함이며, … 돈도 병력도 없는 민중으로 백만의 군대와 억만의 부력(富力)을 가진 제왕도 타도하며 외적도 몰아내니, 그러므로 우리 혁명의 제일보는 민중 각오의 요구니라."[31]

앞의 제2장에서 보았듯, 민족주의를 근대성의 원리로 받아들이면 민족이란 최대한의 자율성과 자기표현을 드러내면서 대규모 공동체의 구성 요인으로 작용해야만 한다. 이 기반 위에서 종족 전통의 유산을 물려받은 통치체제는 통일성과 독립성을 유지하면서 정당성의 지평으로 나아갈 수 있다. 여기에 비추어 신채호의 용례를 들여다보건대, 민족국가의 가치체계라는 근대성 이념이 잠들어 있는 민족을 일깨운 다음 그 정체성을 새로운 통치질서의

30) 신채호(1923), 「조선혁명선언」, 896쪽.

31) 신채호(1923), 「조선혁명선언」, 897쪽.

바탕으로 삼으려는 비전 따위를 기대하기 어렵다. 그런데도 애써 그의 작품 가운데에서 민족의식을 앞세운 '근대 역사학'의 시작점을 찾아야만 할까?

차츰차츰 민족국가의 유토피아에서 멀어져 갔던 그의 글쓰기[32]를 근대성의 상징으로 삼는다면, 그것은 곧 '새로운 시간'의 선각자로서 그 의식세계를 밀고 나아가라는 요청이나 마찬가지다. 그러나 그 인식 과제를 떠맡아야 하는 번역 개념 내부에는 앞으로 나아가는 시간의 계기가 들어 있지 않다. 이와 같은 부조화 현상에는 유럽식 진보 철학을 한국 역사 발전에 그대로 덧씌우려는 욕망이 들어 있다. 그러므로 이 문제를 풀어 볼 만한 실마리는 사실상 번역 용례의 외피와 짝을 맞추고 있는 원어의 의미 연관 내부에 들어 있다고 봄 직하다.

유럽 근대의 전망 개념들은 미래와 얽히는 관계에서 새로운 시간의 질을 나타낸다. 그 가운데 들어 있는 시간 의미는 하나의 중립 현상으로 드러나지 않는다. 그 내용은 곧 역사의 힘이다. 이로부터 사유 체계를 다듬은 '역사철학'은 앞으로 나아가는 시간에 속도를 더하고 역사를 제어하는 영광을 누린다. 바로 이때 전망 개념들은 시대의 변화를 가리키는 한편, 스스로 그 현상을 이끄는 요소로 작용한다.[33]

앞에서 몇 차례 나왔던 '문명'도 그 기류에 편승했던 사례 가운

32) 윤해동(2004), 『식민지의 회색지대』, 역사비평사, 193쪽 이하.

33) Koselleck, R.(2003), *Zeitschichten*, pp.298~335.

데 하나다. 이 개념은 '진보'와 더불어 새로운 세계로 향하는 기대의 지평을 열었으며, 바로 여기에서 문명의 역사는 진보의 철학으로 승화했다. 이러는 가운데 유럽 근대야말로 보편역사의 진보 그 자체라는 자의식이 '문명'을 더욱 힘센 개념으로 길렀다. 그것은 말하자면 하나의 시대 개념으로서 유럽 역사와 유럽 사람이라는 우월감의 표상이었다.

이렇듯 지나친 펼침, 곧 개념의 형성과 발전에 함께 했던 배타와 차별의 경향이 이미 그 고비와 쇠락을 예고했던 셈이다. 진보의 위기는 곧 문명의 위기였다. 1918년, 이른바 제국주의 문명국들 사이의 유럽 내전이 끝났을 때 두 개념은 다 함께 유럽의 자의식이기보다는 자기 회의의 상징이었다.[34]

'진보'와 짝을 이루었던 '문명'의 기대 지평이 "막연하고 불분명한 미래 속으로 뒷걸음치고" 말았다면, '새로운 시간'에 역사 인식의 정당성을 불어넣었던 해석학 명제도 아울러 '퇴조'의 운명에 놓이는가? "순전히 유토피아다운 기대의 유혹에 맞서야 한다." 해석철학자 폴 리쾨르(Paul Ricœr, 1913~2005)는 이 말과 더불어 코젤렉 방식의 개념 이해를 비판의 성찰 과제로 이끈다. 그가 보기에, 경험과 기대라는 비대칭성의 메타 범주 속에는 근대의 시간을 너무 '진보답게' 해석하려는 인간학 전제가 들어 있다. 시간성의 역사가 존재하려면 기대 지평과 경험 공간 사이의 온전한 긴장

34) 외르크 피시(2010), 『문명과 문화』(코젤렉의 개념사 사전 1), 안삼환 옮김, 푸른역사, 150쪽 이하.

관계를 인정해야만 한다.

그러나 그 사실을 받아들이는 바로 그 순간부터 인식 과정의 위기가 시작한다. 점점 더 넓혀지는 경험과 기대 사이의 간격 지점에서 새로운 시간의 믿음이 시작하더라도, 거기에서 비롯하는 긴장은 그 단절 지점이 이미 눈에 보였던 바로 그 순간에만 드러날 수 있기 때문이다. 인류의 희망이 이미 얻어진 경험 그 어디에도 닻을 내리지 못하고 그야말로 전례 없는 미래 속에 내던져지면, 그때부터 더 나은 미래를 과거와 이어 주던 진보 관념은 유토피아라는 공허한 언어유희에 자리를 내주는 경향성을 드러낼 수밖에 없다. 그러므로 경험과 기대 사이의 긴장이 흩어지지 않도록 역사 시간을 다시 성찰해야 하는 과제가 등장한다.

먼저, 미래 시간의 유혹에 맞서야만 하는 새로운 반성의 기획이 필요하다. 그러한 환상이 "흘러가고 있는 경험에 닻을 내리지 않고 있기" 때문이다. 기대 지평이 유토피아 속으로 사라지지 않도록 거기에 행위를 잇댈 수 있는 '중간 계획들'을 배치해야 한다. 아울러서 경험 공간이 너무 협소해지는 상황도 우려의 대상이다. 과거를 오로지 이미 다 이루어졌거나 변모할 수 없는 것, 한마디로 온통 지나가 버린 일이라고 보는 편향성에도 맞서야 한다. 간추려서 말하자면, 우리의 기대 규정은 더욱더 좁아져야 하며, 그 반대로 우리의 경험 규정은 더 많은 공간으로 열려야만 한다.[35)]

35) 폴 리쾨르(2004), 『시간과 이야기 3: 이야기된 시간』, 397~416쪽.

이제 우리는 '근대'로 향하는 진보의 계기와 그 시간의 경계 지점을 새롭게 물어야만 하는가?

2. 정당한 근대성

경계선

때마침, '근대의 정당성'을 인간학의 성찰 과제로 삼는 한스 블루멘베르크(Hans Blumenberg, 1920~1996)가 유럽 중심의 시간 해석학을 넘어서는 역사 이해를 실험한다.[36] 다음 글에 그 중심 논제가 담겨 있다. "'자기주장'은 … 하나의 생존 프로그램을 의미한다. 바로 그 테두리 안에서 인간은 스스로 자신을 둘러싼 현실을 받아들여 자신의 가능성을 쟁취할 만한 방법을 구상하면서, 어느 역사 사정에서도 견뎌내는 자신의 실존을 설정한다."[37]

여기에서 말하는 '자기주장(Selbstbehauptung)'이란 인간이 역사의 운명에 매이지 않도록 해 주는 의식의 작용이다. 따라서 인간이 역사를 만들며, 또한 그 바탕에서 역사 이해의 길이 열린다는 명

36) 박근갑(2021), 「경계의 시간—'근대(Neuzeit)'를 이해하는 방법론 소고」, 《개념과 소통》 27, 417~457쪽.

37) Blumenberg, H.(1996), *Die Legitimität der Neuzeit*, Frankfurt am Main: Suhrkamp, p.151.

제가 세워질 만하다. 그렇지만 여기에 지나칠 수 없는 유보 조건이 들어 있다. 곧 "인간이 역사를 만든다는 명제는 그와 같은 결과물이 기획과 법칙에 매인다는 점을 의미하지는 않는다." 따라서 우리는 역사 과정의 인물들에게서 역사 발전의 "요소보다는 오히려 그 결과물을 파악한다."[38] 이러한 변증의 논리는 '근대의 정당성'이 '하나의 역사 범주'에 속한다는 설명으로 이어진다.[39] 아울러서 정당한 시대 전환을 뒷받침하는 자기주장의 규범은 실제 역사 현상의 진단에 쓰이는 개념 도구이기도 하다.

이와 같은 논제와 더불어 블루멘베르크는 아마도 근대의 시작 지점에 이르러 처음으로 이론과 실천 사이의 화음을 이루는 인간학 조건을 염두에 두었을 터이다. 그의 설명처럼, 인간은 늘 자기주장의 투쟁을 쉼 없이 이어 갈 수밖에 없었지만, 그러한 사정이 인간다운 의식 과정에 맞닿을 수 있었던 가능성은 신기원의 경계 지점에서 열리기 마련이다.[40]

블루멘베르크 사유 체계에서 역사란 인간이 자기 스스로 만들어 가는 의식의 형성 과정이다. 이로부터 하나의 '신중한(diskret)' 인간학이 기본 구성을 갖춘다고 보면,[41] 그 서술 양식에서 두드러

38) Blumenberg, H.(1996), *Die Legitimität der Neuzeit*, pp.554f.

39) Blumenberg, H.(1996), *Die Legitimität der Neuzeit*, p.107.

40) Zill, R.(2020), *Der absoluter Leser. Hans Blumenberg. Eine intellektuelle Biographie*, Frankfurt am Main: Suhrkamp, pp.482f; Goldstein, J.(2014), "Selbstbehauptung," in Buch, R. and D. Wedner eds.(2014), *Blumenberg lesen. Ein Glossar*, Berlin: Suhrkamp, p.271.

진 용례로 나타나는 '의식(Bewußtsein)'이 관념론 텍스트의 중심 논제를 장식하는 '정신(Geist)'을 갈음한다. 그럼으로써 헤겔 철학에 깊이 드리워진 목적론 경향성과 거기에 맞닿는 진보의 기대가 기피의 자리에 놓인다. 아울러서 인간의 역사가 곧 의식의 역사라는 명제에는 그 과정이 항상 생성 상태에 있다는 의미가 들어 있다. 말하자면 인간의 의식화는 아직도 만들어지고 있는 미완성의 연속이다.

그 진행 선상에서 인간은 언제 어떤 계기로 자신의 인간다움을 자각하는가? 이 문제를 사유의 실험 과제로 삼을 때 '신기원의 문턱(Epochenschwelle)'이 하나의 발견 원리로 작용한다. 코젤렉의 '근대' 이해를 앞지르는 그 개념은 역사 변화들과 시대 전환을 새로운 방향 설정으로 이끌려는 설명 모델이다.[42] '새로운 시간'이 변화의 추세를 암시하듯, '문턱(Schwelle)'도 아울러 과거와 단절함이나 어떤 새로움을 뜻하는 은유의 표현이다. 흥미롭게도 블루멘

---

41) Goldstein, J.(2020), *Hans Blumenberg. Ein philosophisches Portrait*, Berlin: Matthes & Seitz, pp.37ff.

42) 블루멘베르크는 1950년대 후반부터 '신기원의 문턱'이라는 표현을 즐겨 쓰기 시작하는데, 코젤렉은 1960년대 후반부터 그와 비슷한 개념들, 이를테면 '새로운 시간'이나 '경계선의 시간(Sattelzeit)' 같은 용어를 내어놓는다. 그즈음 코젤렉과 블루멘베르크는 같은 대학의 동료 교수였을 뿐만 아니라 유명한 학술 그룹 '시학과 해석학(Poetik und Hermeneutik)'의 동인이었다. 게다가 두 사람은 신생 빌레펠트(Bielefeld) 대학에 새로 만들어지는 역사 및 철학 학부의 창립위원에 함께 속했으며, 그 대학에 세워진 학제연구센터(ZiF)를 '시학과 해석학'의 기지로 삼으려는 기획에 뜻을 같이 했다. 박근갑(2021), 「경계의 시간」, 436쪽 이하.

베르크는 옛적 로마 시대에 국경 방어벽을 지칭했던 '리메스(limes)'와 '문턱'을 짝 지운다. "그 누구도 시대 변혁을 목격하지 못한다. 시대 전환은 눈에 띄지 않는 국경선(ein unmerklicher Limes)과 같아서 의미심장한 날짜 또는 사건에 매여 있지 않다. 그러나 세심하게 살펴보면 아직 도달하지 않았거나 이미 넘어선 것으로 드러나는 하나의 경계선이 그어져 있다."43)

블루멘베르크가 이처럼 샛길이나 지름길, 또는 나라와 나라 사이의 경계선을 뜻하는 'limes'를 시간의 의미 연관으로 이끌었을 때, 그는 옛 게르만 전사들이 부지불식간에 넘어서고 말았던 로마 제국의 방어선을 연상했을지도 모른다. 아마도 근대의 시작 지점에서 새로운 언어와 더불어 미래의 기대를 드러냈던 사람들 또한 자기도 모르는 사이에 '지금'과 이전 시간을 가르는 상상의 구분선을 긋고 있었을 것이다.

이로부터 한 시대에서 다른 시대로 넘어가는 '경계의 시간'을 구성한다면, 이 은유의 표현에 어떤 전제조건이 따라붙을까? 이 질문은 곧 신기원의 시간과 그 변화 지점을 둘러싼 문제점들을 근원에서부터 역사주의와 다르게 풀어 가야만 하는 사유 방법을 암시한다.

블루멘베르크는 이렇게 설명한다. 다른 경계선들, 이를테면 어른 됨이나 죽음으로 넘어가는 경계선처럼, 시대 전환의 문턱은 오

---

43) Blumenberg, H.(1996), *Die Legitimität der Neuzeit*, p.545.

로지 하나의 방향을 내재한다. 그것은 거역할 수 없는 하나의 분기점이다. 누군가 거기를 넘어섰다면, 그는 다시금 되돌아갈 수 없다. 그렇더라도 한 시대에서 다음 시대로 넘어서는 경계선은 다른 구획 지점처럼 눈에 띄도록 분명하지 않다. 그것은 분명히 그어진 선(Linie)이기보다는 모호한 한 변경 지대에 속한다. 한 사람 어른이 어린아이로부터 자라나는 바로 그 지점이 어디라고 정확하게 단정할 수 없듯, 시대 전환기는 누구에게도 잘 드러나지 않는다. 이러한 의미에서 그 경계 지점은 어디에 꼭 맞출 수 있는 역사 사건이라고 말할 수 없으며, 그것은 오히려 방향 설정의 변화로 이해할 만하다.

그 시간 추이 가운데에서 어떤 사안들이 경계선을 넘어서 마침내 무슨 결단을 내려야만 하는 사정에 이른다고 추론해 보자. 이를테면 시대의 변화 국면을 규정하는 문제점을 두고서 곤경에 처한 사상가들의 관점을 문제 삼을 수도 있다. 이때 세계와 자기 자신을 이해하고 설명하는 방법이 아직도 가능한지 아니면 이미 사라진 그 효력을 무엇으로 메꾸어야 하는지를 두고서 의미심장한 질문이 나올 수 있다.[44)]

블루멘베르크는 여기에 '경계의 시간'을 겪었던 두 사람 증인을 내세운다. 한 인물은 15세기 환경에서 추기경의 자리에 올라 성과 속 양쪽의 영예를 다 누렸던 신학자 니콜라우스 쿠자누스(Nicolaus

44) Brient, E.(2014), "Epochen," Buch, R. and D. Weidner, eds., *Blumenberg lesen. Ein Glossar*, Berlin: Suhrkamp, pp.72~86.

Kusanus, 1401~1464)이다. 그다음 사례는 지오르다노 브루노(Giordano Bruno, 1548~1600)인데, 젊은 수도사 시절 쿠자누스의 작품에서 감화받은 적 있었던 그는 이단과 방랑의 생활을 계속하던 끝에 바로 17세기의 시작 즈음 로마 광장에 쌓은 장작더미 위에서 생을 마감했다. 서로 다른 시대와 다른 삶을 살았던 두 사상가는 시대 전환의 증언을 어떻게 표현하는가?

블루멘베르크의 설명에 따라 읽을 수 있는 두 증인의 근본 질문은 그 발생 지점에서 일치한다. 그들은 한결같이 전통 신학에서 다져진 신의 무한성을 우주의 속성으로 바꾸어 놓을 수 있는가를 물으면서 시작한다. 이 질문을 두고서 다르게 내려진 대답을 미세하게 분석할 때 비로소 신기원의 경계를 가르는 그들의 관점이 드러난다. "그 경계 지점은 시대 사이의 불일치를 강요하기 위해 무슨 일이 일어나야만 하는지를 해명한다."[45] 그러므로 신기원의 전환은 어느 특정한 역사 순간에 시작하지 않는다. 그것은 오히려 경계 지점에 걸친 어느 때 근본 관점의 변화와 더불어 나타난다. 이러한 점에서 두 인물 가운데 누구도 신기원을 직접 설계하지는 않았지만, 그 증언자로 남을 수 있었다.

쿠자누스는 물론 저명한 추기경답게 신과 우주의 속성에 얽힌 자신의 근본 생각을 어느 한도의 의미 안에서 표현했다. 그는 절대 신의 무한성과 그보다는 좀 더 줄어든 우주의 무한성을 구별

45) Blumenberg, H.(1996), *Die Legitimität der Neuzeit*, p.545.

한다. 그의 생각에 따르면, 오로지 신성 내부에서 이루어지는 삼위일체의 두 번째 위격(位格), 곧 성자의 위상만 무한한 절대성의 완벽한 표현이다. 여기에 반하여 브루노는 신성 내부에서 이루어지는 삼위일체의 세 위격과 신성 바깥의 세계 창조 사이를 도그마답게 구별하는 이념을 포기한다.

이와 같은 위치 이동을 두고서 블루멘베르크는 쿠자누스의 관념 속에서 굳건한 삼위일체의 두 번째 위격이 브루노의 사유 체계에서는 우주의 위상으로 자리바꿈한다고 본다. 이로부터 경계선의 양쪽 면에서 같은 뜻의 체계 가운데 세계와 자기 자신을 근본에서부터 이해하여 설명하려는 욕구가 밝혀진다. 쿠자누스 자신은 여전히 전통 신학 이념에 매여 있었지만, 라이프니츠나 뉴턴에 앞서는 수학의 원리에 기초하여 무한한 우주 체계를 유동성으로 관찰하는 동학에 기울어 있었다. 이로부터 그는 신의 초월성이란 모든 대립을 융화하는 무한한 절대성에 있다고 이해하면서, 인간과 우주와 더불어 매개 관계에 서는 신성에 강조점을 두고자 했다. 이러한 생각은 인간학다우며 우주론에 근거하여 사려 깊게 갖추어진 성찰로 이어져 근대의 도래를 지시하는 사유 체계를 형성한다. 곧 그가 굳게 지키고자 했던 전통의 삼위 체계에서는 물론 무한존재로 자리하는 신의 절대성이 여전하다. 그렇지만 그 질서 안에서 신의 속성에 미치지 못하는 우주의 무한성이 은밀한 형태로 함께하며, 아울러 그것과 버금갈 만큼 잠재력을 갖춘 인간 지성이 조화의 구성에 한몫 끼고 있다.

이로써 보건대, 쿠자누스는 근대로 넘어가는 경계 지점에 서 있었던 인물이다. 브루노의 사정은 달랐다. 그는 삼위 체계에 근거하는 쿠자누스의 조화이념을 받아들였지만, 우주의 무한성에 어떠한 한계 의미를 두지 않으면서 중세 신학의 근본 이념을 내던질 수 있었다. 무한한 우주의 불멸을 신의 완벽한 드러남이라고 보는 그의 견해는 우연성의 천지창조와 신성의 육화를 신과 인간 그리고 세계 사이의 간격을 이어 준다고 믿는 중세 신학 이념의 부정을 뜻한다. 그것은 곧 영원하고 광막한 우주 가운데에서 인간의 자유를 위해 축하 미사를 집전하는 '자기주장'의 행위였다. 이렇게 해서 그는 '경계의 시간'을 넘어설 수 있었다.46)

인간다운 자기주장

이제 코젤렉 방식의 시간 해석학과 차별성을 갖는 '신기원의 문턱', 곧 시대 전환의 심층 의미가 좀 더 선명하게 드러난다. 경험과 기대 사이의 의미 연관에는 '진보'의 계기들을 지나치도록 넓게 추론할 만한 위험이 도사린다. '경계선'의 뉘앙스는 어느 만큼 다른 면모를 보인다.

무엇보다도 언어 의미에 담긴 근본 요소들을 상징체계로 구성

46) Blumenberg, H.(1996), *Die Legitimität der Neuzeit*, pp.545ff; Brient, E.(2014), "Epochen," pp.79ff; Heidenreich, F.(2005), *Mensch und Moderne bei Hans Blumenberg*, München: Wilchelm Fink Verlag, pp.175ff.

하는 과제가 블루멘베르크 인간학의 중심 주제다. 거기에는 늘 언어 작용이 침투하거나 반영해야만 하는 두 가지 상반 지점이 놓여 있다. 한편에서는 어떠한 절대 존재처럼 무정하며 너무 무시무시해서 도저히 친근하게 다가갈 수도 없는 현실 세계의 막강한 힘이 있다. 그 반대편에는 약하고 무능하면서도 무언가를 꾸며 내는 재주에만 탁월한 인간이 거기에 맞설 방안을 마련하느라 늘 긴장하며 살고 있다.[47)]

바로 이와 같은 사유 토대에 '경계선'의 은유 의미가 얽혀든다. 그것은 곧 '인간다운 자기주장(humane Selbstbehauptung)'을 끌어내기 위한 하나의 이해 방법이다. 그의 표현에서 보건대, 현실의 절대성이라는 '한계 개념'은 "인간이 자신의 존재를 결정하는 조건들을 거의 움켜쥐지 못했으며, 더욱이 중요하게 그렇다고 믿을 수도 없었다는 사실을 의미한다."[48)]

이와 같은 밑바탕의 사유 체계를 '경계의 시간'에 적용하면, 바로 그 지점에서 인간다움을 내세우는 존재가 자신의 자아를 발견하면서 자기주장을 떨쳐 나갈 수 있다는 설명이 나온다. 이로부터 늦은 중세에서 이른 근대로 넘어가는 경계 지점에서 존재의 자기현시를 표현하는 이성의 펼침을 '정당한' 자기보존(Selbsterhaltung)의 욕구라고 이해할 수 있다. 그것이 이를테면 14세기 유명론의 사유 체계처럼 사변으로 무장하고 극단으로 치달으면서 날카로워

47) Blumenberg, H.(1996), *Die Legitimität der Neuzeit*, pp.150f.

48) Blumenberg, H.(2006), *Arbeit am Mythos*, Frankfurt am Main: Suhrkamp, p.9.

진 신의 전지전능함, 곧 세계와 인간 이성의 합리성 근거에 의문을 제기하도록 위협하는 바로 그 무서운 권능에 맞섰기 때문이다.

이렇듯 경계선의 의미 연관 가운데 '근대의 정당성'이라는 주제가 얽혀 있다는 점에서 '문턱'의 은유는 '기대 지평'의 의미와 다른 위상에 있다. '정당한' 인간다움의 자기주장은 신학상의 절대주의(theologischer Absolutismus)에 맞서는 안티테제다. 중세 말기 극단으로 치우쳤던 세계관이 근대의 인간성에 권한을 부여했으며, 아울러서 불가피하게 그러도록 강요했다는 사유 방식에 그 정당함의 근거가 자리한다.[49]

블루멘베르크의 '정당한' 근대성 명제는 바로 그와 같은 '절대성'과 '인간다움'이라는 대립 관계에서 시작한다. 그가 이해하는 신학의 절대주의란 전지전능함에 두는 믿음, 곧 인간의 이성에 맞닿지 않는 신의 절대 권능이다. 거기에서 신성이란 인간의 계산 가능성 밖에 있다. 그래서 신은 인간에게 불확실하면서 기댈 수도 없으며, 무엇이라 설명할 수도 없는 존재나 마찬가지다. "절대 권능(potentia absoluta)의 개념 속에 가능한 것의 무한성이 얽혀 있다."[50]

이렇듯 신은 늘 어느 한계에도 매이지 않는 전능함의 지형에 존

---

49) 블루멘베르크는 '근대의 정당성'을 표제로 삼은 그의 책 제2부, 곧 '신학의 절대주의와 인간다운 자기주장(theologischer Absolutismus und humane Selbstbehauptung)'에서 이 주제를 집중해서 다룬다. Blumenberg, H.(1996), *Die Legitimität der Neuzeit*, pp.135~259.

50) Blumenberg, H.(1996), *Die Legitimität der Neuzeit*, p.169.

재한다. 무엇이든 자의대로 할 수 있는 신은 무에서 만들어 낸 세계의 창조를 아무 때나 되돌려 놓을 수 있다. "스스로 절박하지 않으며, 자신의 표명이 그 어떤 결과에도 매일 수 없는 신은 시간을 완벽하게 불확실성의 차원으로 만든다."[51] 이렇게 해서 시간 본성에 따라야만 하는 속세는 인간 정신의 작용에서는 어쩔 수 없는 장애 공간과 같아진다. 그 가운데서 신의 목적과 의지는 그 피조물에게 드러나지 않는다.

이렇듯 감추어진 절대 신은 "인간이 창조의 합리성을 통찰하도록 허락하지 않는다."[52] 그러므로 불확정 삶을 이어야만 하는 피조물은 철저히 우연성의 존재로 남을 따름이다. 그러나 바로 이 점에서 인간을 지배하는 창조 신앙에 균열이 생겨나기 시작한다. 말하자면 구속력 있는 신의 질서 구조는 최대한으로 넓혀진 바로 그 자체의 절대성 탓에 상실의 길에 접어든다. 드디어 신이 무한 권능의 속성에 따라 예측할 수도 기댈 수도 없는 존재로 드러날 때 창조의 질서와 인간의 의미를 함께 포괄했던 신학은 형이상학의 근거를 잃고 만다. 그래서 '숨은 신(deus absconditus)'은 인간에게 '죽은 신'이나 마찬가지 의미로 남는다.[53]

간추려서 보자면, 블루멘베르크의 '자기주장' 명제는 인간 주체 가운데서 생성하여 점점 의식 형성으로 자리 잡는 새로운 시간의

51) Blumenberg, H.(1996), *Die Legitimität der Neuzeit*, p.181.

52) Blumenberg, H.(1996), *Die Legitimität der Neuzeit*, p.164.

53) Blumenberg, H.(1996), *Die Legitimität der Neuzeit*, p.404.

심층 의미를 나타낸다. 그것은 곧 인간의 삶에 얽혀 있는 현실 구조를 두고서 점증할 수밖에 없는 의구심을 인간답게 처리하는 화해의 표상이다. 이와 같은 자기보존의 요구가 시간성의 경계를 초월하여 발생할 수 있다고 본다면, 무엇이 그 특별한 새로움의 형식을 조성했을까? "중세는 그 자체의 정신 체계 내부에서 인간에게 믿음을 가져다주는 창조의 '섭리'를 더는 유지할 수 없어서 인간다운 자기주장의 짐을 인간에게 지웠을 때 마지막에 다다르고 말았다."[54]

블루멘베르크는 이를테면 앞서 보았던 브루노의 사유 체계를 은총의 상실과 같은 무질서의 보상으로 여긴다. '경계의 시간'을 넘어서고 있었던 그 이단의 방랑자에게 세계는 무언가 해독해 낼 만한 뜻을 감추고 있는 비밀 공간이 아니었다. 그의 생각을 유추해 본다면, "하나의 세계가 존재한다는 사실은 본질 가운데 있는 것이지, 신성의 의지 가운데 근거하지는 않는다. 세계는 인격 없는 신의 반대 개념이다. 그래서 세계는 발현이지만, 계시일 수는 없다. 계시는 감출 수 있음과 비밀리에 간직함을 가능성의 전제 조건으로 삼는다. 세계는 신성의 포고가 아니다. 그러므로 세계는 '피조물의 장부(帳簿)'일 수는 없다."[55]

인간 이성의 자기보존 요구와 거기에 얽히는 방법 사유는 어떤 근거에서 '정당함'의 성격을 얻는가? 절대 신의 질서 체계가 무너

54) Blumenberg, H.(1996), *Die Legitimität der Neuzeit*, p.151.

55) Blumenberg, H.(1996), *Die Legitimität der Neuzeit*, p.664.

져 내린 빈 틈바구니에서 인간은 스스로 '무에서 만들어 내는 창조(creatio ex nihilo)'를 실행하고, 세계 구성의 원리를 떠맡는 자리바꿈에 따라 우연성을 극복하기 위해 '만들어 내는 인간(homo faber)'의 자리에 들도록 강요받는다. 이때 인간은 자기보존을 자기 손에 맡기는 방법 외에 그 어떠한 가능성도 누릴 수 없다. 바로 그 절박함에 블루멘베르크 사유 방법의 강조점이 들어 있다.

'인간다운 자기주장'이란 중세 신학의 경계선에서 벗어난 인간이 자기 자신에게 스스로 허락한 전권 위임도 오만함도 아니다. 인간은 스스로 자기 자신을 높여서 신의 자리에 앉지도 않았다. 신의 절대성 그 자체가 어쩔 수 없는 반대편 긴장을 불러일으켰다. 그 인간학다운 특징은 요구와 도전, 문제 제기와 논쟁을 도외시하지 못하도록 작용하는 이성의 근본 성격과 다를 바 없다.

"자기주장으로 나아가도록 몹시 강요받는 사정 아래에서 신기원의 이상은 무(無)에 근거하는 … 자기 확립으로 나타난다."[56] 한마디로, 인간다운 자기주장이란 어쩔 수 없는 사정에서 나온 자주권 요청의 결과이면서 이성의 자기보존을 강요받은 시대의 산물이기도 하다. 그것은 곧 인간이 역사의 운명에 매이지 않도록 작용하는 이성의 힘이면서 "신기원을 이룩하는 추진력의 화신이다."[57] 이 명제와 더불어 블루멘베르크는 역사 과정의 의미심장한 문제점들을 해석학의 한 자락 사유 실험으로 이끌 수 있었다고

56) Blumenberg, H.(1996), *Die Legitimität der Neuzeit*, p.108.

57) Blumenberg, H.(1996), *Die Legitimität der Neuzeit*, p.154.

이를 만하다.[58]

자기주장의 논제를 둘러싼 근대의 정당성 질문은 유럽을 중심으로 삼는 역사 이해의 궤도 전환에 쓰일 만하다. 누군가 근대의 합리주의를 유럽 역사 과정에 특별히 나타난 현상으로 이해하여 근대성을 기독교 종말론의 세속화 결과물로 파악한다면, 그는 부당하게도 다른 문화권에서는 서양의 근대와 꼭 닮은 발전 과정을 요구도 질문도 하지 않을 것이다.

그러나 블루멘베르크 논증에 따라 근대의 시작이란 새로운 방향 설정을 뜻하며, 전통의 종교 유산을 질로 삼는 구조라기보다는 다만 언어 의미를 이어받으면서 본성의 새로움을 내세우는 과정이 그 시간의 특성이라고 이해한다면, 유럽 바깥의 문화권에서도 그 역사를 극복할 만한 계기가 만들어질 수 있다는 신뢰를 내세울 만하다. 그렇다면 틀림없이 또 다른 상황들이 서구 중세 말기의 현상과 같은 하나의 질서 상실로 이어질 것이며, 또 다른 자리 바뀜이 뒤이어 일어날 것이며, 또 다른 언어 의미의 존속이 유산으로 남을 것이다.

이러한 인간학 논제는 보편성과도 같은 현상들, 곧 여러 언어권에 동반하는 다양한 신화, 상징체계, 순수 은유 등을 수용하는 한편, 이 문화 요소들을 서구 사례와 전혀 다를 바 없는 자기주장의 성찰 징후로 삼을 수 있다. 거기에서 의미심장한 인물들이 자신들

58) Goldstein, J.(2014), "Selbstbehauptung," Buch, R. and D. Weidner, eds., *Blumenberg lesen*, pp. 260~275.

의 절박성과 필요성에 따라 자기보존의 요구를 합당하게 내어놓자마자 그들의 종교 원천은 상대성의 가치를 얻고, 따라서 그들 사유의 우연성은 논쟁의 대상에서 사라질 터이다.[59]

블루멘베르크 방식의 발견 원리는 한국의 근대성을 질문하는 방법 논증에서 어떤 실마리를 가져다줄지도 모른다. 왜냐하면 시대 전환을 이끌 만한 사건들, 이를테면 르네상스나 종교개혁 또는 시민혁명 같은 변혁의 사안들이 뚜렷이 잘 드러나지 않는 역사 여건 가운데에서 인간다운 자기보존의 논제가 지나친 진보의 부담을 완화할 수 있기 때문이다.

이와 더불어, 번역 신조어가 근대의 시간 구성을 지배할 수밖에 없는 불균등 구조 속에서도 내부 계기의 자기주장 요소를 발견할 수 있다. 무엇보다도 고유한 문화 전통이 깊은 관찰의 대상에 오를 수 있다. 그 역사 과정에는 중세 유럽의 신과 같은 절대성의 존재가 빠져 있더라도 우리는 완강한 전통의 이념 지형에 맞서고자 했던 이단 사상가들의 계보를 새롭게 만들어 볼 수도 있다.

이때 바로, 근대의 신기원을 상징하는 정당성은 전능한 신과 같은 절대 존재를 먼 거리에 두어야만 하는 자기방어로부터 생성할 수 있다는 설명 모델로 작용한다. 블루멘베르크 논제에 따르면, 인간다운 자기주장의 대척점에 두 가지 절대 존재를 상정할 수 있다. 앞서 보았듯, 전지전능한 신의 절대성이 하나의 이념 과제로

59) Heidenreich, F.(2005), *Mensch und Moderne bei Hans Blumenberg*, pp.127ff.

등장하는데, 자기보존의 요구는 곧 그 부담을 완화하는 생존 프로그램의 기능을 갖는다. 그다음으로 우리 삶의 현장에서 나타나는 현실의 절대성(Absolutismus der Wirklichkeit)이 대결의 상대편으로 나타난다. 여기에 맞서는 인간다운 자기주장은 옛적부터 이어 온 이야기 전래에 그 작용의 힘을 비축하고 있다.

무엇보다도 신화는 그 절대성의 힘을 줄여서 인간 친화의 요소로 삼는 작업 가운데 으뜸이다. 그 본성은 모든 도그마의 반대편이다. 도그마는 실천 행위를 강요하는 윤리 계명으로서 인간에게 극한성의 고난과 순교를 요구하는 반면, 신화는 그 어떠한 호소나 행위 지침을 내어놓지 않는다. 오랜 세월 이어지는 신들의 이야기는 인간 심리의 밑바탕에 놓여 있는 불안감을 억제하고, 이 세상의 적나라한 현실이 불러일으키는 공포심을 물리치는 과업을 맡는다. 그 기능이 이성과 로고스의 근대 시점에도 끊임없이 이어지는 근거를 찾을 수 있다. 곧 인류는 늘 세계 방향 설정의 한 요소로서 심층 의미(Bedeutsamkeit)를 요구하기 때문이다.[60]

우리는 이제 이렇게 물을 수 있다. 우리 역사 과정에서 전능한

60) 블루멘베르크는 신화에 담긴 '심층 의미'를 이렇게 설명한다. "심층 의미는 현실이 삶을 거스르는 저항과 그 저항을 감당할 만큼 만들어 주는 에너지 공급 사이의 관계를 표현하는 결과로 나타난다. 오디세우스는 자신의 귀향이 의미 회복의 운동이라는 이유에서만 신화다운 성질을 지닌 인물인 것은 아니다. … 그는 엄청나기 그지없는 저항들을 실행했기 때문에, 곧 밖으로 드러난 장해 요소들뿐만 아니라, 안으로 모든 동기 부여가 구부러지고 조용히 가라앉는 현상들을 다 극복했기 때문에, 그와 같은 인물의 묘사로 나타날 수 있다." Blumenberg, H.(2006), *Arbeit am Mythos*, p.86.

신과 같은 힘을 지닌 절대 존재를 발견할 수 있으며, 거기에 맞서는 자기보존의 화신을 무엇이라고 설정할 수 있을까? 이 땅의 문화 현상 가운데에서 전통 극복의 계기로 작용하는 어떤 요소들, 이를테면 자기방어의 정당성을 표현하는 상징체계나 이념 세계, 특히 전래 이야기의 서사 구조 속에서 그 형상을 갖추는 신화나 그 비슷한 표상을 찾아낼 수 있을까?

우리가 손쉽게 '단군' 신화를 떠올려 본다면, 어떤 이야기 행위가 그 현상에서 '현실의 절대성'에 맞서는 어느 역할을 맡았다고 추정할 수 있을까? 거기에는 어떤 도그마가 반대편의 권능으로 자리하고 있으며, 전래의 신이나 그와 비슷한 힘을 지닌 존재의 이야기는 그 힘을 분산시키려는 어떤 역할을 맡았을까? 매 위기의 순간에 거듭해서 나타났던 단군의 표상은 특히 '근대'의 시점에 어느 특별한 시대 요청에 무슨 상징 표현으로 화답했으며, 바로 거기에서 방향 설정의 변화를 유도하는 자기주장의 요구를 발견할 수 있을까?

3. 새로운 방향 설정

'아'와 '비아'의 투쟁

망명 시절 신채호의 글에서 자기주장이나 자기보존의 명제와 자못 어울리는 표현들을 찾아볼 수 있다. 먼저, 1910년대 말기 즈음 초고 형식의 저술로 만들어졌다고 보이는 『조선상고문화사』[61]에서 오랫동안 전통의 '국시(國是)'로 작용했던 '사대주의'에 맞서 '진정한 조선사'를 발굴하려는 뜻이 선연하다. 여기에는 이를테면 김부식이 『삼국사기』를 지을 때 "외국 문화로써 본국을 정복하고 유교로써 국교를 대신하려" 했다는 비판 의식에 근거하여 중국의 역사 과정에 매여 있는 '동이열전(東夷列傳)의 주석'을 뛰어넘어 '독립의 조선사'를 새롭게 구성하려는 열망이 들어 있다.

그 시작점은 바로 '우리' 종교와 정신생활의 아르케와도 같은 단군의 표상 세우기다. "화랑의 별명은 '국선(國仙)'이라 하고 '선랑(仙郎)'이라고도 하였고, 고구려 '조의(皂衣)'의 별명은 '선인(仙人)'이라 하였으며, 『삼국유사』의 화랑을 '신선지사(神仙之事)'라 하였으니, 신라의 화랑은 곧 고구려의 조의(皂衣)에서 나온 자다. 고구려 역사에서 이르기를 '평양은 선인 왕검(仙人 王儉)이 자리 잡은 곳(平壤者 仙人王儉之宅)'이라고 하였는데, 이 말은 곧 선사(仙史)의 본문이다. (그러므로) 단군이 곧 선인(仙人)의 시조(始祖)이며, 선인은 곧 우리의 국교(國敎)이고, 우리의 무사도이며, 우리 민족

61) 한영우(1996), 『한국 민족주의 역사학』, 일조각, 164쪽 이하; 이호룡(2013), 앞의 책, 123쪽. 『조선상고문화사』는 1931년 10월 15일부터 이듬해 5월 31일까지 모두 41회에 걸쳐 《조선일보》 연재 글로 세상 빛을 보았다. 이 책에서는 신채호(2007), 『조선상고문화사』(『단재신채호전집』 3권, 독립기념관 한국독립운동사연구소)를 인용 문헌으로 삼는다.

의 넋이고 정신이며 우리 국사(國史)의 꽃이거늘, 그 원류는 말하지 않으면서 다만 당나라 사람이 지은 「신라국기(新羅國記)」나 「대중유사(大中遺事)」의 본문을 인용하여, 진흥대왕이 화랑 세우던 일만 말하는 까닭은 무엇이뇨?"[62]

간추려서 보자면, 고구려의 조의(皂衣)와 선인(仙人, 先人) 그리고 신라의 화랑(또는 선랑)과 국선(國仙)은 모두 시조 단군으로 거슬러 오르며, 그 '신앙' 행위와 양식이 곧 '우리' 민족의 넋이자 국사의 꽃이며 '국수의 중심'이다. 여기에 뿌리를 둔 조선의 정치가 중국의 상고 시대를 압도했다는 주장에 인식의 파괴력이 도사린다.

> 대개 단군 이후 천여 년 동안의 조선을 보건대, 그 정치제도는 고대에서 가장 빼어났으며, 그 문화의 발달도 이웃 나라 여러 민족이 모범으로 삼을 만하였으니, 만약 그 자손들이 무력으로 그 문화를 보호하며 확장하였더라면, 조선은 진실로 동양 문명사의 우두머리 자리를 차지하였을 뿐만 아니라 지구 전체의 땅을 독점하였을 것이다.[63]

신채호가 보건대, 중국 상고 문화는 단군이 조선 땅에서 이룩한 '성덕대업(盛德大業)'에서 비롯했다. 이를테면 단군 시대의 5부 제도가 하나의 모범이다. 그 나라에서는 '공화정부의 장관'과도 같

62) 신채호(2007), 『조선상고문화사』, 366쪽 이하.

63) 신채호(2007), 『조선상고문화사』, 386쪽.

은 5부의 대가(大加)가 번갈아 정권을 맡으면서 천여 년 동안 아무런 갈등 없이 통치질서를 이었다. 그래서 이웃 나라의 현자들이 그 정치를 노래하고 꿈꿀 수 있었다.

단군 1천여 년 무렵 중국 열국의 몇몇 학자가 조선 5부 정치를 이상으로 여기면서 그곳 전제의 광란을 막으려고 단군의 '성스러운 통치'를 전했던 사례에서 조선 문화의 우월함을 잘 알 수 있다. 그러나 단군 2천여 년 이후로 진나라 시(始)황제나 한나라 무왕의 기염에 눌려 감히 드러낸 채 5부 제도를 칭송할 수 없는 사정으로 바뀌었으니, 그 속 좁은 중국 땅의 '국수주의'를 안타까워할 수밖에 없다.

그렇지만 멀리 거슬러 올라가 보면, 바깥세상에 미친 단군 '5부의 고풍'은 여러 사적에 역력하다. 중국 상고의 삼황오제 가운데 복희(伏羲)와 신농(神農)은 '조선의 선민(先民)'으로 팔괘(八卦)와 농법을 처음 '지나(支那)에 이식한 성인'이며, 그 뒤 순(舜)임금은 조선의 식민 출신이었다. 그리고 오행(五行)이나 홍범(洪範)과 같은 우주 질서의 원리가 모두 조선에서 수입해 간 사상 체계라는 점은 그저 그러한 사례들 가운데 몇몇일 따름이다.64)

그런데도 오늘날 조선의 아이들도 주공(周公)이나 공자(孔子)의 이름을 다 외지만 단군 후예의 이름들은 까마득해졌다고 하니, 신채호의 탄식이 절절할 만도 하다. "오호라! 선현들의 문집이 백

---

64) 신채호(2007), 『조선상고문화사』, 371쪽 이하.

권 천 권 많다고 하나 그 모두가 『주자대전』을 주해한 것들이며, 5백 년 문명의 전형은 전부 중국 사상의 번역이니, 조선사에서 쓸 만한 가치는 어디에 있느뇨."[65]

단군의 정치를 증언할 만한 문헌 자료가 없다는 근거에서 신채호의 서술을 "한낱 억측에 지나지 않을 뿐"[66]이라고 평가 내릴 만도 하다. 아무래도 그는 서둘러 사대주의와 유교에 맞서는 사유의 모험을 벌이는 가운데 편린(片鱗)처럼 남아 있는 기록 조각들을 주워 모아 상고 시대 문화 현장을 상상해 냈을 것이다. 전래의 단군 이야기를 시대에 맞도록 재구성해 보려는 뜻이 없었다면, 「낭객의 신년 만필」 가운데 들어 있는 다음 표현도 나올 수 없었을지도 모를 일이다.

> 우리 조선 사람은 매양 이해 이외에서 진리를 찾으려 하므로 석가가 들어오면 조선의 석가가 되지 않고 석가의 조선이 되며, 공자가 들어오면 조선의 공자가 되지 않고 공자의 조선이 되며, 무슨 주의가 들어와도 조선의 주의가 되지 않고 주의의 조선이 되려 한다. 그리하여 도덕과 주의를 위하는 조선은 있고 조선을 위하는 도덕과 주의는 없다. 아! 이것이 조선의 특색이냐. 특색이라면 특색이나 노예의 특색이다. 나는 조선의 도덕과 조선의 주의를 위하여 곡하려 한다.[67]

---

65) 신채호(2007), 『조선상고문화사』, 367쪽 이하.

66) 한영우(1996), 『한국 민족주의 역사학』, 173쪽.

1925년 1월 한 편의 신문 논설로 나온 이 글에서는 '조선'의 위상을 발견하려는 자아의식이 두드러진다. 짙어만 가는 위기의 그늘이 분투하는 우국지사에게 '서 있는 지점'의 자각을 불러왔을 것이다. 그 의식세계는 아직 조선다운 '주의'의 해명에 맞닿지 못하더라도 묘한 시대의 울림을 전한다.

'우리 조선'을 중심에 두는 표현 양식은 비슷한 시점의 글로 보이는 '아와 비아'의 논제와 서로 통한다. 이 말이 들어 있는 『조선상고사』의 '총론'은 "역사란 무엇이뇨?"라고 물으면서 전대미문의 가설과 명제를 실험한다.

> 인류 사회의 '아와 비아'의 투쟁이 시간부터 발전하며 공간부터 확대하는 심적(心的) 활동 상태의 기록이니, 세계사라 하면 세계 인류가 그렇게 해 온 상태의 기록이며, 조선사라 하면 조선민족이 그렇게 해 온 상태의 기록이다. 무엇을 '아'라 하며 무엇을 '비아'라 할 것인가? 깊이 파헤칠 일 없이 얕게 말하자면, 무릇 주관 위치에 선 자를 아라 하고 그 외에는 비아라 하느니, … 아와 대치한 비아가 있고, 아 가운데 아와 비아가 있으면 비아 가운데도 또한 아와 비아가 있다. 그래서 아에 대한 비아의 접촉이 빈번하고 심할수록 비아에 대한 아의 분투가 더욱 맹렬하여, 인류 사회의 활동이 휴식할 사이가 없으며 역사

67) 신채호(1925), 「낭객의 신년 만필」, 《동아일보》 1925년 1월 2일.

의 앞길이 결정지어질 날이 없으니, 그러므로 역사는 아와 비아의 투쟁 기록이니라.[68]

이렇게 '아'의 '주관 위치'를 발견하고자 했던 신채호의 언술과 함께 한국 지식의 역사에서 비로소 자아의 지형학이 시작한다고 이를 만하다.[69] '아'와 '비아'를 서로 대립하는 의미 연관 가운데 세우면서 '투쟁'의 서술을 이어 가는 표현이 위기 시대를 넘어 오랜 세월 공명하는 구호라는 점에 경이로움을 느낄 만하다. 그렇듯 놀라움의 기법은 어떻게 한 편의 역사 작품에 불쑥 나타날 수 있었을까? 그 유래는 어디며 어떠한 의미 내용을 지니고 있을까?

한국 사학의 역사에서 거의 숨겨져 있는 이 질문은 청년 시절부터 신채호를 고무했던 량치차오(梁啓超, 1873~1929)의 수사법 세계로 이끈다. 신채호의 글쓰기 고비마다 등장하는 그 중국 계몽사상가의 한 편 저술에서 '아'와 '비아', 그리고 '쉴 틈 없이' 나타나는 '정신의 각투' 같은 표현을 찾을 수 있다. 그는 1915년 피히테의 '인간 소명' 철학을 논평하는데,[70] 바로 거기에 '자유의지'와 '독립정신'으로 이어지는 '이성의 아(理性之我)' 또는 '진아(眞我)'를 풀이하는 설명이 있다.[71]

68) 신채호(1948), 『조선상고사』, 1~2쪽.

69) 박정심(2013), 「신채호의 '我'에 관한 연구」, 《동양철학연구》 76집, 63쪽.

70) 梁啓超(2008), 「菲斯的人生天職論述評」, 『飮冰室文集』 三十二卷, 70 ~ 88쪽.

71) 한국 애국계몽의 지사들이 흠모했던 량치차오가 피히테 철학을 소개했던 시점이 홍

량치차오는 피히테 철학에서 어떠한 성찰을 얻었을까? 이 질문에 들어가기에 앞서 그가 피히테의 글을 만나는 과정을 보자. 먼저, 일본어 번역본이 눈에 띈다. 원래 피히테는 프랑스혁명의 와중에 자유와 이성의 철학 과제를 쉽게 풀어쓴 몇몇 저술을 펴냈다. 그 가운데 인간 본연의 사명을 서술했던 세 권의 책[72]이 일본에서 『인생해결: 인간천직론』이라는 제목으로 묶여 나왔다.[73] 도이치 언어의 원서를 읽을 수 없었던 량치차오는 틀림없이 이 일본어 번역서를 손쉽게 이용했을 것이다.

량치차오가 쓴 피히테의 논설은 주로 그 책의 '전편', 곧 *Einige*

미룹다. 그 무렵 그는 일본 망명 생활을 접고서 위안스카이(袁世凱, 1859~1916) 정부의 내각에 함께하면서 정치 개혁의 꿈을 이루고자 했으나, 결국 군벌 세력의 권모술수에 이용당한 뒤 좌절 가운데 있었다. 그러면서 그 계몽의 사도에게 쏠렸던 대중의 기대도 함께 사그라졌다. 늘 시대를 선도했던 명망가에게 무언가 반전의 기회가 필요했다. 때마침 1915년 1월 일본은 제국주의 정략을 숨기지 않았던 '21개 조'를 위안스카이에게 건넸다. 바로 이때 량치차오는 피히테의 글에서 혼돈의 중국 '정체'를 구원할 수 있으리라는 언어들을 발견했다. 그러면서 그는 다시금 서구 지식을 흔용하는 중국식 계몽의 위력을 각인할 수 있었다. Kurtz, Joachim(2012), "Translating the Vocation of Man: Liang Qichao(1873-1929), J. G. Fichte, and the Body Politic in Early Republican China," in Martin J. Burke and Melvin Richter eds., *Why Concepts Matter: Translating Social and Political Thought*, Leiden/Boston: Brill, pp.153 ~ 175.

72) Fichte, J. G.(1794), *Einige Vorlesungen über die Bestimmung des Gelehrten*, Jena and Leipzig: Christian Ernst Gabler; Fichte(1806), *Über das Wesen des Gelehrten, und seine Erscheinungen im Gebiete der Freiheit*, Berlin: Himburgische Buchhandlung; Fichte(1800), *Die Bestimmung des Menschen*, Berlin: Bossische Buchhandlung.

73) フィヒテー 著(1906), 『人生解決 : 人間天職論』, 杉谷泰山 譯, 東京: 博文館. 이 번역서는 앞에 예시한 세 권의 피히테 원전을 각각 '전편', '중편', '후편'으로 나누어 담고 있다.

Vorlesungen über die Bestimmung des Gelehrten(배운 사람의 사명을 설명하는 몇 차례 강의)의 번역 내용을 요약한 것이다. 그는 거기에 담긴 자아 관념의 선험론을 나름대로 중국의 정치 현실에 알맞도록 윤색했다. 아마도 신채호는 다시금 량치차오의 글에서 주요 용어들과 사유 방식을 빌려서 『조선상고사』 서문의 첫머리를 장식할 수 있었을 것이다. 서양 철학자의 자아 관념이 한자어 표현을 통하여 한국 지식사회에 이르는 전이 과정은 먼저 원전 내용을 살펴보는 일에서 출발해야 옳을 터이다.

피히테의 소명 철학은 이성다우면서도 유한하고 감성에 충실하지만 자유로운 인간 존재의 인격과 도덕을 성찰하는 과제를 지닌다. 그것은 비이성 존재를 자기 자신에게 종속시키고, 고유한 법칙에 따라 그 존재를 자유롭게 지배해 가는 도덕 선의 궁극 목적이다. 이 원리를 뒤따르는 사명의식은 '순수 자아(das reine Ich)'의 바깥에 존재하는 '비아(das Nicht-Ich)'를 전제한다. 이성의 인간은 그 자체로 존재하지만, 감성 경험을 지니는 인간은 언제나 바깥에 있는 무언가를 통하여 자기규정을 갖는다. 그러므로 "순수 자아는 오직 부정으로만, 곧 비아의 반대편으로 드러난다. 비아의 성격은 다양성이지만, 순수 자아는 물론 완벽하게 동일성의 절대 표상으로서 늘 바로 그것이다."[74]

좀 더 설명하자면, 인간은 항상 자기 자신과 합일해야만 한다.

74) Fichte(1794), *Einige Vorlesungen über die Bestimmung des Gelehrten*, p.11.

곧 인간은 자기 자신과 어긋날 수 없다. 그 가운데에 어떠한 상이성도 없으며, 그것이 늘 하나이고 바고 그것이기 때문이다. 그러나 바깥 존재로 규정성을 갖는 경험 자아는 자기 자신과 어긋날 수 있다. 그만큼 경험 자아는 자기 자신에 근거하기보다는 바깥 존재의 규정에 매인다. 그렇지만 인간은 자기 목적이기 때문에 그렇게 존재할 수 없다. 그는 자신을 이루는 그 무엇 그대로 존재할 수밖에 없다. 말하자면 인간이란 자신의 준칙을 자신에게 맞는 영원한 법칙으로 새길 수 있도록 행동해야만 한다. 그러므로 모든 이성 존재의 궁극 사명은 합일의 절대성, 곧 자기 자신과 이루는 완벽한 조화다. 이 정체성의 절대 존재가 순수 자아의 형식, 곧 유일하게 진정한 그 형식이다.

자기 목적에 따르는 인간의 과제는 외부의 사물과 그것을 규정하는 개념을 일치시키는 과정이다. 그것은 단순한 의지를 넘어서서 더 높여진 숙련을 요구한다. 그러한 성과가 곧 '최고선'의 궁극 목적에 이르기 위해 최상의 수단으로 여길 만한 '문화'다.[75)]

이처럼 인류의 교양 형성이 자아 고유의 개념에 따라 자아 바깥의 다양성을 동일성으로 변화시키는 과정이라고 밝히는 피히테의 명제는 인간이 개인을 넘어 사회 수준에서 완성해야만 하는 사명의 예비 조건이다. 사회란 이성다운 존재자들 사이의 연관 관계이며, '개념에 따르는 상호작용' 곧 '합목적의 공동체'라고 이를

---

75) Fichte(1794), *Einige Vorlesungen über die Bestimmung des Gelehrten*, p. 15.

수 있다.[76] 이렇게 자기 자신과 동등한 바깥의 이성 존재를 인식 작용으로 끌어들이는 힘은 인간 자신이 그러한 타자와 함께 사회 속에 위치해야만 한다는 조건 아래에서만 가능하다. 개개인은 자기 고유의 이상에 따라 타자를 한 인간이라고 인정할 만한 개념을 시험해 보면서, 다른 존재도 그 개념에 합치하도록 이끌려고 애쓴다.

자유로우며 이성에 충실한 사회를 바라는 피히테의 성찰 과제는 일본어 번역서에 어떻게 전해졌을까? 번역 작업은 처음부터 축약과 의역을 염두에 두었던 듯 여겨진다. 몇몇 곳에서 원전 내용이 다른 뜻으로 바뀌었기 때문이다.

하나의 사례만 보자. 피히테는 원래 순수 자아의 이념형에 따라 사회의 사명을 밝히면서 국가라고 부르는 경험 기구의 목적을 인간의 절대 목적과 엄밀히 구별해서 보았다. "인간이 만든 모든 기구처럼 단순히 수단에 멈추고 마는 국가는 자기 자신을 소멸시키는 방향으로 나아간다. 통치를 쓸모없게 하는 것이 곧 통치의 목적이다."[77]

사변의 명제로 나온 이 원리는 인류 앞에 선험 형식으로 놓여 있는 국가 소멸의 지점을 밝힌 표현이다. 이럴 때만 '자유를 통한 상호작용'이 전체 사회의 맨 마지막이면서 가장 좋은 목표로 이어질 수 있다. 이와 같은 '완전성'의 의미는 일본어 번역에서 되살아

76) Fichte(1794), *Einige Vorlesungen über die Bestimmung des Gelehrten*, p.39.

77) Fichte(1794), *Einige Vorlesungen über die Bestimmung des Gelehrten*, p.33.

나지 않았다. 사회 일반과 '특수한 형태'의 국가를 혼동하지 말아야 한다는 언명은 사라진 채 모호한 번역 문장이 글의 의미 구성을 다음처럼 흐려 놓는다. "그러므로 국가는 모름지기 원대하게 큰 계책을 쓰면서 이상 사회를 향해 나아가야 할 것이다."[78]

량치차오는 여기에서 더 나아가 원전의 의미 연관을 완전히 뒤집어 놓는다. "피히테는 이어서 국가의 위치를 논의한다. 그것은 인류 최고의 이상으로서, 이성이 원만하게 이루어지도록 하려고 애쓴다. … 국가는 우리의 최고 이상을 실현하는 하나의 큰 수단이다. 그러므로 국가 기관을 맡은 사람은 마땅히 국가가 그처럼 중대한 책임을 진다는 사실을 알아서 그것을 완수하는 방법을 생각해야 한다. 국민의 한 구성원을 이루는 사람도 또한 국가가 나를 위해 그 중대한 책임을 진다는 사실을 마땅히 알아서 온 정성을 다해 국가를 사랑해야 할 것이다."

이처럼 량치차오는 아무런 망설임 없이 피히테의 '인생 천직'을 다시 고쳐 쓰는 가운데 곧바로 원전의 사유 체계에서 벗어났다. 이때 그는 이상주의 철학자의 시대 상황과 자기 당대의 국가 위기를 하나로 보면서 자아 고유의 본성과 사회 영역의 책임을 중국의 정치 현실에 접목했다. 이때 '최고선'의 이상은 량치차오의 논설에서 하나의 영감으로만 남는다.

무엇보다도 개개 이성의 상호작용은 국가에 봉사하는 도덕성

78) フィヒテー 著(1906), 『人生解決 : 人間天職論』, 15쪽.

자아의식으로 바뀔 수밖에 없었을 것이다. 당면한 그의 관심사는 위기를 딛고 회생하여 최고의 이상을 실현할 수 있는 국가의 과제에 있었다. 이 줄기에서 사회 구성원은 '인류 최고의 이상'을 실현하기에 적합한 '우월한 자'와 그렇지 못한 '열등한 자'로 나뉠 수밖에 없었다. 이렇게 다시금 사회진화의 원리가 글의 중심에 들어섰다. 그러나 그것은 피히테의 소명의식과 조금도 얽힐 리 없는 수사법이었다. "피아(彼我) 정신의 투쟁은 쉴 틈이 없어서 우월한 자가 늘 승리하고 열등한 자가 늘 패배한다. 그렇게 알지도 깨닫지도 못하는 사이에 사회는 스스로 매일 선으로 향해 나아간다."[79]

이처럼 중층의 굴절을 거친 인간 소명의 원리가 신채호의 글쓰기에 어떠한 영감을 미쳤는지 궁금하다. 그가 '아와 비아의 투쟁'이 누구의 말에서 유래한다고 밝힌 적 없으므로 거기에 담긴 의미연관이 온통 문제의 량치차오 글에 맞닿는다고 단정해서 말하기 어렵다. 그렇지만 다음과 같은 량치차오의 해설은 『조선상고사』 머리글의 몇몇 대목을 새삼 떠올리게 한다.

먼저, 피히테가 인간다운 소명 원리의 중심으로 삼는 '순수 자아'를 량치차오는 '진아(眞我)'로 바꾸어 부르면서 다음 내용의 설명을 덧붙인다. '비아'가 없다면 '아' 또한 없다. 내가 내 존재를 알 수 있는 계기는 비아와 상대한 뒤에 생긴다. 비아의 존재를 알고 나와 상대시키는 것이 바로 감각 작용이다. 비아가 존재하여

79) 梁啓超(2008), 「菲斯的人生天職論述評」, 80~82쪽.

나와 상대하지만, 나에게 영향을 주는 인연의 지경은 계속하여 끊임없다. 요약하자면, 나는 나를 위해 존재하면서 타고난 나의 지혜에 따라 분별 행위를 결정한다. 피히테가 말하기를, '아' 바깥의 '비아'는 때론 나에게 해롭고 때론 나에게 큰 이익을 끼친다. 여기서 해롭다는 것도 깊은 사리를 따져보면 역시 유익한 수단과 같은 뜻이다.[80]

이로부터 인간이 사회에서 가져야만 하는 사명의식이 나온다. 비유해서 보자면, 나의 칠척(七尺) 체구(體軀)가 나의 일부와 물의 일부가 결합하여 이루어지는 원리와 같다. 이 물의 일부는 '아'이면서 '비아'다. 나의 체구 바깥에 있는 기타 동류의 인간도 아울러 나의 일부와 물 일부의 결합이다. 엄밀히 말하자면, 다른 인체 가운데 있는 나의 일부(개개 사람의 이성)는 '비아'이면서 '아'다. 따라서 내가 내 몸 바깥의 인간을 볼 때나 내 몸 바깥의 만물을 볼 때 그 관념에 어떤 차별이 없어야만 한다. 이와 같은 원리는 다음 결론에 이른다. 곧 내 자유의지의 영향은 타인에게 미치고, 타인 자유의지의 영향은 나에게 미친다.[81]

신채호의 주요 명제, 곧 주관 위치에 선 존재가 '아'이며 그 밖에는 모두 '비아'이고, '아'의 내부에도 '아'와 '비아'가 있는 한편으로 '비아' 안에도 또한 '아'와 '비아'가 있다는 표현 등등의 대강은 량치차오의 해설 글에서 길어 올린 내용이라고 여길 만하다. 이러

80) 梁啓超(2008), 「菲斯的人生天職論述評」, 75쪽 이하.

81) 梁啓超(2008), 「菲斯的人生天職論述評」, 77쪽 이하.

한 '아'와 '비아'의 접촉이 아주 빈번함에 따라 '비아'를 두고서 벌이는 '아'의 투쟁도 더욱 맹렬하여 인류 사회의 활동에 멈춤이 없다는 논제도 앞서 보았듯 타자와 나 사이에 벌어지는 '정신의 투쟁'이 쉴 틈 없다고 하는 량치차오의 설명 그대로다. 그러면서도 그가 잘못 받아들인 국가의 이상은 신채호의 글 가운데 나타나지 않는다. 무정부주의 이념에 기울고 있던 신채호가 원전 내용과 뒤틀린 '국가의 위치', 곧 인간 이성과 국가 이성의 합일이라는 명제를 받아들이기 어려웠을 것이다.

원래 피히테가 『배운 사람의 사명을 설명하는 몇 차례 강의』에서 표현하는 '순전한 이성'의 원리라면 또 모를 일이다. 그가 밝히는 '사회 속의 사명' 가운데 국가와 함께하는 삶은 인간의 절대 목적들 아래 놓이지 않는다. 오히려 그 삶은 오로지 '완벽한 사회'를 이룩하는 과정에서 잠시 '수단'으로 작용할 따름이다. 이성의 판관이라면 선험 지식으로 구상해 볼 수 있는 인류 진보의 궤도 위에서 모든 국가 기관이 소멸해 가는 지점을 확신할 수 있다.

이러한 내용에 감감할 수밖에 없었던 신채호는 다행히도 량치차오의 해설 글에서 다음 구절에 깊이 주목했으리라 짐작할 수 있다. "피히테는 또 이렇게 말했다. 인류 발달의 극치는 이성의 화동(和同)이 이루어지는 것이다. … 이미 동일 이성이 그 근원이라면, 화동이라는 목표를 향해 점차 나아갈 것이다. 완전히 그 목표를 달성하면 이성의 본체와 평등은 하나로 합친다. 이는 곧 이른바 지선(至善)에 이르는 것이다."

신채호가 '아와 비아'의 논제를 구상할 즈음 크로폿킨(Pyotr Alexeyevich Kropotkin, 1842~1921)의 상호부조론에 깊이 공감하는 가운데 차츰 무정부주의 이념 세계에 빠져들어 갔다고 보면,[82] 피히테 방식의 '최고선'과 공생의 권리 및 행복을 말하는 아나키스트 구호가 하나의 겹침 현상으로 작용했을 가능성은 추론의 실험 과제로 남는다.

고유의 독립사상

신채호는 량치차오의 손을 거친 자아론 텍스트 가운데서 몇몇 맞춤한 표현을 가려내어 한국 지식의 역사에서 예사롭지 않은 '주관'의 지형학을 실험했다고 추정할 만하다. '아'는 곧 학문이나 그 밖의 어느 영역에서든 '반드시' 원래 있어야만 할 자리, 바로 판단이나 관점의 중심에 서 있어야만 한다는 명제 가운데 자기주장의 꿈과 짐이 함께한다고 여길 수 있다. 그러니까 신채호는 '조선 역사' 과정에서 새로운 방향 설정의 시간이나 계기를 묻고 있는 셈이다.

'아와 비아의 투쟁'을 드러내는 '기록' 속에서 어떤 인물 어느 사건이 그 경계 지점을 증언하는가? 『조선상고문화사』에서 그러

82) 크로포트킨, P. A.(2005), 『만물은 서로 돕는다. 크로포트킨의 상호부조론』, 김영범 옮김, 르네상스; 이호룡(2013), 『신채호 다시 읽기』, 172쪽 이하; 신복룡(2008), 「신채호의 무정부주의」, 《동양정치사상사》 7-1, 75쪽 이하.

한 사유의 흔적을 찾을 수 있다. "태조는 북벌론자 최영(崔瑩)을 죽이고 고려의 왕통을 빼앗아 창업하였으므로 그 후세 자손은 사대주의(事大主義)를 국시(國是)로 삼았다." 그래서 그 아들 태종은 유교로써 건국의 정신으로 삼고자 하여 '해동비록(海東祕錄)'을 불살랐다. 그 뒤 세종 때부터 성종 때까지 학자 관료로 활약했던 양성지(梁誠之, 1415~1482)는 단군 이래 고유 풍속을 보전하자는 의견을 내었지만, 그의 주장은 끝내 배척의 운명을 피할 수 없었다. 임진왜란 몇 년 전에 정여립(鄭汝立, 1546~1589)은 '백성이 귀중하며, 임금은 가벼울 따름'이라고 주장하다가 마침내 역모로 몰려 참형을 당하고 말았다. 또 서산대사와 사명당을 선과(禪科)로 발굴하여 불교 중흥을 꾀했던 보우(普雨, 1509~1565)는 요사스러운 승려로 몰려 베임을 당했으며, 옛적 법도와 관습을 지키지 않고서 새로운 학문 계보를 세우고자 애썼던 윤휴(尹鑴, 1617~1680)는 유교 교리를 어지럽힌 죄목으로 사형을 면할 수 없었다.[83]

이처럼 스쳐보는 듯한 '기이하고도 나쁜 풍습'의 역사 속에서 사대주의와 그 종지(宗旨)를 이루는 유교가 커다란 문제의 과제로 두드러진다. 그 이념 세계는 단군조선 이래 '본연(本然)의 면목(面目)'을 가려 덮어 온 도그마 경향성이며, 바로 '조선사'에서 올바른 진보의 길을 가로막았던 '이교(異教)'일 따름이다. 그러므로 목숨을 내어놓으면서도 거기에 맞섰던 몇몇 인물의 주장은 중국 사상

83) 신채호(2007), 『조선상고문화사』, 367쪽 이하.

의 번역이나 다름없었던 '5백 년 문명의 전형(典型)'으로는 '난적'의 처지에 내몰리겠지만, '아주 바로잡아 놓는' 정신의 역사 서술이라면 그들의 위상을 '원래 조선의 모습'에 걸맞게 기록했어야 옳을 터이다.

이로써 서구 사례와 다를 바 없이 옛 시간과 새로운 시간을 가르는 상상의 경계선이 드러날 수 있을까? '아와 비아'의 논제 가운데 좀 더 세심한 설명이 있다.

> '아'나 그 상대편 '비아'의 '아'도 역사성의 '아'가 되려면 반드시 다음 두 가지 속성을 가져야 한다. ① 상속성(相續性)이니, 시간상으로 끊어지지 않는 생명을 일컬으며, ② 보편성이니, 공간상으로 파급하는 영향을 말한다. … 똑같은 사건일지라도 두 가지 속성, 곧 상속과 보편의 강약에 따라 역사 재료로 쓰일 만한 분량이 크기도 하고 작기도 하다. 이를테면, 김석문(金錫文)은 3백 년 전에 지구가 둥글다는 학설(地圓說)을 앞장서서 주장한 조선의 학자이지만, 브루노가 내세웠던 바로 그 학설과 꼭 같은 형세의 역사상 가치를 거기에 매겨 줄 수 없다. 브루노의 학설로 말미암아 유럽 각국에서 탐험 열기가 미친 듯 달아올라 아메리카 신대륙을 발견하기에 이르렀지만, 김석문의 학설은 그러한 결과를 가져오지 못했기 때문이다. 정여립은 4백 년 전에 군신강상설(君臣綱常說)을 타파하려고 했던 동양의 위인이지만, 그를 두고서 '민약론(民約論)'을 저술한 루소와 동등

한 역사 인물이라고 할 수 없다. 정여립의 주장에 다소 영향을 받은 칼계나 양반살육계 등 전광석화처럼 한때 반짝했던 거동이 그 무렵 없지는 않았으나, 그 일이 루소 이후의 거대한 파도처럼 마침내 장엄하게 떨쳤던 프랑스혁명에는 비할 수 없기 때문이다.[84]

이 글에서 첫 번째 유럽 사례의 증인으로 등장하는 '브루노'는 바로 앞서 보았던 블루멘베르크의 '정당한' 근대성 논제에서 신기원의 상징으로 그려지는 바로 그 사람이다.[85] 이러한 인물 배치는 우연 가운데서도 뜻밖의 사연에 속하겠지만, 시대와 시대 사이의 불일치를 온몸으로 표현했던 유럽 이단의 본보기가 신채호의 글에 다시금 나타난다는 사실을 두고서 어떤 경이로움을 느낄 만하다.

새로운 시간의 경계 지점을 선명하게 드러냈던 브루노 학설의 파급 효과는 사실상 중세 신학의 절대성을 넘어서도록 강요했던

84) 신채호(1948), 『조선상고사』, 2~3쪽.

85) 신채호는 그 이름을 '후루노'라고 적는데, 아마도 일본어나 중국어 발음 관습이 그러한 호칭을 낳았을 것이다. 1906년 보성중학교에서 나온 『윤리학교과서』에서 맞춤한 참고 용례를 찾을 수 있다. "부루노(富婁老)는 이탈리아의 철학자이니 당시의 가짜 학문을 통박(痛駁)함으로써 몸이 불타서 죽임당함에 임하여, '너희들이 나를 사형에 선고함은 내가 사형을 당함보다 더 무서워할 일이라 하고' … "[신해영 편술(1906), 『倫理學敎科書 卷一 卷二』, 보성중학교 발행, 60~61쪽]. 신채호가 어느 글에서 어떤 한문식 이름의 '브루노'를 발견했는지 알 수 없지만, '富婁老'처럼 '후루노'라고 부를 만한 용례를 어딘가에서 찾았을지도 모른다.

방향 설정의 파괴력 그 자체였다. 그가 하나의 신념 체계로 굳혔던 태양 중심설은, 신채호가 이해하는 지구 구형설을 훨씬 뛰어넘어서, 신의 천지창조를 우주의 무한 질서로 바꾸어 놓는 사유의 혁신이었다. 여기에 견줄 만한 김석문(金錫文, 1658~1735)은 서양의 지구 자전설을 받아들여 조선 천문학의 분기점을 이룰 만큼 새로웠던 '역학(易學)'의 이론가였다. 그의 '지전설'은 지구 중심의 우주론에 근거했으며, 그 바탕을 이루는 '태극설(太極說)'은 주자학 전통의 세계관에서 벗어나지 못했다.[86]

그러므로 절대성과 인간다움이라는 대립 관계의 설정에서 김석문과 브루노의 사례를 대등한 위상의 비교 대상으로 보기 어렵다. 다만 양쪽 학설의 차별 내용을 세밀히 다 알기 어려웠을 신채호가 주관 '의식'의 상속성과 보편성을 말하는 가운데 자기주장의 규범을 암시한다는 점에 주목할 수 있다. 이를테면 '아의 의식'이 너무 미약하여 그 범위가 아주 약소하면 그 파급 영향력이 상속성과 보편성에 이르지 못한다. 같은 줄기에서, 대동(大同)의 민본사상을 바탕으로 역성혁명의 빌미를 마다하지 않았던 정여립은 프랑스혁명뿐만 아니라 그 이후의 유럽 변혁 이념에 숱한 논쟁거리를 제공했던 루소(J. J. Rousseau)와 맞잡이 자리에 선다고 보기 어렵다.

신채호가 한 사람의 인물만 두고 보는 정여립은 매우 안타까운

86) 김용헌(1995), 「김석문의 우주설과 그 철학적 성격」, 《동양철학연구》 15, 363~401쪽.

역사의 희생자에 속한다. 그는 유학자들의 윤리관을 한 줄 글로 말살했으며, 공자와 주자의 역사 필법(筆法)을 근본부터 반대했던 변혁의 사상가였다. 그래서 당시 고위 관리들과 학자들 가운데서도 그의 재기와 학식에 기우는 사람들이 적지 않았다. 그렇지만 "세종대왕이 심어 놓은 삼강오륜이 벌써 터를 잡았으며, 퇴계 선생이 말한바 임금을 받들고 성현의 말씀을 사모해야 한다는 주의(主義)가 이미 집을 지어 전 사회의 안정과 질서가 자리잡힌 지 오래이니, 이처럼 갑자기 날아온 듯한 혁명 사상가를 어찌 용납하리오."[87)]

마무리 삼아 말하자면, 신채호가 표현하는 근대가 흐릿한 의미 연관 속에 있듯 신기원의 증인으로 등장하는 몇몇 사례의 '파급' 효력도 미미하다. 그가 애석하게 여기듯, 상속성과 보편성의 범주에서 파괴력을 보일 만큼 '아의 의식'이 '비아'와 맞서는 한편으로 '아' 내부의 '비아'를 누를 만한 '투쟁'을 불러일으키지 못했기 때문이다.

그렇지만 시대 전환의 경계 지점은 어떤 시간 어느 인물에 꼭 들어맞는 사건이기보다는 오히려 '방향 설정의 변화'라고 이해한다면, 신채호 방식의 사유 실험은 '정당한' 자기주장에 맞닿는 인식의 힘이라고 여길 만하다. '유가의 사대주의'와 '자존'의 독립사상 사이에 거스를 수 없는 하나의 분기점을 그려 내는 수사법 가

87) 신채호(1948), 『조선상고사』, 48쪽.

운데 신채호 나름의 인간학 주제가 들어 있다. 그것은 곧 조선 역사를 지배해 온 절대 이념과 그 '노예 성격'에 맞서는 '참조선'의 '국풍(國風)'을 어쩔 수 없이 넘어서야만 하는 자리 바뀜의 문턱에 배치하는 일이다. '아와 비아'의 글과 거의 같은 시간에 쓰였던 몇몇 사론(史論)이 그러한 성찰의 기록이다.

"어찌하여 효를 행하라 하고, 어찌하여 충성하라 하는가? 어찌하여 공자를 높이며, 어찌하여 이단(異端)을 배척하라 하는가?" 1929년 『조선사연구초』에 실린 한 편의 글은 그렇듯 무언가 도발하는 듯한 질문과 더불어 마치 유럽 중세기 '절대 권능'의 신과도 같았던 사대(事大)와 보수의 '속박 사상', 곧 유교를 문제의 중심에 세운다.[88] "유(儒)는 공자를 받들어 모시는 자들이다." 이들은 "반드시 존화주의(尊華主意)의 관점에 서서 (우리의) 국체(國體)가 중국의 속국이라 주장한다. 따라서 그 정책은 겸손히 올리는 말과 두텁게 바치는 예물(卑辭厚幣)로 대국을 섬겨 평화롭게 나라를 보존하자고 힘써 외친다." 그러는 가운데 그들의 교리는 "의관, 예악, 윤리, 명분 등을 그 가르침의 중심으로 삼고, 그 교리가 전해지는 곳에서는 반드시 표면까지 이르는 동화를 요구하면서 다른 종교를 매우 심하게 배척한다."

바로 여기에서 '자존(自尊)'의 고유 사상, 그러니까 조선 상고 시대부터 '선가(仙家)'가 받들었던 토속 교리이자 독립사상으로부터

88) 신채호(1929), 『조선사연구초』, 조선도서주식회사, 298쪽 이하.

'항쟁'의 기운이 돌을 수밖에 없었다.

고려 인종 13년(1135)에 일어났던 이른바 '서경(西京) 전쟁'으로 사대주의와 독립사상 사이의 다툼이 훤히 드러났다. 그때 묘청(妙淸)이라는 불교 승려가 도참설을 빌미 삼아 반역을 꾀했으며, 유교 세력이 진압군으로 나서 벌인 격돌이 그 사건이다. 겉보기에 그 사건은 고토 회복에 나서기 위해 황제 칭호와 독립 연호를 사용하면서 평양에 도읍을 옮겨야 한다는 명분으로 '제멋대로 날뛰고 설쳤던' 무리에게 반역의 죄를 물었던 유학파의 전승 기록이다. 그러나 그 내면을 깊이 들여다보면 '민족의 성쇠(盛衰)'를 가를 만큼 의미심장했던 '사상의 추항(趨向)'을 두고서 벌였던 '정치상 투쟁'의 참모습을 알 수 있다.

낭가사상(郎家思想)에 맞서는 유교, 국풍(國風) 학파와 대립하는 한학(漢學) 조류, 독립당을 거부하는 사대당, 그리고 진취 기상을 무너뜨리려는 보수 이념 사이의 싸움이 그 전쟁의 동인으로 작용했다. 따라서 진압군의 승리는 곧 유교 사상, 말하자면 사대와 보수 그리고 속박을 내재하는 이념 일파의 '천하'와 같은 귀결이었다. 신채호가 보기에, 묘청이 평양에서 일으켰던 반란은 '미쳐 날뛰는 거동'이었다. 한마디로 그 '미치광이'가 독립과 자주의 정신으로 고토 회복을 꿈꾸는 세력을 '제멋대로 날치고 설친 행동'에 끌어들인 탓으로, 곳곳에 드리웠던 선가(仙家)의 사상과 국선(國仙)의 잠재 세력이 '멸망'의 길로 접어들었기 때문이다. 그러므로 반란과 진압의 병력 규모나 전투 시간을 두고서 별다른 놀라움을 드러낼 수 없더라도 "대개 고려로부터 이조 1천 년 동안 서경 전쟁보다 더 큰 사건은 없을 것"이라고 말할 수 있다.[89]

진압군 수장이 저 유명한 김부식이었다는 사실을 두고서 신채호의 탄식은 멈출 길을 모른다. '사대주의자의 괴수' 자리에 있었던 그 인물은 승리한 전투의 우두머리답게 온갖 영광의 관직을 얻는 가운데 '감수국사(監修國史)'의 직도 맡았으며, 그 덕택에 『삼국사기』가 나올 수 있었다. '서경 전쟁'을 천 년에 한 번이나 만날 만한 기회로 삼았던 그는 "자신의 사대주의에 근거하여 『삼국사기』를 지으면서, 그 주의에 맞는 사료는 더 늘리어 설명하고 찬탄(讚嘆)하면서 때때로 고쳐 다시 쓰고, 마음에 들지 않는 사료는 깎아내리거나 덧칠하여 바꾸는 한편으로 완전히 없애 버리기도 했다." 말하자면 그는 쓸 것은 쓰지만 지울 것은 지운다고 했던 공자의 필법을 뒤따라 '사대(事大)의 성의(誠意)'와 어긋나는 고유의 토착사상을 저주하면서 뽑아내 버렸다.

그래서 신채호의 한탄이 더욱더 깊었을 것이다. "그 가운데서도 유교 무리의 사대주의에 정면으로 맞서면서 독립사상을 가졌던 낭가의 역사가 가장 많은 삭제를 당했다. 슬프도다! 당나라 장수 이적(李勣)과 소정방(蘇定方)이 고구려와 백제를 멸망시키고 그 문헌들을 소탕하였다고 하지만, 그들이 우리 사학계에 끼친 큰 액운이 어찌 김부식의 서경 전쟁이 남긴 결과에 미칠 수 있으랴."[90]

---

89) 신채호(1929), 『조선사연구초』, 299쪽.

90) 신채호(1929), 『조선사연구초』, 316쪽 이하.

이런 까닭에 조선의 역사는 '유가의 사대주의'가 판을 치고 거기에 맞서는 자존의 고유 사상은 '완전히 멸망하여' 사라지는 과정 그 자체나 마찬가지였다. "우리나라 전래의 선사(仙史), 화랑기(花郞記) 같은 것을 모두 말살하고" 말았던 김부식의 역사 서술을 두고서 신채호의 상심은 깊어만 간다. "이 얼마나 분통할 일인가?" 그런 한탄 끝에 신채호는 '속 좁고 잔혹하기' 그지없었던 그 유교도가 일부러 파묻어 버렸던 '아름다운 이야기들'의 '곡절'을 다시금 캐내어 상세히 가다듬은 다음에 전문 서적을 펴내리라는 포부를 알리지만,[91] 그 일은 꿈으로만 남았다.

오늘날 그 책이 전한다면 거기에 어떤 내용이 담겼을까? 여기저기 흩어진 글에서 그 얼개를 헤아려 볼 만한 표현들을 찾을 수 있다. 『조선상고사』의 총론 가운데 옛 사서의 종류를 논하는 항목이 들었는데, 여기에서 신채호의 미래 기획을 엿볼 만하다. 선조와 인조 이후 들어 유가 분야에서 철학과 문학의 큰 인물들이 나오면서 사학 영역에서도 차차 '진보'의 기운이 돌기 시작했던 시점이 큰 주목거리다.

신채호는 먼저 허목(許穆, 1595~1682)을 사례로 든다. 효종에서 숙종에 걸친 기간에 학자 관료로 명성을 날린 이 인물은 단군 등의 '세기(世紀)'를 간략히 전하면서 '독특한' 견해로 인상을 남긴다. 그 뒤로 유형원(柳馨遠, 1622~1673), 한백겸(韓百謙, 1552~1615), 안

91) 신채호(1929), 『조선사연구초』, 300쪽.

정복(安鼎福, 1622~1673), 유득공(柳得恭, 1748~1807) 등 주요 저술을 펴낸 학자들의 공적이 차례차례 이야기에 오르다가, 마침내 이종휘(李種徽, 1731~1797)의 작품이 극찬의 자리에 든다. "이종휘의 『수산집(修山集)』은 단군 이래 조선 고유의 독립 문화를 노래하여 김부식 이후 사가들의 노예 사상을 꾸짖어 눌러 버림으로써, 비록 특유한 발명과 채집은 없다고 하더라도 다만 이 한 가지만으로도 또한 불후(不朽)로 전할 것이다."[92]

문제의 『수산집』 가운데 『동사(東史)』를 보면 신채호의 감흥을 불러일으킬 내용이 숱하다. 이를테면 그 책의 첫 번째 항목 '단군본기(檀君本紀)'에서 무언가 뜻깊은 사연을 느낄 만하다. 『삼국사기』로 거슬러 오르는 역사 서술의 전통에서 단군 치세를 '본기(本紀)'에 배치하는 일은 『동사』의 사례가 맨 처음이다.[93] 그 내용을 마무리하는 말은 더욱 의미심장하다. "근래에 내가 중국의 고사(古史)를 보니 단군왕검(檀君王儉)의 이름을 표현한 것이 현저하였다. 단군은 맨 처음 나온 성인으로(首出聖人), 중국으로 치면 아마도 복희(伏羲)나 신농(神農) 같은 임금이 아닐까? 삼가 고기(古記) 가운데 문의(文意)가 자못 바른 것을 뽑아 본기(本紀)의 첫머리로 삼는다."[94]

이렇듯 우두머리 성인 자리에 굳건한 단군은 중국 사례와 맞대

92) 신채호(1948), 『조선상고사』, 14~15쪽.

93) 한영우(1998), 『조선 후기 사학사연구』, 일지사, 228~275쪽.

94) 이종휘(2004), 『동사』, 김영심·정재훈 역주, 소명출판, 23쪽 이하.

어 보더라도 그곳 전설의 태조 신들과 견줄 만하다. 그리고 부여와 기타 예맥과 같은 나라들의 선조가 모두 단군에서 나왔다고 하니,[95] 만주 대륙의 상당 부분과 한반도를 아우르는 큰 강역의 뿌리가 온통 한 사람 시조에 모인다고 할 수 있다. 이처럼 뒷사람의 '사상'에 큰 가르침을 남길 만한 작품에 신채호는 '무한한' 감사의 말을 붙이는데,[96] 『동사』 가운데 '신사지(神事志)'의 내용도 거기에 마땅할 듯하다.

그 기록대로면, 환웅이 이 세상에 신시(神市)를 열고는 인간에게 신을 내세워 가르침을 베풀었으며, 그 '신교(神敎)'로부터 조선 고유의 신선(神仙) 신앙이 전래했다고 한다. "대개 전조선(前朝鮮) 때부터 세상에서 전하기를 평양에는 선인(仙人) 왕검(王儉)의 집이 있다고 하는데, 이것은 단군의 이름이다."[97] 말하자면 '선인'의 맨

95) 이종휘(2004), 『동사』, 85쪽. "내가 듣건대 옛 역사에서는 부여·예맥·비류·옥저는 모두 단군에서 나왔다고 한다. 나라를 세워 대를 전한 것이(立國傳世) 혹은 수천 년 동안 끊어지지 않았으니, 이는 기원이 먼 것이다. 그러니 단군의 덕은 요사(姚姒)나 탕희(湯姬)와 같은 것이 아니겠는가. 그렇지 않다면 어떻게 그토록 오래 갈 수 있었겠는가?"

96) 신채호(1977), 「조선사 정리에 대한 사의(私疑)」, 단재신채호전집간행위원회 편, 『단재 신채호 전집』, 형설출판사, 136쪽.

97) 이종휘(2004), 『동사』, 155쪽. 평양에 선인 왕검의 집이 있었다고 하는 전설은 김부식의 『삼국사기』에 처음 보인다. 『삼국사기』 卷17, 高句麗本紀 5 東川王. "평양은 본래 선인 왕검의 터이다. 혹은 이르기를 왕의 도읍 왕험(王險)이라고 한다(平壤者仙人王儉之宅也 或云王之都王險)." 여기에서 말하는 평양이 뒤에 고구려가 도읍지로 삼았던 그 땅인지 아니면 다른 어느 곳 지명인지 분명하지 않다. 그리고 김부식은 선인 왕검과 단군을 같은 인물로 적시하지도 않았다. 그렇지만 이 기록은 『동사』의 사례

처음은 단군이며, '신선'을 숭배하여 모시는 고유 풍속도 그로부터 비롯했다는 설명이다. 이로부터 신채호는 유가 전통의 사대 이념에 맞서 자존과 독립의 고유 기상이 되살아났다는 감흥을 받을 만했을 터이다.

그렇지만 하나의 역설처럼, 그토록 고마운 『동사』의 저자는 뿌리 깊은 성리학자이면서 평생토록 소중화(小中華) 이상을 간직했던 인물이다. '신사지(神事志)'를 마감하는 다음 글 속에 제사의 규범을 올바로 세우려는 유가 의식이 선연하다. "내가 사마천(司馬遷)의 「봉선서(封禪書)」와 반고(班固)의 「교사지(郊祀志)」를 보니 모두 신선을 말하고 있는데 요망한 것을 바로잡으려는 이유에서였다. 그래서 단군·기자 이래 귀신의 일을 차례대로 논하여 삼대(三代)의 법도에 절충시켰으며, 아울러 신선이나 황당하고 괴이한 이야기를 언급하여 그 안팎을 모두 드러냄으로써 후대의 군자가 참고할 수 있게 한다."[98]

아름다운 이야기

신채호는 한 권의 '전문서' 가운데 '아름다운 이야기들'을 담고자 꿈꾸면서 이종휘의 『동사』에서 그 실마리를 구했을지도 모른다. 이종휘의 역사 서술은 그러니까 원시 시대 '순수한' 신화 속

처럼 평양과 단군을 하나의 역사 범주로 삼는 추론에 원천 자료로 쓰인다.

98) 이종휘(2004), 『동사』, 158쪽.

에서 역사의 뿌리를 캐는 신채호의 심정에 '조선 고유의 독립 문화'를 길이 전할 불멸의 작품으로 새겨질 만했을 터이다.[99] 바로 거기에 중화와 오랑캐 사이의 경계선을 굳게 지키려는 전통 이념이 뚜렷하다는 점도 눈여겨볼 대목이다.

신채호가 세세히 따져 묻지는 않았지만, 이종휘는 사대주의의 출발점이라 할 만한 기자(箕子) 추앙에서 한 발자국도 벗어날 수 없었다. "조선 인현(仁賢)의 교화는 지금도 끊어지지 않았으니, 역시 기자의 성스러움을 볼 수 있다. 공자가 말씀하시기를 '군자가 거하는데 무슨 누추함이 있겠느냐?'고 했으니, 참으로 맞는 말이다."[100]

이러한 경향성은 신채호가 '진보하는' 조선 역사가의 첫 번째 인물로 꼽았던 허목의 작품에서도 거의 변함없었다. 주자학의 교조주의에 맞서 '이단의 한 봉우리'에 섰던 그는 한국 사서의 역사에서 맨 처음 환웅의 신시(神市)를 역사의 기원으로 삼으면서 단군 치세에 신성한 권위를 더할 수 있었지만, 기자의 조선을 가장 자랑스러운 문화의 표본으로 칭송하기는 그의 글 가운데서도 마찬가지였다.[101]

이처럼 유별스러운 '이종휘 일파(一派)'의 사례[102]는 신채호가

---

99) 다음 장에서 보듯 신채호는, 단군왕검이 스스로 광명신의 화신이라 일컫는 가운데 '조선'의 처음을 시작했다는 '위대한 공동 신앙'의 유래를 밝히고자 한다. 신채호(1948), 『조선상고사』, 53쪽 이하.

100) 이종휘(2004), 『동사』, 35~36쪽.

101) 한영우(1998), 『조선 후기 사학사연구』, 91~134쪽.

102) 신채호(1948), 『조선상고사』, 17쪽.

나름대로 세우고자 했던 '조선 사학계(史學界)의 표준'[103]에 가까웠을지도 모른다. 그의 표현 그대로 "참조선의 조선사를 쓸 만한 기백과 능력"이 존화(尊華) 사대주의의 절대 이념에서 벗어나 '독립자존의 주의'로 나아가는 길을 열었을 것이다.[104] 이러한 경향의 역사 서술은 앞서 본 시대 전환의 명제에 비쳐 보더라도 뚜렷한 자기보존의 징후라고 여길 만하다.

그렇더라도 거기에서 시대와 시대 사이의 어긋남을 '강제하는' 어떤 파괴력을 감지할 수는 없다. 말하자면, 허목 이후 '이단' 성향의 부류는 지금과 이전 시간을 가르는 상상의 경계선을 그으면서도 그 문턱 지점에 멈추어 서 있었던 셈이다. 그래서 신채호는 지금까지 '후대 사람들의 갈망을 채워줄 만큼' 참다운 조선사가 없다고 토로했을 것이다.[105]

이로부터 역사 기록을 바로잡아야 한다는 소견이 나온다. 옛 사적의 재료 가운데 사라진 것을 찾아 기워 넣으면서 빠진 부분을 채우고, 잘못 적은 사실이나 거짓 기록을 구별하여 완비하는 과제가 거기에 속한다. 그러나 다음 설명에서 보듯, 무엇보다도 '낡은 역사서의 본새'를 고쳐 새롭게 편찬하고 정리하는 절차가 중요하다.

> 구사(舊史)에서는 갑대왕(甲大王)이 을대왕(乙大王)의 아버지

103) 신채호(1948), 『조선상고사』, 20쪽.

104) 신채호(1977), 「조선사 정리에 대한 사의(私疑)」, 132쪽 이하.

105) 신채호(1977), 「조선사 정리에 대한 사의(私疑)」, 133쪽.

> 요, 정대왕(丁大王)이 병대왕(丙大王)의 형제라고 하여, 왕실의 계통을 따지는 일밖에는 다른 곳에서 거의 계통을 찾지 않았다. 그래서 무슨 사건에서든 하늘 한복판에서 거인이 내려오고 평지에서 신산(神山)이 솟아오른 듯하여, 한 편의 신비롭고 괴상한 기록을 읽는 것 같았다. 역사는 인과관계로 사실을 알아보려 하는데, 만일 이와 같은 인과(因果) 이외의 일이 있다면 역사로써 무엇을 하겠는가? 그러나 이는 역사를 지은 사람의 부주의(不注意)이지, 그 본질이 그런 것은 아니다.[106]

글 가운데 '인과관계'가 두드러진다. 그 표현에서 어떤 엄격한 법칙, 그러니까 원인과 결과의 필연성에 매이는 과학 방법론의 뜻을 유추해 낼 수 있을까?

신채호는 몇몇 역사 기록에 흩어져 있는 '국선(國仙)' 이야기를 사례로 든다. 그가 보기에 옛 사서에는 그 사연의 '계통(系統)'을 알려 주는 설명이 들어 있지 않다. 이를테면, 『삼국사기』의 신라본기에 고유 종교문화의 '전성기'를 추정할 만한 흔적이 남아 있지만, 그러한 현상의 처음과 나중은 좀체 드러나지 않는다. 말하자면 "그 기간은 수십 년에 그치고 소식이 아예 끊어져, 국선 이전의 그 조상도 볼 수 없고 국선 이후의 그 후손도 볼 수 없을 만큼 홀연히 왔다가 홀연히 가버린 국선이니, 이것이 바로 신라의 신

106) 신채호(1948), 『조선상고사』, 37쪽.

괴록(神怪錄)이 아닌가?" 그러므로, 왕검(王儉)이 곧 국선의 시조이며, 고구려의 조의선인(皂衣先人)이 바로 국선과 하나라는 사실을 옛 기록에서 발굴하듯, 남아 있는 그 발자취 가운데서 '계통을 구하는 방법'을 궁리해야 한다.

이 줄기에서 신채호가 '인과'의 추적을 말한다면, 그 방법은 오늘날의 고고학(archeology)과 다를 바 없다. 이 분야의 이름이 그야말로 '아르케(ἀρχή)'라는 옛 그리스어에서 유래하듯, 만물의 기원을 발견하여 그 근본을 따지는 지식 체계는 어떤 사연의 '본질'을 알기 위해 그 시작점과 흘러간 내력을 살피는 '계통의 방법'과 다를 바 없어 보인다. 신채호가 옛 기록 속에 흩어져 있는 유적(遺跡)을 더듬어 '국선의 유래와 근원(來源)'을 알아낼 수 있다고 했을 때, 그는 이미 고고학이라는 서양 학문의 이름을 알든 모르든 거기에 담긴 뜻을 다 간파했던 셈이다.

앞서 보았던 한 편의 '전문서', 곧 『삼국사기』의 편찬 과정에서 파묻혀지고 말았던 '아름다운 이야기들'을 신채호가 되살려내리라 꿈꾸었던 종교와 사상의 역사서는 틀림없이 '계통의 방법'에 따라야만 했을 것이다. 김부식이 '진흥왕 본기'에서 최치원(崔致遠, 857~?)의 '난랑비(鸞郎碑) 서문'을 인용하면서 스치듯 슬쩍 말했던 '선사(仙史)'[107]가 끝내 이루어질 수 없었던 그 작품의 실마리

107) 『三國史記』 卷4 新羅本紀 제4, 진흥왕 37년. "최치원의 난랑비 서문에 이르기를, 나라에 현묘(玄妙)한 도가 있으니, 이를 풍류(風流)라 일컫는다. 그 가르침을 베푼 근원은 선사(仙史)에 상세히 갖추어져 있는데, 실로 삼교(三教)를 포함하며, 중생(衆

였다니,[108] 아무래도 책의 서술은 '국선의 시조'를 찾는 일에서 시작할 수밖에 없었을 터이다.

그러니 글의 흐름은 유교와 사대주의의 '천하'에서 핍박의 대상에나 올랐던 '타교(他校)'의 역사[109] 그대로였으리라 추론할 만하다. 신채호가 비감하게 "어찌하여 이단을 배척하라 하는가?"라고 외치면서 공자와 맞세웠던 반대편이 바로 '타교'와 같은 말이다. 따라서 '아름다운 이야기'의 서사는 오늘날 명명법대로 '이단의 고고학'이나 매한가지다. 오로지 여기에서 '독립자존의 주의'가 면면히 생동할 수 있다면, 배척받은 '이단'의 이야기는 거꾸로 '조선다운 조선을 적은 조선사'이며, '다만 조선을 주체로 삼아 충실히 적은 조선사'와 같은 말이다.[110]

이렇게 본다면 '이단'이든 '이교'든 다 함께 이편과 저편을 가르는 경계선의 범주에서 부르는 이름일 따름이다. 신채호는 재앙을 면치 못한 '조선 역대의 문헌'을 추적하는 가운데 "조선 사람 본연(本然)의 면목을 가려서 감춘" 사상의 역사는 바로 '이교', 곧 유교 정신과 사대주의의 '나쁜 풍습'에서 비롯했다고 밝힌다. 조선사에서 '진화의 순로(順路)'를 가로막았던 '대세(大勢)'의 유학 사상이 바로 '사설(邪說)'이었다는 설명이다.[111] 어김없이 이와 같은

生)을 접하여 교화한다."

108) 신채호(1929), 『조선사연구초』, 300쪽.

109) 신채호(1929), 『조선사연구초』, 302쪽.

110) 신채호(1977), 「조선사 정리에 대한 사의(私疑)」, 132쪽.

이단의 역설이 신채호의 마음속에 필생 과업으로 다져졌을 '참'조선사의 내면 계기로 작용했을 것이다.

111) 신채호(2007), 『조선상고문화사』, 368쪽.

제4장
이단의 역설

1. 사대주의

기자 전설

이단의 역설은 이미 '단재 사론'의 시작 즈음에 글쓰기 열망과 함께한 듯 보인다. "심하도다, 우리나라 역사가들의 수치스러운 지식이여." 1908년 「독사신론」에서 도드라지는 이 표현은 '동국 민족' 역사의 계통을 바로 세우려는 정체성 '논변'의 길잡이 말이다.[1)]

이로부터 두 가지 사안을 서로 대립하는 의미 연관 가운데 배치하는 특유의 글쓰기 방식이 이어진다. "부여는 당당히 단군(檀君)의 정통을 이어받은 나라이거늘, 부여는 한 자 한 글귀도 언급하지 않으면서 기자(箕子)만 받들어 칭송하고 있으니, 오호라! 그

1) 신채호(2007), 「독사신론」, 『단재신채호전집』 3권, 독립기념관 한국독립운동사연구소, 316쪽 이하.

수치스러운 지식이 어찌 여기에 이르렀는고." 절절한 탄식으로 맺어지는 글의 뒷면에는 오랫동안 기자를 성인(聖人)으로 우러르면서 동방의 교화 군주로 받들어 온 이념의 역사가 생생하다. 신채호가 추앙해 마지않았던 이종휘마저 다음처럼 기록하지 않았던가. "기자가 평양을 도읍으로 삼아 42세를 이었으니, 무려 929년이었다. … 그 후 1,500여 년에 우리 태조가 남평양(南平壤: 한양)에 나라[조선]를 세우니 문물예악(文物禮樂)이 끊어졌다가 다시 일어났다."2)

이와 같은 역사 이해의 현상을 두고서 신채호는 어쩔 수 없다는 듯 어리석은 선비들의 완고한 꿈이자 노예 무리의 헛소리와도 같은 왕가(王家) 정통의 원리를 끌어 온다. 곧 "저 옛 유가의 춘추(春秋)와 강목(綱目)의 의리로 말하더라도" 망해 버린 은(殷)나라 '왕통'을 함부로 어찌하지 못할 터인데, "하물며 그 덕(德)을 잃은 적 없었던 부여 왕조의 정통을 어찌 기자가 문득 대신할 수 있단 말인가?"

이렇게 말하는 신채호의 내면 의식 가운데에는 물론 '오늘날 크게 밝혀진' 학술 이론이 자리하고 있다. 그러므로 정통과 비정통을 따져 묻는다면, 이는 그저 장광설일 따름이다. "그런데도 지금 내가 홀연히 붓을 들어" 단군의 '정통'이나 그 '적통'을 따지고 있으니 "나 역시 다사스러운 사람일지도 모른다." 그러나 '주인다운

2) 이종휘(2004), 『동사』, 김영심·정재훈 역주, 소명출판, 35쪽.

권리'의 소재를 묻는 역사가라면 '어쩔 수 없이' 이편과 저편의 경계를 엄밀히 논변할 수밖에 없다. 이렇게 밝히는 정통 논란 가운데 한쪽이 다른 한쪽을 밀어내는 대립의 언어유희가 작용한다. 말하자면, '저들' 어리석은 무리가 교화 군주의 정통으로 떠받들어 온 기자의 '성덕(聖德)'은 한낱 사설(邪說)의 자리에나 머물러야만 했다.

신채호가 중국 사서에서 끌어오는 기자는 단군 후예의 나라를 이어 또 다른 조선의 '왕통'을 세웠던 인물이 아니다. 그는 그저 멸망한 은(殷)나라 사람으로 백마를 타고 동쪽으로 몸을 피해 온 '한 나그네'일 따름이다. 그를 따라 많은 사람이 부여 땅 부근으로 옮겨 왔는데, 그 무리는 은나라를 치기 위해 새벽부터 들판에 모여들었던 주(周)나라 무왕(武王)의 군사들이 아니라 하늘에 운명을 물어보던 무당들과 박수들이었다. 이들 유민(遺民)은, 고죽국(孤竹國)의 두 왕자 백이(伯夷)와 숙제(叔齊)가 주나라의 양식을 물리치려고 수양산에 숨어들어 고사리로 연명하다가 목숨을 다했듯,[3)]

3) 사마천의 『사기』 가운데 '백이열전(伯夷列傳)을 보면, 백이와 숙제는 고죽국(孤竹國)의 왕자들이었다. 그들 아버지는 아우 숙제를 다음 왕으로 삼고자 했으나, 그는 되려 그 자리를 형 백이에게 넘기려고 했다. 형도 그 자리를 피해 버리자, 나라 사람들은 어쩔 수 없이 그 가운데 아들을 왕으로 모셨다. 바로 이즈음 백이와 숙제는 서방(西方)의 제후 희창(姬昌, 주나라 무왕의 부친)이 늙은이를 잘 모신다는 소문을 듣고서 그에게 의지하러 갔다. 때마침 그 제후는 이미 죽었으며, 그의 아들 무왕이 아버지의 나무 위패를 수레에 받들고는 은나라 주왕(紂王)을 치기 위해 동쪽으로 나아가고 있었다. 이를 본 백이와 숙제는 무왕의 말고삐를 잡고서 효(孝)와 인(仁)을 들어 말하며 은나라 정벌을 말렸다. 강태공의 간청 덕택에 간신히 목숨을 건진 고죽국 왕자들은 주나라 백성

한결같이 주나라 사람들과 함께 그곳 하늘이랑 해와 달을 같이 이고 살 수 없었던 곧은 마음으로 동방 군자의 나라로 건너온 사람들이다.

이런 사정들을 살펴서 기자의 속뜻을 생각해 보건대, 그는 부귀(富貴)나 빈천(貧賤)의 삶 따위를 내던진 채 오로지 주나라 신하의 처지에서 벗어나겠다는 초지(初志)만 붙들고 있었을 따름이다. 따라서 그는 한 뙈기밭을 얻어 농사를 짓든, 옛적 은나라 시절처럼 머리 풀어헤치고 걸식 유랑의 삶을 이어가든, 모두 다 고맙다고 거듭 절이나 할 형편이었다. 이렇게 도망친 신하는 한 번 죽음의 결기를 미루고서 옛 고국의 폐허 도성을 지나면서 맥수비가(麥穗悲歌)를 지으며 눈물을 쏟았는데,[4] 그런 그가 "어느 겨를에 한 나

으로 사는 삶을 치욕으로 여기고는 수양산에 숨어서 고사리만 꺾어 먹다가 아사했다.

4) 『사기』 '송미자세가(宋微子世家)'에 유명한 기자 이야기가 들어 있다. 주나라 무왕이 은나라를 무너뜨린 다음에 기자를 찾아가서 그에게 다음처럼 말하면서 가르침을 청했다. "하늘은 미리 하민(下民)의 할 일을 정해 두고서, 그들이 서로 돕고 화목하면서 살아가도록 하셨소이다. 그러나 나는 그 변함없는 도리의 실마리를 알지 못하고 있소." 그러자 기자는 저 유명한 '홍범구주'를 왕에게 일깨웠다. "그 첫째가 오행(五行)이고, 둘째는 오사(五事)이며, 셋째는 팔정(八政)이고, 넷째는 오기(五紀), 다섯째는 황극(皇極), 여섯째는 삼덕(三德), 일곱째는 계의(稽疑), 여덟째는 서징(庶徵)인데, 아홉째는 오복을 누리고 육극(六極)을 삼가는 것입니다." 기자가 이처럼 하늘이 내린 왕도를 새 군주에게 알려 주어 밝은 정치를 펼치도록 이끌자, 새 왕은 그에게 조선 땅을 맡기면서도 군신 관계를 원하지는 않았다. 그리고 얼마 뒤 기자가 주나라 왕을 뵈러 가는 길에 옛 은나라 도읍지를 지났다. 무너진 궁궐터에 벼와 기장이 자라는 풍경을 보고서, 기자는 '맥수'를 탄식하는 시(麥秀之詩)를 지어 노래 부르면서 비감한 심정을 달랬다. "보리는 잘 자라 무성하고, 벼와 기장도 윤기를 띠도다. 그 철부지는 어찌하여 내 말

라의 임금 자리를 몽상이나마 하였겠는가?"[5)]

신채호가 보기에 단군 왕조를 대신했다는 이른바 '기자조선' 서사는 "촌사람의 입에서 나온 이야기일 따름이다." 그렇다면 문제의 '기자(箕子) 동래(東來)' 이야기는 어떻게 풀이해야 하는가? 그의 추론에 따르면, 단군의 후예가 기자를 피하여 북쪽으로 옮겨갔다거나 나라 사람들이 기자를 받들어 왕으로 세웠다는 기사 등등은 모두 어불성설이다. 왜 그런가?

기자가 동쪽으로 새 삶을 찾아 나섰을 때 마침 부여 왕조의 찬란함이 온 조선의 각부에 훤히 드리우고 있었다. 마침내 기자가 부여로부터 봉작(封爵)을 받고서는 평양에 거주하면서 정교를 베풀었으니, 부여 왕이 그의 임금이었다. 그는 부여의 신하였고, 평양은 부여 왕도에 딸린 속읍(屬邑)이나 마찬가지였다. 처음에 기자가 얻은 땅은 백 리에 그쳤고, 그가 받은 직책도 '수위(守尉)'를 넘지 못했다. 그러므로 『동사강목』의 기록처럼 "요동 땅 태반은 모두 기자의 봉지(封地)"라고 했던 말은 안정복의 억측에서 나왔을 따름이다.

이렇게 신채호는 우리나라 사람이 '우리 역대(歷代)'를 읽으면서 지니는 '어리석음'을 가리키면서, 천 년이나 이어졌다고 하는 '기씨(箕氏) 왕조'의 문제점을 바로잡고자 한다. "아니다, 아니다. 그

을 잘 들을 수 없었던가!" 철부지란 나라를 망친 은나라 주왕(紂王)의 별칭이다. 이 노래를 듣고서 옛 나라의 유민(遺民)은 한결같이 눈물을 흘렸다.

5) 신채호(2007), 「독사신론」, 318쪽.

렇지 않다. 저 토족이나 지나족 따위를 우리 조상으로 인정하다가는 곧바로 선비족과 몽고족도 우리 조상으로 인정해야 할 테고, 저 기씨(箕氏) 왕조를 우리 역대(歷代)에 들여놓았다가는 곧이어 위만(衛滿)과 최리(崔理) 등도 우리 역대에 들여야 할 것이다. 오호라, 이들은 우리와 다른 인종 다른 족속이거늘, 누구는 올리고 누구는 내친단 말인가."6)

마침내 '새로운' 역사 읽기의 명제가 드러난다. 곧 '기자 동래'와 '단군 적통'의 서사는 대립 연관 속에서 서로 맞서야만 한다. 우리나라 역사를 '주인답게 보는 안목'이라면 "기자가 원래부터 성인이라"든가, "기자가 이 나라에 와서 주인 권력을" 행사하면서 '기씨 왕조'를 시작했다는 이야기 따위를 송두리째 물리치는 가운데 그가 진정으로 부여 사람들에게 교화의 덕을 끼쳤는가를 의심해야 한다. 그래서 신채호는 묻고자 한다. 기자가 '고상한 홍범의 도(道)'와 '지루한 예악(禮樂)'으로써 동쪽 백성을 다스리고자 했더라도, 그 일이 실제로 이루어질 수 있었을까?

기자가 은나라 유민(遺民) 5천 명을 데리고 눈물을 뿌리며 동쪽으로 건너왔을 적에 이쪽 산천이 아무리 아름답더라도 자기 고국의 땅은 아니었다. 그리고 그 풍물이 아무리 좋더라도 자기 마음 속의 경치는 아니었으며, 좌우로 쭉 펼쳐진 것은 토착 우두머리의 마을이며, 눈앞에 마주하는 것들은 낯선 지방의 민속이었다. 기자

6) 신채호(2007), 「독사신론」, 320쪽.

는 "그처럼 잘 어울리기 어려웠던 땅에서" 비록 백 리에 그치는 봉토나마 얻어 다스리는 '수위' 자리에나 있었다고 하니, 그가 "천여 년 조선을 통치했던 단군 후예 부여 왕조의 명령을 받들었음에 의문을 두지 않을 만하다."[7)]

이로써 신채호는 자신의 온 생애를 바쳐 '우리나라 사가들의 수치스러운 지식'을 바로잡는 과업을 시작한 셈이다. 모름지기 그의 의식 밑바닥에는 '기자 동래'의 이야기 끝에 짙게 남겨진 소중화(小中華) 이념을 온몸으로 거슬러야만 한다는 결기가 자리하고 있었을 터이다. 그러니까 기자의 교화 덕분에 우리 풍속의 아름다움이 중화(中華)에 견줄 만할 수 있었다는 그 말 가운데 이미 '사람의 지기(志氣)를 타락하게' 만들어 '망국'으로 이끄는 힘이 들어 있다고 볼 만하다.[8)]

---

7) 신채호(2007), 「독사신론」, 319쪽.

8) 「독사신론」에는 소중화를 직접 말하는 대목은 없다. 신채호는 몇 달 뒤《대한매일신보》(1909년 1월 28~29일)에 발표하는 「동양이태리」를 쓰면서 『동몽선습』에 실려 있다고 하는 다음 구절을 인용한다. "아, 우리나라는 비록 바다 귀퉁이에 치우쳐 있어서 땅은 좁으나 예악과 법도, 의관과 문물은 모두 중화의 제도를 뒤따랐다. 그래서 중국 사람이 이를 두고 소중화라고 칭하니, 이 어찌 기자가 남긴 교화가 아니겠는가. 그러므로 어린이들은 마땅히 거기에 감동하여 떨쳐 일어나야 할 터이다." 바로 이 '악(惡) 교과서' 가운데 들어 있는 "비열한 어구가 사람의 지기를 타락시킨 까닭에, 오늘날 한국이 지하에 떨어졌다"고 신채호는 결론 짓는다.

김부식

신채호는 수치스러운 역사 서술의 출발점으로 '우리' 땅에 남겨진 문헌 가운데 최고(最古)의 자리에 드는 김부식의 『삼국사기』를 으뜸으로 꼽았다. 그 유명한 책에서 '기자 교화'의 전설을 읽을 수 있다.

> 현도와 낙랑은 본래 조선의 땅으로, 기자가 봉작을 받았던 곳이다. 기자는 그곳 민(民)에게 예의와 밭농사, 누에치기와 길쌈을 가르치면서 법금(法禁) 8조를 두었다. 이로써 그곳 사람들이 서로 도둑질하지 않았으며, 집 문을 닫지 않았고, 부인은 정숙하고 신의를 지켜 음란하지 않았으며, 마시고 먹는 데 변두(籩豆)가 쓰였으니, 이는 인자하고 현명한 사람의 교화 덕택이다. 게다가 천성이 유순하여 삼방(三方)과 달랐다. 그래서 공자는 도(道)가 행해지지 않음을 슬퍼하여 바다에 배를 띄워 이곳에 살고자 했는데, 그 까닭이 있었던 셈이다.[9]

김부식은 이 옛이야기와 함께 고구려 역사 서술을 마감한다. 그가 보았던 고구려 북쪽 땅은 모두 중국 '천자'의 관아가 있었던 곳이다. 그러나 겸손하지 못했던 고구려 사람들은 그곳의 '군현(郡

---

9) 『삼국사기』 卷22, 高句麗本紀 10 論曰.

縣)'을 침략하여 차지했던 탓에 숱한 전쟁을 치르느라 평온한 세월을 누릴 수 없었다. 끝내 기자의 교화 전통을 이어받을 수 없었던 고구려는 대국의 '명을 거역하여 순종하지 않아서' 무너지고 말았다. 이처럼 뚜렷이 드러나는 사대(事大)의 명분은 고려 중반 무렵 주도 이념으로 들어선 유교식 지배 원리의 덕택이었을 것이다. 『삼국사기』가 고구려 멸망을 계기로 그려낸 기자의 표상은 조선 시대로 이어지는 사대주의 사론(史論)의 시작점이다.

이를테면 고려 말 성리학 수용에 앞섰던 목은 이색(李穡, 1328~1396)은 교화의 땅을 아름답게 치장하는 여러 시편을 남겼다. "군자가 살고 있으니 어찌 누추함이 있으랴, 중원에서 구이(九夷)를 그리워하고 있었도다." 이렇게 노래하는 '동방'은 '인수(仁壽)'의 풍속이 이어지는 땅이다. 그곳에 옛적부터 군자가 살았는데, "어느 사이에 기자의 나라"를 세운 그 교화의 인물은 일찍이 정연한 홍범(洪範)의 글을 주(周) 무왕(武王)에게 전해 주었다. 중화에 도가 성대히 행해진 다음에 기자는 동쪽으로 오면서 품고 왔던 8조의 교법을 '우리 민(我民)'에게 베풀어 가르치니, 바다 건너 동방(海邦)에는 예양(禮讓)의 기운이 넘쳐 평안한 정교가 이루어졌다. 중화의 땅은 이미 폐허로 바뀌고 말았으니, 공자도 그토록 구이를 바라보지 않았을까.10)

그리고 이색의 도학을 이었던 권근(權近, 1352~1409)은 조선의

10) 『牧隱藁』, 고려대학교 한국사연구소 편(2019), 『역주 고조선사료집성: 국내편』, 새문사, 102쪽 이하.

건국 과정에서 기자와 공자 에피소드를 사대 이념의 밑바탕으로 삼는다. "우리나라는 해외에 있어 궁벽하고 험하지만, 기자가 봉해진 땅이며 공자가 살고자 했던 곳이다." 문장과 경학으로 이름을 떨친 그 인물의 고장 '동방'은 예속과 문물로 중화에 견줄 만했다. "하늘을 두려워하며 사대하여 신하의 순종을 대대로 밝히었던" 덕성과 충성 덕택에 그곳은 중국 황제로부터 '조선'이라는 '나라 이름'을 허락받을 수 있었다.[11)]

이처럼 대물림하는 사대 이념이 중화의 예교(禮敎)에 뿌리내리고 있었듯, 그 논변 근거도 중국 '정사'에서 비롯했다. '동방'의 유학자들이 거듭거듭 읽었으리라 단정할 만한 『한서(漢書)』 '지리지(地理志)'의 한 대목에 다음 이야기가 들어 있다.

> 현도와 낙랑은 무제(武帝) 때 세워졌다. 모두 조선·예맥(濊貊)·구려(句驪)의 만이(蠻夷)이다. 은(殷)의 도가 쇠하자, 기자가 조선으로 가서 그 민(民)을 예의로써 가르치면서 밭 갈고 누에 치며 옷을 만들도록 일깨웠다. 낙랑조선(樂浪朝鮮)의 민(民)이 법금 8조를 어기면, 살인에는 곧바로 죽임으로 갚아주고, 상해에는 곡식으로 갚도록 하며, 훔친 자를 다스림에는 남자를 몰입하여 그 집 종으로 삼고 여자를 여종으로 삼도록 했다. 스스로 속바치기를 원하는 자는 사람마다 50만을 내는데, 비록 면(免)하

11) 『牧隱藁』, 163쪽 이하.

여 백성(民)이 되더라도, 풍속이 오히려 그 일을 부끄럽게 여기므로 혼인하여 짝을 얻을 곳이 없었다. 이로써 사람들은 마침내 서로 도적질하지 않아 문호(門戶)를 닫는 일이 없었고, 부인은 정숙하고 믿음을 지켜 음란하거나 경박하지 않았다. 그 전민(田民)은 변두(籩豆)를 사용하여 먹고 마신다. 도읍(都邑) 사람은 자못 관리와 내군(內郡)의 장사꾼을 본받아 자주 배기(杯器)를 써서 먹는다. 군(郡)은 처음에 요동에서 관리를 취하였다. 관리가 보기에, 민(民)은 닫아서 감추지 않았다. 장사꾼들이 가기에 이르러서 밤에는 도둑이 되고 풍속은 차차 박해졌다. 지금은 범금(犯禁)이 점점 많아져서 60여 조에 이르렀다. 참으로 귀하도다, 인현(仁賢)의 교화여. 그런즉 동이(東夷)는 천성이 유순하여 삼방(三方)의 바깥 땅과 다르다. 그래서 공자는 도가 행해지지 않음을 슬퍼하여 바다에 배를 띄어 구이(九夷)에 가서 살고자 했는데, 그 까닭이 있었던 셈이다.[12]

인용문을 담고 있는 『한서』는 중국 '정사' 가운데 사마천의 『사기』 다음 자리에 든다. 기자가 조선에 와서 교화의 치세를 열었다고 세세히 밝히는 이야기는 이 사서의 '지리지'에 처음 보인다. 이로부터 바닷가 만이(蠻夷)의 땅에 중화의 풍속이 전해질 수 있었다

12) 『漢書』 卷28下 地理志, 第8下 燕地, 고려대학교 한국사연구소 편(2019), 『역주 고조선 사료집성: 중국편』, 96쪽 이하. 인용문의 번역은 다음 자료의 도움을 받았다. 조우영(2000), 「『한서』 지리지에 나타난 고조선의 법」, 《법사학연구》 22, 5~26쪽.

는 이념 세계가 열린다.13)

한국 전통 문헌에 회자하는 '기자의 8조 법금'보다 더 장려하게 그 역사 무대를 장식할 만한 장치도 드물다. '정사'의 기록대로면 기자는 은나라 말과 주나라 초기에 살았던 인물이다. 그런데 그가 여러 조항의 도덕 법규를 '조선'에 이식했다고 전하는 당대의 전거(典據) 기록은 어디에도 흔적을 남기지 않는다. 문제의 '8조'는 화하(華夏)의 전통 문화유산이거나 기자의 창작품일까? 아니면 그 뿌리는 '기자 동래' 이전부터 조선 땅에서 행해지고 있었던 관습에 있었을까?

『한서』의 해당 기록은 모호하다. 그러면서 거기에 공자의 '구이(九夷)' 에피소드가 슬그머니 끼워 든다. 후한(後漢, 25~220) 말의 작품이라고 전하는 이 사서의 기사로부터 뒷세대 독자들은 아마도 공자가 배를 타고 가려고 했던 곳이 조선 땅이었다는 믿음을 키워 낼 수 있었을 것이다, 공자는 정말로 조선으로 건너가 살고 싶어 했을까? 그럴 수 있도록 기자는 공자보다 600년쯤 앞서 그 '만이'의 땅을 미리 '정교'의 '동방'으로 가꾸어 놓았을까?

『논어』에서 흥미로운 이야기를 읽을 수 있다. 어느 날 공자는 문뜩 구이(九夷)에 가서 살고 싶다는 뜻을 밝힌다. 그러자 누군가 이렇게 말한다. "그곳은 누추합니다. 어찌 가시려 합니까?" 공자의 대답이 천연스럽다. "군자가 거기에 거처하는데 무슨 누추함

---

13) 이성규(2003), 「고대 중국인이 본 한민족의 원류」, 《한국사 시민강좌》 32, 134쪽 이하.

이 있겠는가."[14] 공자는 또 다른 장소에서 이렇게 말한다. "도가 행해지지 않으니 뗏목을 타고 바다로나 가련다."[15]

공자가 그토록 가고 싶어 했다는 '구이'의 땅은 어디일까? 그곳은 바다 건너 어디일까? '구이'라는 말 그 자체에 벌써 모호하면서도 혼란스러운 뜻이 들어 있다. 아홉을 지칭하는 '구(九)'는 전통 문헌에서 많은 수(多數)나 그 끝 순서를 나타내기도 한다. 그리고 '이(夷)'는 원래 '온화하다', '평이하다', '즐겁다' 등의 뜻으로 쓰였던 말이다.[16] 『논어』의 용례처럼 그 말이 '누추함'의 상징으로 쓰인다면, 그로부터 좋은 이미지를 얻기 어렵다. 맨 처음 공자가 편찬했다고 전하는 『상서』의 기록에서 보면,[17] '이(夷)'란 무엇보다도 멀리 두어야만 할 외부 세력이나 마찬가지다.[18]

---

14) 『論語』 子罕.

15) 『論語』 公冶長.

16) 金時晃(1999), 「九夷와 東夷」, 《東方漢文學》 17, 73쪽.

17) 사마천의 『사기』 '공자세가'에 따르면, 처음에 공자가 요순(堯舜) 이래 사적(史籍)을 모아 『상서』를 편찬했다고 한다. 이미 춘추 시대 서적에서 그 개별 편목이 보이기도 하지만, 전국 시대 후반 또는 진대(秦代)에야 비로소 『상서』가 하나의 책으로 성립했으며, 그나마 그것은 분서(焚書) 등의 사건으로 소실했다. 오늘날 우리가 읽는 『상서』는 전한대(前漢代)의 이른바 『금문상서』 이래 누대에 걸쳐 편집 과정을 거친 서적이다. 박대재(2013), 『중국 고문헌에 나타난 고대 조선과 예맥』, 경인문화사, 57쪽 이하; 고려대학교 한국사연구소 편(2019), 『역주 고조선사료집성: 중국편』, 264쪽 이하.

18) 『상서』 제2편 하서(夏書)에 우(禹)임금의 전설이 있는데, 그 이야기에 따르면 우가 온 나라 땅을 9주(州)의 행정구역으로 정리한 다음 다시 왕기(王畿)를 중심으로 하여 주위를 5백 리씩 전복(甸服), 후복(侯服), 수복(綏服), 요복(要服), 황복(荒服)의 다섯 지역으로 나누어 통치했다고 한다. 여기에서 3백 리 이(夷)를 포함하는 요복은 억눌러 다

한참 지난 뒤 주희(朱熹) 편찬의 『논어집주(論語集註)』는 그곳을 '동방(東方)'이라고 이른다. 거기에 '아홉 종족(九種)'이 있다는데,[19] 공자는 진정으로 그들과 더불어 지내려고 했을까? 그 에피소드를 두고서 더러 '우스개'로 여기는 말들이 나왔는지도 모르지만, 『논어』 주석으로 불세출의 명성을 쌓은 주희는 '도불행(道不行)'의 현실에 절망하는 공자의 심경을 공감한 듯 보인다. 아마도 그는 차라리 외이(外夷)의 땅으로나 가버리겠다는 말 속의 역설을 보고자 했을 것이다.[20]

이와는 다르게 공자의 말을 곧이곧대로 받아들이려는 사람도 있었다. "기자(箕子)가 조선(朝鮮)에 봉(封)해졌는데, 곧 동이의 땅이다."[21] 그렇다면 '구이'로 가고 싶었다는 공자의 말은 진심에서 우러났으며, 그곳이 바로 조선은 아니었을까? 공자가 한 번 기자를 말하는 장면이 『논어』에 보이지만,[22] 은나라의 '세 인자(仁者)' 가운데 한 사람이었다고 하는 그 인물이 조선으로 갔다는 기록은

스려야 하는 땅을 말하는데, 이에 이어지는 2백 리 채(蔡)는 가벼운 형벌을 살아야 하는 사람들의 땅을 이른다. 요복 바깥의 5백 리가 다스리기 힘든 황복(荒服)이며, 거기에 3백 리 만(蠻)과 2백 리 류(流)가 속한다. 이렇게 보면 이와 만은 모두 오랑캐 사람들이나 그들의 땅이라는 뜻과 짝하는 말이다.

19) '아홉 종족' 이야기는 『후한서(後漢書)』 '동이열전(東夷列傳)'이 전하는 기사의 인용이다. 畎夷, 于夷, 方夷, 黃夷, 白夷, 赤夷, 玄夷, 風夷, 陽夷 등에 관한 내용이다.

20) 이경구(2018), 『조선, 철학의 왕국』, 푸른역사, 289쪽 이하.

21) 『논어집주』 '자한(子罕)' 편에 공자의 문제 발언을 둘러싼 여러 의견이 실려 있다.

22) 『논어』 微子. "미자(微子)는 떠나갔으며, 기자는 노예로 살았고, 비간(比干)은 간하다가 죽임을 당했다. 공자는 말씀하신다. '은나라에 세 인자가 있었다.'"

찾을 길 없다.

그런데도 '구이' 이야기는 '기자 동래'의 전승과 얽히면서 기묘한 이데올로기 지형으로 다듬어졌다. 바로 여기에 조선의 성리학자들이 두 가지 이야기를 겹쳐 보면서 '소중화' 이념을 금과옥조로 품을 수 있었던 계기가 들어 있다. 이를테면 옛 선비들이 남긴 교설을 의심하면서 읽도록 권하는 성호(星湖) 이익(李瀷)[23]마저 그와 같은 이념의 경계선을 좀체 벗어날 수 없었다. 그래서 그는 "구이란 곧 동방의 외국이니, 기자가 정교(政敎)를 베풀었던 곳"[24]이라는 표현에 주저함을 두지 않았다. 그가 『논어』 가운데 해당 편을 풀이하는 글에서 다음과 같은 이야기를 읽을 수 있다.

> 공자가 "뗏목을 타고 바다로 나간다"라고 한 말은 이 장의 뜻과 다르지 않다. 옛적 은(殷)나라가 망하자, 기자는 피하여 조선으로 나왔다가 바로 이 땅에 봉해졌다. 그러므로 기자가 동쪽으로 갈 수밖에 없었던 일에는 반드시 어떤 연유가 있었을 터이다. 더군다나 팔조(八條)로써 가르침을 베푼 뒤에는 그 풍속이 더욱 아름다워지니, 여자들은 정절을 지켰으며, 음식을

23) 이익의 『성호사설』 가운데 '독사료성패(讀史料成敗)'라는 제목의 글은 다음처럼 고전 자료를 정밀하게 따져 보면서 읽어야 한다고 설명한다. "옛날의 역사를 살펴볼 적에 여러 서적에서 널리 증거를 찾아 이리저리 대조하고 비교해 보면, 참으로 한 서적만 믿고 단정할 수 없다는 생각이 든다." 이익(2007), 『성호사설』, 최석기 옮김, 한길사, 379쪽.

24) 이익(1998), 『국역 성호질서(論語·大學·中庸)』, 한림대학교 출판부, 52, 389쪽.

먹을 때 변두(籩豆)를 사용하고, 마을에는 도둑이 없어 밤에도 문을 닫지 않았다. 우둔하고 야박한 풍속이 없어지고, 관대하고 간략한 법을 지켜서 대체로 부드럽고 조심하는 습속을 이루어 다른 세 방향의 곳과 달랐으니, 공자의 탄식이 어찌 나올 만하지 않았겠는가?[25]

이익은 주희의 주석에 따라 문제의 공자 발언을 무엇보다도 하나의 '가설' 표현으로 보고자 했다. 그러면서도 그는 구이와 얽힌 공자 에피소드를 오직 거짓으로 꾸며 낸 이야기로만 받아들이려 하지 않았다. 그가 보기에, 진실한 이치를 담지 않은 성인의 말씀이란 있을 리 없었다. 공자가 어찌 마음에도 없는 말을 '돌연히 끄집어내어' 사람들을 속일 수 있었겠는가.

그래서 이익은 구이에 가서 살고 싶다는 공자의 말을 굳게 믿고자 했으며, 그곳이 바로 '동쪽 방면의 외국(外國)'이라고 잘라서 말할 수 있었다. "바다에 떠서 갈 만한 땅은 거기밖에 없다."[26] 거듭 말하자면, 공자는 그 '구이'가 동쪽의 땅이며, 바로 거기에 기자의 정교가 펼쳐졌다고 말한 적 없다. 더군다나 논어의 기록 어디에도 '기자의 조선'이라는 표현이 들어 있지 않다. 그렇지만 이익은 일찍이 『한서』의 '지리지'가 시작하고 김부식의 『삼국사기』가 뒤따랐던 '기자 교화'의 전승을 아무런 의심도 없이 답습했던

25) 이익(1998), 『국역 성호질서(論語·大學·中庸)』, 110, 416쪽.

26) 이익(1998), 『국역 성호질서(論語·大學·中庸)』, 389쪽.

셈이다. 그 이야기를 전하는 고전 기록은 정말로 믿을 만할까?

"그리하여 무왕은 기자에게 조선을 봉토로 내렸지만, 그를 신하로 삼지는 않았다." 맨 처음으로 기자와 조선을 엮는 이 이야기는 사마천의 『사기』 '송미자세가(宋微子世家)'에 실려 있다. 여기에서 읽는 기자는 은나라 마지막 왕 주왕(紂王)의 친척이었다고 한다. 이어지는 서사 가운데 음란하고 방종하기 그지없었던 왕에게 간언을 마다하지 않았던 충절의 상징이 그려진다. 왕이 전혀 들으려 하지 않자 누군가 기자에게 차라리 떠나라고 권했다. 신하의 회피는 곧 군주 과실을 추어주어, 신하 스스로 백성을 버리고 만다는 대답이 뒤따랐다. 그리하여 기자는 머리를 산발하고 미친 척 지내다가 끝내 잡혀서 노예 신세에 떨어졌다.

그 뒷이야기가 더욱 뜻깊다. 주나라를 세운 무왕이 은나라를 무너뜨린 다음에 기자를 찾아가서 가르침을 청했다. "하늘은 미리 하민(下民)의 할 일을 정해 두고서, 그들이 서로 돕고 화목하면서 살아가도록 하셨소이다. 그러나 나는 그 변함없는 도리의 실마리를 알지 못하고 있소." 그러자 기자는 저 유명한 '홍범구주'를 왕에게 일깨웠고, 새 왕은 그에게 조선 땅을 맡기면서도 군신 관계를 원하지는 않았다. 그리고 얼마 뒤 기자가 주나라 군주를 뵈러 가는 길에 옛 은나라 도읍지를 지나면서 유명한 '맥수(麥秀)'의 노래를 부르며 비감한 심정을 달랬다고 한다.[27]

27) 『사기』 卷38, 宋微子世家 第8.

『사기』가 남긴 기자 이야기는 장중한 한 편의 서사극처럼 읽힌다. 그런 만큼 거기에 꾸미거나 부풀려 적은 소재가 함께하리라고 짐작할 만하다. 『상서』의 기록을 인용하는 '홍범' 이야기가 무엇보다도 문젯거리로 여겨진다. 정말로 기자가 새 왕국의 창시자에게 천도의 교훈을 일깨웠다면, 그 귀중한 서사는 적어도 한 편의 독립 '열전(列傳)'쯤으로 만들어져야 옳았을 터이다.

문제의 이야기를 전하는 『사기』의 기록은 주나라 초반기에 하나의 제후 영역으로 세워졌던 송(宋)나라 '세가(世家)'에 담겨 있다. 그 시조가 바로 미자(微子)인데, 그는 은나라 왕이었던 을(乙)의 큰아들이자 마지막 주왕(紂王)의 서형(庶兄)이었다고 한다. 그가 간난의 역경을 견뎌내고서 은 왕조의 제사를 이어갈 수 있었던 송나라 건설 이야기가 그 '세가'의 기록이다. 그런데 왜 남의 나라 이야기 가운데 '기자조선'의 서사가 끼어들었을까? 그것은 정말로 사마천의 서술이었을까?

량치차오의 한 편 글이 그 문제를 풀어 볼 만한 실마리를 가져다준다. 고전학에 밝았던 그는 주요한 상고 문헌들의 '독법(讀法)'을 새롭게 밝히는 가운데 『사기』 읽기를 두고서 다음처럼 풀어 간다. "현존 고서의 십중팔구는 본래 면목(面目)이 아니므로 특별히 가려보고 정리하여 공부하지 않으면서 가볍게 믿으려고 한다면, 우리는 착오에 빠지기 쉽다. 그런데 분별하고 정리하기 어려운 책 가운데 『사기』보다 더한 것은 없다." 그러면서 그는 무엇보다도 먼저 그 책이 정말로 사마천의 손에서 완성되었던가를 따져 묻는다. 이를 마무리하는 말이 주목거리다. 곧 "오늘날 전하는 『사기』의 전부가 다 원문은 아니라는 점"을 독자들은 잘 알아야만 한다. "그렇지 않으면 여기저기서 막혀 통하지 않는 어려움에 부닥치고 말 터이다."

량치차오는 일찍부터 배워 온 고증학을 바탕으로 그 책의 저술 연대와 오늘날 남아 있는 작품의 성립 과정을 세세히 살펴본 다음, 후대 사람들이 『사기』의 편목을 보충하여 지어 내거나 일부러 변조한 부분을 가려냈다. 그는 우선 전한(前漢) 말기에 『상서』를 비롯하여 온갖 고문 경전을 발견했다고 주장하면서 파란을 일으켰던 유흠(劉歆)에 주목했다. 량치차오가 보기에, 이 인물이 바로 『사기』의 속편을 짓거나 고쳐 쓴 부분을 거기에 더하면서 그 작품의 유린을 이끌었던 장본인이었다. 문제의 기자 서사가 들어 있는 '송미자세가'도 그 부류에 속하는데, 이 편목의 내용 가운데 『상서』와 얽힌 부분을 특별히 의심하면서 읽어야 할 내용이다.[28)]

『사기』에 가필과 위작 부분이 적지 않다는 량치차오의 '단언'을 새기면서 기자가 정말로 조선 땅을 다스렸던가를 다시금 물어보자. 그 책에서 '조선'이라는 말은 무려 40회도 넘게 반복하고 있다. 그 가운데 '소진열전(蘇秦列傳)'의 다음 기사가 눈에 띈다. "연나라 동쪽에는 조선과 요동이 있습니다."[29)] 이 말은 전국 시대에 합종

28) 梁啓超(1925), 「要籍解題及其讀法」, 『飮冰室全集』 七十二卷(北京: 中華書局, 2008), 12~33쪽.

29) 『史記』 卷67, 蘇秦列傳 第9.

설(合從說)을 유세하고 다녔던 소진(蘇秦)이 연(燕)나라 왕에게 이웃 나라와 동맹을 맺도록 권유하는 장면에서 나온다. 이 기록은『사기』의 서사들 가운데 송나라의 '미자' 기사가 전하는 문제의 '기자 동래' 이야기를 빼고 나면 아마도 가장 이른 시기의 '조선'을 불러내는 대목일 것이다.

여기에서 보면, 조선은 전국칠웅 가운데 동북 끝에 자리한 연나라로부터 아주 먼 거리에 있는 땅이다. 그렇듯 조선은 그저 예맥이나 진번과 마찬가지로 동쪽의 외진 곳 가운데 하나일 따름이다. 이들 서사에는 '기자 교화'의 땅이 바로 거기였다는 흔적조차 들어 있지 않다.

그리고 29번에 걸친 기자 이야기가『사기』의 기록과 함께한다. 이를테면 주나라 무왕의 서사를 담고 있는 '주본기(周本紀)'는 다음과 같은 사실을 전한다. "무왕은 은나라를 무너뜨리고선 2년 뒤 기자에게 그 나라가 망한 까닭을 물었다. 기자는 차마 은나라의 악정을 말할 수 없어서 국가 존망의 도리를 고했다. 무왕도 역시 난처하여 천도를 물었다."[30] 흥미롭게도『상서』의 '홍범 편'에서 가져온 이 이야기를 이어서 무왕이 기자를 조선에 봉했다는 기록은 실리지 않았다.

『사기』의 '조선열전(朝鮮列傳)', 그러니까 사마천이 맨 처음으로 '조선' 이야기를 하나의 독립 서사로 꾸몄던 그 편목에도 깊이 주

30)『史記』卷4, 周本紀 第4.

목할 만하다. 사마천의 주군, 곧 한나라 무왕이 먼 동쪽 변방의 옛 왕국을 정벌한 뒤 이른바 '사군(四郡)'을 세운다는 이야기가 그 주요 내용이다.[31] 놀랍게도 '조선'의 흥망을 다룬 세세 기록에 바로 그곳을 봉토로 받았다고 했던 기자의 이름은 흔적조차 없다. 그러니 딱 한 차례, 그것도 남의 나라 이야기나 마찬가지인 '송미자세가'에 불쑥 끼워 들었던 '기자의 조선' 서사만 동떨어진 모양새다.

토착하는 소중화

이제 '우리나라' 역사가들의 '수치스러운 지식'을 두고서 깊이 한탄했던[32] 신채호의 말이 새삼 뜻깊게 떠오른다. 그가 보기에, '당당히 단군의 정통'을 이어받은 부여를 제쳐둔 채 오로지 '기자만 떠받들어 노래하면서' 노예다운 '헛소리'를 내어놓는 옛 유학자들의 완고함과 비루함 속에 모든 문제점의 시작과 끝이 있다.

'고기(古記)' 가운데 다음 기사를 읽는 그들의 이해 방식이 바로 그 사례다. "단군의 아들 해부루(解夫婁)가 기자를 피하여 부여에 나라를 세웠다."[33] 이 말을 후대 사가들은 맹신한다. 그 나머지,

31)『史記』卷115, 朝鮮列傳 第55.

32) 신채호(2007),「독사신론」, 316쪽.

33) '고기'가 어떤 자료인지 알 수 없다. 다만『삼국유사』에 그 자료를 인용하는 기사들이 보일 따름이다. 신채호는『삼국유사』'기이(紀異) 제1' 가운데 '북부여'와 '동부여' 이야기에 바탕을 두고서 문제의 서술을 이어간 것으로 보인다. 거기에서 다음 내용을 읽을 수 있다. "고기(古記)는 이른다.『전한서(前漢書)』에 선제(宣帝) 신작(神爵) 3

단군이 정말 평양을 도읍으로 정했다던가 그 후손이 역시 북쪽으로 옮겨 갔다고 왈가왈부하는 말들이 많다. 이를 두고서 신채호는 결연히 맞서는 심정을 내세운다. "그러한 통설을 깨트리지 않으면, 우리나라 역사에 드리운 의심의 구름을 모두 걷어내어 없앨 날이 오지 않을 것이다."

단군이 졸본부여에 도읍을 세운 뒤 동쪽으로도 옮겨 가지 않았으며, 더군다나 평양을 중심부로 삼은 적도 없었다는 믿음에 그의 생각이 굳다. 곧 역사와 지리를 함께 살펴보건대, 단군은 졸본부여를 직할지로 삼고는 압록강 동쪽의 열국들을 은덕과 무력으로 포용하면서도 위협하여 복속시켰다. 아울러서 평양성과 삼랑성(강화도) 등이 그의 치세 영역에 들기는 했는데, 그곳들은 강포한 야만족의 정벌 과정에서 잠시 멈추었던 땅에 기념의 상징으로 남겼던 성이나 궁궐이었을 따름이다. 그래서 단군 치세의 강역은 북으로 흑룡강, 남으로 조령, 동으로 큰 바다, 서쪽으로는 요동까

년 임술년 4월 8일 천제(天帝)가 오룡거(五龍車)를 타고 흘승골성(紇升骨城)으로 내려와 도읍을 세우고 왕이라 칭했다. 국호를 북부여라고 했다. 스스로 이름을 해모수라 했다. 아들이 태어나니, 이름은 부루(夫婁)로 하였으며 해(解)를 씨로 삼았다. 왕은 그 뒤 상제(上帝)의 명을 좇아 동부여로 도읍을 옮겼다. 동명제(東明帝)가 북부여를 이어 일어나 졸본주(卒本州)에 도읍을 세우고 졸본부여라 했으니, 바로 고구려의 시조다." 여기에 단군의 "아들 해부루가 기자를 피하여 부여를 세웠다"는 이야기는 없다. 신채호는 아마도 『삼국유사』 '기이 제1' 가운데 고조선(왕검조선) 기사에서 다음 이야기를 참고하여 그렇게 서술한 듯하다. "주나라 무왕이 즉위하던 기묘년에 기자를 조선에 봉했다. 이에 단군은 장당경(藏唐京)으로 옮겨 갔다, 그 뒤 단군은 아사달로 돌아와 산신으로 살았다. 이때 그의 나이는 1908세였다."

지 뻗쳤으며, 이처럼 문화와 무공이 탁월했음은 이미 다 밝혀져 있다.[34]

단군과 기자 서사를 둘러싼 '통설'은 어떤 근거에서 '깨뜨러져야만' 할까? 먼저, 신채호가 건너뛸 수 없었을 『삼국유사』의 기록을 보자. "위서(魏書)는 다음처럼 밝힌다. '지금부터 2천 년 전에 단군왕검(檀君王儉)이 있어 아사달에 도읍을 정하고 나라를 열어 조선이라 부르니, 요(堯)임금과 같은 때이다.' 그리고 고기(古記)는 또 다른 이야기를 전한다. '… 단군왕검은 당요(唐堯)가 즉위한 지 50년인 경인년(庚寅年)에 평양성(오늘날 서경)에 도읍을 세우면서 비로소 조선이라 칭했다.'"[35]

'동국'에 전하는 문헌들 가운데 단군의 이름을 처음 불러낸 이 기록은 '위서'와 '고기'를 인용 자료로 밝히는데, 그 유실 문서들의 출처가 어디이며 언제 적 글인지 알 수 없다. 그로부터 비롯한다는 단군 이야기가 하늘에서 내려온 '환웅천왕'의 '신시(神市)'에서 시작하는 만큼 거기에는 여러 갈래 전설과 상상의 설화들이 함께한다고 보아야 옳을 터이다. 그러므로 그 기록 자료에 기대는 사실의 설명은 추측이나 가설의 범주를 넘을 수 없다.

바찬가지로 단군 시대의 치적이나 그 적통의 역사성을 밝히는 신채호의 서술에 아무런 증빙 근거도 대기 어려울 것이다. 그는 자신의 표현처럼 '제멋대로 서술하면서'[36] 단군 서사를 만들어 갔

34) 신채호(1908), 「독사신론」, 314쪽 이하.

35) 『삼국유사』 권 1, 기이(奇異) 고조선(단군왕검).

을지도 모른다. 단군과 그의 부조(父祖) 이야기가 그야말로 신들의 설화(神話)이듯, 기자의 서사도 역시 '전설에 토대를 둔' 자료에 기대고 있다.37)

그렇다면 기자가 망명객으로 변방 '평양'의 수위를 맡았다는 신채호의 표현에서 어느 만큼 신빙성을 기대할 수 있을까? 문제는 얽히고설켜 있다. 먼저 몇몇 문헌을 사례로 보자.

"서경(西京)은 옛 조선, 곧 기자가 봉작을 받은 땅이다." 이렇게 밝히는 『고려사』는 서경이 바로 평양이며, 그곳에서 기자가 '우리나라의 교화와 예의'를 가르치기 시작했다는 설명도 함께 적는다.38) 이렇듯 중국 사서에서 비롯하는 '기자 동래' 서사는 조선 왕조 초반기의 정사에 안착한다.

그런데 이보다 앞섰던 고려 시대의 『삼국사기』는 무언가 주저하는 듯한 표현을 남긴다. "해동에 나라가 있은 지 오래다. 기자가 주나라 왕실로부터 봉작을 받은 이래로 위만(衛滿)이 한나라 초기에 주제넘게도 스스로 왕(王)이라 칭했던 때까지 연대가 면면히 이어졌다. 그러나 문자가 소략하여 자세한 내용은 알 수 없다."39) 그러니까 이 기록은 '동국'의 사서 가운데 맨 처음으로 이른바 '국

---

36) 신채호(2007), 「독사신론」, 314쪽 이하.

37) 한영우(1982), 「고려~조선전기의 기자 인식」, 《한국문화》 3, 19쪽.

38) 『고려사』 卷58, 志12 地理3; 卷63, 志17 禮5; 卷71, 志25 樂2. 고려대학교 한국사연구소 편(2019), 『역주 고조선사료집성: 국내편』, 57~59쪽.

39) 『삼국사기』 卷29, 年表 上.

사'의 앞머리에 '기자의 나라'를 세우면서도 그 도읍지를 감감한 장소로 여긴다.

그런데 그 뒤 나왔던 『고려사』는 어떻게 그곳을 '평양'이라고 단정할 수 있었을까? 아무래도 어느 중국 사서가 근거 문헌이었을 것이다. 앞서 보았던 『한서』 지리지에서 흥미로운 기사를 읽을 수 있다. 여기에 널리 알려진 낙랑군 이야기가 실렸는데, 그 군(郡)에 속한 25개 현(縣)을 열거하는 기록은 '조선(朝鮮)'도 하나의 현이라고 밝힌다. 거기에 딸린 주석이 주목거리다. 곧 원래 "무왕이 기자에게 봉토로" 내렸다는 '조선'이 바로 그곳이라는 설명이 그 내용이다. 앞서 보았던 사마천의 『사기』 가운데 '송미자세가'에 실린 기자 이야기가 이 주석의 근거 자료일 것이다.

그러니까 모든 이야기의 출발점은 아니나 다를까 그 첫 번째 중국 '정사'의 기록에 들어 있는 셈이다. 『고려사』 기록이 밝히는 '낙랑군'이나 『삼국사기』에 적혀 있는 '위만' 이야기는 다 한결같이 『사기』의 서사에서 비롯한다. 거기에 하나의 독립 편목으로 들어 있는 '조선열전'을 보면, 원래 중국 동쪽 연나라에서 도망쳐 나온 '만(滿)'이 중국 변방의 망명자들과 이전부터 있었던 '조선의 만이(蠻夷)'를 한데 모아 "그들의 왕 자리에 올랐으며, 왕험(王險)에 도읍을 정했다"고 적혀 있다. '조선왕 만(滿)'이라는 명칭은 그렇게 탄생했으며, 그의 후대가 다스리던 '조선'을 한나라 무제가 정벌한 끝에 이른바 '한사군(漢四郡)'을 세웠다는 이야기가 바로 '조선열전'의 내용이다.40)

이 기사를 쓴 사마천은 바로 무왕의 치세 때 인물이며, 태사령(太史令)[41]이라는 직책 덕분에 온갖 사관의 기록과 국가 문서를 살필 수 있었다. 따라서 '조선열전'의 내용은 그의 당대 사건이면서, 공공 자료의 섭렵을 거친 이야기로 보아도 좋을 듯하다.[42] 아울러서 그는 다양한 사가 가운데 한나라와 '조선' 사이의 전쟁 사건에 가장 가까이 있었던 인물이었다고 단정할 수 있다. 그런데 아무리 보더라도 사마천의 기록 가운데에는 '만'이 다스렸다는 '조선'이 거의 900여 년 전에는 기자의 나라였으며, 그 도읍지가 바로 '왕험'이었다고 연상할 만한 쪼가리 말도 남아 있지 않다.

『고려사』의 기록처럼 '서경' 곧 '평양'이 바로 기자 교화의 한가운데라고 가리키려면, 그 기자의 '조선'과 '만(滿)'의 '왕험' 그리고 낙랑의 '조선현'이 모두 한결같은 장소의 이름이어야만 한다. 이를 뒤받쳐 줄 만한 증빙 자료가 있을까?

이미 기자 '동래'의 서사가 의문투성이라면, 교화 정치의 중심부 이야기는 전설의 유산을 역사 사실로 여길 때나 그럴 수 있다. 바로 여기에 고려와 조선을 거쳐 대한제국 시대까지 이어지는 이념 전통의 문제점이 있다.[43]

---

40) 『사기』 卷115, 朝鮮列傳 第55.

41) 『사기』 卷130, 太史公自序.

42) 김병준(2008), 「한(漢)이 구성한 고조선 멸망 과정—『사기』 조선열전의 재검토」, 《한국고대사연구》 50, 5~49쪽.

43) 대한제국의 고종은 1902년 5월 6일에 내린 조칙에서, 평양에 행궁을 두고 서경이라 부르자고 명하고는 전래의 소중화 이념이 재생하도록 기자(箕子)의 기억을 되살린

그 시작 지점으로 볼 만한 기사를 『고려사』에서 읽을 수 있다. 1102년, 그러니까 고려 숙종 7년 10월에 있었던 일이다. "예부(禮部)가 아뢰기를 '우리나라의 교화와 예의는 기자에서 비롯하는데도 제사의 예전(禮典)에 실려 있지 않습니다. 그 무덤을 찾아 사당을 세우고 제사 지내기를 바라옵니다'라고 하니, 그대로 따랐다."[44] 아마도 곧이어 평양에 기자 사당이 세워지면서 국가 제사의 유습이 이루어질 수 있었으리라 추정해 볼 만하다. 여기에 몇 가지 사실을 곁들여 보면, 그 무렵 기자 숭배의 시대 성격이 좀 더 뚜렷이 드러난다.

먼저, '예부'의 상소는 숙종 치세 초반기 '국학' 진흥의 기운과 맞물린 듯 보인다. 숙종은 경학 교육을 새로 가다듬고 '효제(孝悌)' 이념을 내세워 유교 정치를 실현하는 통치체제를 꿈꾸는데, 나이 어린 조카(헌종)의 왕위를 빼앗다시피 계승했던 그에게 왕권 강화보다 더 앞서는 과제가 없었다.[45] 송대(宋代) 왕안석(王安石)의 신법 개혁이 그의 모델이었다는 점을 보더라도 기자의 기억을 되살

다. "평양은 기성(箕聖)이 정한 천 년 고도로서 예의와 문명이 여기에서 시작했다. 이는 비록 사람의 일에서 나왔지만, 그 땅의 신령스러움도 역시 논할 수 있다"(『고종실록』 42권, 고종 39년 5월 6일 양력 2번째 기사). 새 제국의 이름에 들어 있는 '한'이 기자 후손의 나라를 이어 간다는 뜻을 간직한다는 점에서, 고종의 조칙은 미리 정해진 절차를 따랐으리라고 추정해 볼 만하다. 박근갑(2020), 『문명국가의 기원』, 나남, 60쪽 이하.

44) 『고려사』 卷63, 志17 禮5. 고려대학교 한국사연구소 편(2019), 『역주 고조선사료집성: 국내편』, 58쪽.

45) 남인국(1983), 「고려 숙종의 즉위과정과 왕권강화」, 《역사교육논집》 5, 127~141쪽.

리는 의례는 권신들의 저항에 맞서 통치 질서를 굳게 다지는 묘책으로 쓰였을 것이다.46)

예부 상소가 있었던 바로 그때, 숙종이 평양에 머물고 있었던 사실이 또 다른 주목거리다. 그의 서경 나들이는 유명한 도참가(圖讖家)로 위위승동정(衛尉丞同正)을 맡고 있던 김위제(金謂磾)의 건의에 따랐다고 하는데, 저울에 비유하자면 그 머리 부분에 들어맞는 평양을 또 다른 수도로 삼아야만 나라의 안녕과 부강을 누릴 수 있다는 예언이 그 일을 부추긴 듯하다.47)

그러니까 서로 다른 내력의 유교식 통치 이념과 도읍지 풍수의 교설이 한꺼번에 서경 부흥의 바람을 일으킨 셈이다. 고려 왕실이 고구려 후예를 자부했다면 그 옛 도읍지 평양은 고토 회복을 열망하는 북진의 상징으로 거듭나야만 한다. 그래서 숙종은 그곳에 머물 적에 고주몽의 사당에 참배하는 한편으로 기자 제사의 주청도 받아들였을 것이다.48)

국가 제례의 모습으로 나타난 기자의 기억 장치가 이미 지배정

46) 이중효(1999), 「고려 숙종대 국학의 진흥」, 《전남사학》 13, 1~27쪽.

47) 김위제는 '신지비사(神誌祕詞)'를 인용하면서 천도(遷都)의 풍수설을 펼쳤다고 한다. 이로부터 삼경(三京)의 비유가 나온다. 백아강(白牙岡)에 해당하는 서경을 극기(極器)로 삼으면 70국이 항복하여 조공을 바친다고 했으니, 그곳은 저울에 비유하자면 그 머리와 같다. 송악(松岳)의 개경은 저울대에 해당하므로 중경(中京)의 위치에 합당하다. 그리고 삼각산의 남방은 오덕(五德)의 언덕에 해당하므로 저울추와 같다. 김기덕(2005), 「高麗 中·後期 遷都論議와 風水·圖讖說」, 《역사민속학》 20, 105쪽.

48) 한영우(1982), 「고려~조선전기의 기자 인식」, 24쪽 이하.

치의 속성을 담고 있듯, 거기에는 몇몇 상징 요소가 함께한다. 고구려 시대의 풍속을 전하는 중국 사서에 깊이 주목할 만한 이야기가 있다. "그 풍속에는 음사(陰祀)가 많아서, 영성신(靈星神)과 일신(日神), 가한신(可汗神)과 기자신(箕子神)을 섬긴다. … 이 모두를 10월에 왕이 몸소 제사한다."[49]

『구당서(舊唐書)』 '동이열전'에서 읽는 이 글에서 먼저 '음사'가 두드러진다. 그 말이 국가 제사의 격식이나 그 흠향 대상에서 어긋난 경배 행위를 일컫는다면, 거기로부터 유교식 제례와 달리 보이는 풍속을 유별스레 여기려는 속뜻을 읽어 낼 만하다. 무언가 천상세계를 연상시키는 영성신이나 일신이 그러한 범주에 들지도 모른다. 광개토 왕릉의 비문에 시조 추모왕(鄒牟王)을 '천제의 아들(天帝之子)'이라고 새겨넣었듯,[50] 고구려의 국가 제례는 이른바 '천신 신앙'과 그 관념 세계 속에서 치러졌을 것이다.

이 줄기에서 '가한신'의 존재를 유추해 볼 수 있다. 북방 종족의 언어를 빌려 썼다고 여겨지는 그 이름은 동이 군장들 가운데 어느 우두머리 인격신을 가리킴 직하다. 여러 중국 사서는 10월에 열리는 고구려 동맹제천(東盟祭天) 이야기를 전하며, 또 더러 천신(天神)의 자손을 연상할 만한 시조들의 신묘(神廟)를 기록하고 있다. 이로써 보건대, '가한신'이란 주몽이나 그에 앞서는 해모수 또는 단군의 '귀신'을 상징하는 이름이라고 헤아릴 만하다.[51]

49) 『舊唐書』 卷199上, 列傳 149上 東夷.

50) 서영대(2003), 「고구려의 국가제사」, 《한국사연구》 120, 3쪽.

그렇다면 '기자신'도 같은 계통의 천손에 들었을까? 여기에서 말하는 기자는 '조선'을 봉작으로 받았다는 바로 그 인물일까? 고구려의 국가 제사를 전하는 어느 중국 사서에서도 이 문제의 실마리를 찾아보기 어렵다. 고구려 사람들은 '불법(佛法)'을 받들면서도 "오히려 음사(陰祀)를 더 좋아한다." 『구당서』에 앞선 중국 정사들이 그렇게 거듭해서 전하는[52] 고구려 관습에 기자 제사도 들었다면, 그 흠향 대상은 민간에 전하는 본토박이 군장의 귀신이거나 토착 시조의 영성이었다고 넘겨짚을 만하다.

"그대는 차지한 땅을 평양(平壤)이라 일컬었으며, 병권을 오로지하고 재주도 함께 갖추었다. … 나라 세운 주몽의 상서로움을 좇아 그 나라의 군장(君長)에 오르고, 번국(蕃國)을 일으킨 기자의 발자취를 뒤따라 은혜와 화목을 펼치고 있다."[53] 이 글은 고려 태조 2년에 왕건(王建)을 고려 국왕으로 책봉한다는 후당(後唐)의 '조서' 가운데 한 대목이다. 고구려 적통의 승계와 기자 교화의 유업을 고려 개국의 정당성으로 보는 중국 지배정치의 시선이 선연하다. 그 속내에는 이제 혈통의 시조뿐만 아니라 교화 군주의 제사도 제대로 갖추어 올리기를 기다리는 열망이나 그러라고 시키는

51) 한영우(1982), 「고려~조선전기의 기자 인식」, 21쪽 이하; 박승범(2002), 「고구려의 국가제사」, 《사학지》 34, 93~111쪽.

52) 『周書』 卷49, 列傳41; 『北史』 卷94, 列傳82.

53) 『고려사』 卷2, 世家2 太祖2 16년. 고려대학교 한국사연구소 편(2019), 『역주 고조선 사료집성: 국내편』, 45쪽.

무언의 압박이 들었는지도 모른다. 새로운 '기자상(箕子像)'을 바라는 듯한 그 외교 서식을 두고서 어떤 방향의 대응이 고려 측에 있었던가를 알 만한 소식은 감감하다.[54]

앞서 본 숙종 시절의 기자 사당 이야기는 그러니까 하나의 돌발 서사인 셈이다. 그때도 기자가 '번국'을 세웠다는 자격으로 시조신(始祖神)의 자리에 오른 것으로 보이지는 않는다. 오히려 오래도록 '음사' 형식으로 남아 있었던 토착 신앙의 전승을 새삼 국가다운 자긍심으로 더 높이려는 시대 의식이 기자의 이름을 빌려 나타났다고 짐작할 만하다.

이와 더불어 '기자 사당'의 치장이 대중국 관계를 무마하는 외교술로 쓰였을 것이다. 숙종의 아버지 문종 시대를 전하는 『고려사』 '세가(世家)'에서 다음 내용을 읽을 수 있다. "기자는 요동에 봉토를 받아 나라를 열었다." 1072년 송나라에 갔던 고려 사절단이 그곳 황제에게서 받아 가져온 칙서 속의 말이다. 중국 사행길의 사신이 기자 사당에 '정성껏 재(齋)'를 올리며 송 황제를 위해 축원했다는 치사도 그 가운데 들어 있다. 그리고 이어서 다음처럼 전하는 이야기가 덧붙는다. "황제는 고려가 문필을 숭상한다고 여겨 조서(詔書)를 보낼 때마다 반드시 문사들을 가려 글을 짓게 한 다음 그 가운데 좋은 문장을 가려 뽑았으며, 사신과 함께 온 서장관(書狀官)을 반드시 중서성으로 불러 문장을 시험한 뒤 보내었

54) 한영우(1982), 「고려~조선전기의 기자 인식」, 23쪽 이하.

다."[55)]

사행길 이야기 가운데 박인량(朴寅亮, ?~1096)의 에피소드가 주목거리다. 그가 서장관으로 두 번째 송나라에 갔던 1080년의 일이라고 한다. 그때 김부식의 아버지 김근(金覲)도 함께했는데, 그곳 문인들이 이들의 시문을 모아 『소화집(小華集)』이라는 제목의 한 편 작품을 펴냈다. 두 사람의 시문이 송나라 사람들의 감흥을 일으킬 만큼 빼어났던 덕분이다. 그러는 가운데 사절단의 숙소가 '소중화관'의 이름을 얻기도 했다.[56)] 말 그대로 작은 중국이라는 소중화의 뜻 가운데 '기자 교화'의 전설이 큰 몫을 했을 것이다. 그 말을 직접 들었던 고려 문사들의 심정은 사료 기록 가운데 드러나지 않는다. 그들은 '상국'의 위세를 못내 부러워만 했을까? 아니라면, 스스로 닦은 문화 기량의 긍지가 그 의식세계의 바닥에 자리하고 있었을까? 나중에 문종 애도사를 남긴 박인량의 글 속에서 자부심의 기운이 엿보일 따름이다. "융성함이 상국(上國)에 견줄 만하니, 소중화(小中華)라는 칭호를 얻었다."[57)]

간추려서 보자면, 적어도 고려 초엽에서 중반기에 이르는 동안 기자 인식은 '상국'의 표현에 담긴 긴장감 속에서도 중국을 바라보는 선망과 고유문화의 자존감 사이에 경계 지점으로 놓여 있었

55) 『고려사』 卷9, 世家9 文宗3 26년 6월. 고려대학교 한국사연구소 편(2019), 『역주 고조선사료집성: 국내편』, 47쪽.

56) 박대재(2016), 「기자조선과 소중화」, 《한국사학보》 16, 39쪽 이하.

57) 『東文選』 卷28 册, 文王哀册.

다고 할 수 있다. 그러니까 '교화와 예의'의 전통이 평양에서 시작할 수 있었다는 기자 전설이 만들어지는데, 이로부터 혈통 승계와 문화 전승을 기묘하게 조화시키려는 자기 정당화의 정치가 들어선 셈이다.

여기에 맞서 김부식은 새로운 이념 질서를 세우고자 한다. 『삼국사기』에 면면히 흐르는 사대의 정신이 그 얼개를 이룬다. 그의 주장대로면 한나라 이래 사군(四郡)에 들었던 "현도와 낙랑은 본래 조선의 땅이다." 바로 거기가 애초에 "기자가 봉작을 받았던 곳이다." 그러니까 '해동(海東) 국가'의 역사는 기자로부터 비롯한다. 그런데 그 '인현(仁賢)의 교화'가 고구려에는 미치지 못했던 탓에 그 나라는 천자의 '소명(詔命)'을 거역하고 '불순(不順)'을 저지른 끝에 '멸망'을 자초하는 재앙에 빠졌다.[58]

이렇듯 기자가 통치와 예교를 아우르는 국조(國祖)의 위상에 오르자 서경 부흥의 바람과 함께했던 고유문화의 자부심은 사대 의식의 당위성에 밀리고 말았다. 고려 중반기에 주도 이념으로 나타나기 시작했던 유교식 지배 원리가 『삼국사기』의 서술 경향으로 굳게 자리 잡은 결과로 보인다.[59]

따라서 '어리석게도' 기자만 '떠받들어 노래한다'고 짚어 말했던 신채호의 표현처럼, 고구려 계승의 열망 가운데 담겼던 주요 상징 요소는 그 기록에서 빠지고 만다. 말하자면 고려 후반기 사

58) 『삼국사기』 卷22, 高句麗本紀10 論曰.

59) 한영우(1982), 「고려~조선전기의 기자 인식」, 26쪽 이하.

서들에 뚜렷이 나타나는 단군 이야기나 '단군조선'이 김부식의 인식세계에서는 '해동' 역사의 시작점으로 자리할 수 없었다. 마찬가지로, 사대의 도리를 저버린 고구려는 신라처럼 '지성(至誠)으로 중국을 섬기고' 또 '성현(聖賢)의 풍속과 교화를 이어받는' 정통 계보에 오를 수 없었다.[60]

"역사여, 역사여! 이따위 역사도 역사인가." 존화(尊華) 이념에 기울었던 『삼국사기』의 서술 경향을 두고서 신채호가 「독사신론」의 끝자락에 썼던 말이다. 그가 보기에, 김부식은 역사를 이해하는 지식과 역사 서술의 재능을 조금도 갖추지 못한 사람이다. 지리 사정도 역사상 주요 인물들의 행적도 전혀 알 수 없었던 그는 더더군다나 자존(自尊)의식마저 내던진 채 아무런 근거도 없는 말들만 주워 엮어서 역사라고 이르니, 『삼국사기』가 그것이다. 그러니 거기에 터무니없으면서 망령스럽고, 비루하면서도 어리석은 이야기들이 다 모였다고 할 만하다.[61]

이렇듯 거센 비난의 표현은 무엇보다도 지나치게 중국을 숭배하여 맹신하면서 '자기기만'에 빠졌던 김부식의 '망설(妄說)'을 겨냥한다. 그는 눈이라도 먼 듯, 그토록 받들었던 중국 사람들이 스스로 오만(傲慢)에 넘치면서 잘난 체하는 속내로 남을 깎아내리는 사서들만 일구어 왔다는 사실을 모른 척했다. 그래서 그는 거기에 적힌 이야기들을 '우리 역사'에 마구 집어넣어서 온통 비열하기

60) 『삼국사기』 卷12, 新羅本紀12 論曰.

61) 신채호(2007), 「독사신론」, 339쪽.

그지없는 서사를 엮어 한 편의 『삼국사기』를 지었다. 그 까닭에 우리의 기세는 추락에 이르렀고, 뒤따라 나라의 수치가 수백 년 동안이나 빚어졌다.

이제 오늘날 역사가들은 그 책을 본받는 듯 새삼 일본을 숭배하여 노예근성을 기르면서 우리 신성한 역사를 더럽히면서 욕보이고 있다. "그러니 장차 이 나라가 어느 곳에서 고꾸라지고 말 것인가."62)

신채호는 그 뒤로도 『조선상고사』를 서술하면서, 김부식이 "사대주의를 근본으로 삼아 『삼국사기』를 지었다"라는 표현을 빠트리지 않았다.63) 또 그는 김부식을 일러 '사대주의자의 괴수'라고도 했다. 이 땅에 남아 있는 사서 가운데 최고(最古) 기록으로 길이 전하는 그의 작품이 그야말로 모화(慕華) 사론의 시작점이자 그 화신(化身)으로 자리 잡은 탓이었다. 그래서 김부식의 시대를 지나 '조선 근세'에 이르면 "종교나 학술이나 정치나 풍속이 사대주의의 노예"로 굴러떨어지고 말았다는 탄식이 나온다.

왜 우리는 공자나 맹자 같은 바깥 사상가들의 '유훈(遺訓)'을 하늘처럼 떠받들면서도 우리 고유의 종교와 풍속을 '이단'의 자리로 내몰아야만 했던가? 이렇듯 갖가지 영역에서 '노예 성격'을 만들었던 '원인'이 무엇이었던가를 따지는 여러 질문 가운데 신채호는 문제의 정곡을 유교와 그 대척 사상에 놓는다. 그의 설명은 회상

---

62) 신채호(2007), 「독사신론」, 327쪽.

63) 신채호(1948), 『조선상고사』, 종로서원, 608쪽.

처럼 이어진다.

김부식 이전의 '조선 역사'는 그가 원했던 사대(事大)의 '이상(理想)'에서 어긋나 있었다. 말하자면 그 사회 현상은 유가의 가르침과 전혀 달랐던 면모를 보였다. 이랬던 마당에 자신의 "사대주의를 근거로 삼아 『삼국사기』를 지어 낼" 수 있었던 '천재일우의 기회'가 찾아왔다. 앞서 보았던 '서경(西京) 전쟁', 그러니까 그 유명한 기념비 사서의 탄생 직전에 발발했던 1135년 '묘청(妙淸)의 미친 거동(擧動)'과 진압군 수장 김부식 사이의 격돌이 바로 그것이다. 드디어 김부식이 전쟁의 승리자로 돌아왔을 때 자존의 독립 세력을 억누르는 사대당(事大黨)의 '천하'가 열릴 수 있었다. 이로부터 조선의 제도, 문물, 풍속, 습관 등을 모두 유교 이념 아래에 두는 역사 서술의 '이상(理想)'이 만들어졌으며, '동방군자국(東方君子國)의 칭호'가 그 유산으로 남을 수 있었다.[64)]

김부식의 '노예' 사론을 두고서 신채호는 만나는 사람마다 독설을 마다하지 않았던 듯 보인다. "T는 김부식을 원수같이 미워하였다. 그는, 『삼국사기』를 쓸 때 사실을 굽혀서 한족(漢族)을 주(主)로 하고 제 나라를 종(從)으로 하여서 민족에게 노예근성을 넣은 것에 분개하였다."[65)] 이광수가 상하이 시절을 회고하면서 남긴 글 가운데 들어 있는 말이다. 여기에서 이르는 'T'란 그의 오산학교 회상기에 유명한 세수 에피소드와 함께 "기자(箕子)와 같은

64) 신채호(1929), 『조선사연구초』, 조선도서주식회사, 66쪽.

65) 이광수(1979), 『그의 자서전』, 『이광수전집』 6, 우신사, 354쪽.

조선족 대 한족 문제"를 만나면 "분기를 품고서" 높은 목소리로 말했다는 '단재' 그 사람이다.[66]

모름지기 그는 『삼국사기』 덕분에 "반도의 사학계를 위협하고 억눌러서 그 구린내 나는 존화양이(尊華攘夷)"의 이념만 맹종케 했던 '춘추강목(春秋綱目)의 세력'이 날뛸 수 있었다고 분개했을 것이다.[67] 그의 상심 가운데 깊이 박혔던 김부식은 "항상 존화주의에 취하여 역사 사실까지 위조해 가면서 태고(太古)부터 유교 교의(教義)가 조선에 널리 퍼졌던 것처럼" 말하는 '사대주의 노예'의 원조나 마찬가지다.[68]

이처럼 '이교(異教)'를 숭모하면서 드높여온 '속임수 기록(誣錄)' 가운데에서도 '참'을 찾아 고증하는 일은 자기보존을 중심에 두는 인간학을 요청한다고 이를 만하다. 그의 말대로 '가장 조선답지 않은 것'을 뒤집어 '참조선'을 찾아내고자 했을 때, 그 일은 무엇보다도 이단의 자리바꿈에서 시작해야 옳았을 터이다.[69]

---

66) 이광수(1936), 「탈출 도중의 단재 인상」, 『단재신채호전집』 9, 독립기념관 한국독립운동사연구소, 304쪽 이하.

67) 신채호(1977), 「조선사 정리에 대한 사의(私疑)」, 단재신채호전집간행위원회 편, 『단재 신채호 전집』, 형설출판사, 135쪽.

68) 신채호(1929), 『조선사연구초』, 300쪽.

69) 신채호(1977), 「조선사 정리에 대한 사의(私疑)」, 130쪽 이하.

2. 광명신

정복 군주?

"오호라, 우리 동국을 처음 세우신 시조가 단군(檀君)이 아닌가."[70] 「독사신론」의 제1장을 시작하는 이 말과 더불어 기자 왕통의 '망설'은 그저 '노예들의 헛소리'나 '촌사람의 입에서 나온 이야기'로 밀려난다. 그리고 이어지는 반문(反問) 형식의 표현 가운데 단군은 '동국' 혈통의 뿌리이자 조선 땅을 넓힌 정복 군주 같은 위상으로 두드러진다.

이를테면 단군의 강역이 북으로는 흑룡강, 남으로는 조령, 동으로는 큰바다, 서로는 요동까지 뻗쳤다고 하는데, 후대의 사가들은 '그 문화와 무공(武功)의 탁월함'을 짐짓 모르는 듯 까마득히 멀어 찾아볼 수 없다는 그 유적(遺迹)을 두고서 어찌 탄식만 내어놓고 있을까? 더러 말하기를, 단군이 남쪽을 향해 팔짱 끼고 조용히 앉은 채 여러 종족을 거느렸다고 한다. "오호라, 정말 그랬을까? 어찌 그럴 수 있었을까?" 단군의 무공과 문덕(文德)이 널리 퍼져 두루 미치자 지나족 이외에 구이(九夷)와 팔만(八蠻)의 모든 종족이 연달아 찾아와 항복하고, 또 멀리 있던 다른 나라가 그의 교화를 바라면서 귀화했다. 이 일이 어찌 단군 당대에만 그쳤겠는가. 그

70) 신채호(2007), 「독사신론」, 314쪽.

조상의 뜻이 후손들로 계속 이어지지 않았다면, '우리 부여족'이 그토록 수많은 종족과 나라와 서로 겨뤄 "어찌 생존하고 우승할 수 있었을까?"

그러니까 단군의 시대에는 여러 추장이 서로 우열을 다투고, 고만고만한 나라들이 너도나도 굽히려 들지 않으면서 아옹다옹했는데, 마침 그때 '성인(聖人)' 단군이 나타나서 '신공(神功)과 성덕(盛德)'으로 여러 지역을 복속시켜 하나로 뭉친 나라를 이루었다. 그가 처음 일어난 땅은 장백산 아래였으며, 그 '정치의 중심'은 졸본부여(卒本扶餘)였다. 이렇듯 '단군의 적통(嫡統)'은 대대로 이어지고 부여와 그 후예들의 '정통' 계보가 훤하거늘, 어찌 그리 군색하게도 기자를 대신 세우고자 하는가?71)

「독사신론」의 서술에서 단군은 얼핏 역사 속 실재 인물처럼 나타난다. 그래서 더러, 그 글을 두고서 '단군 문제'를 신화에서 역사로 바꾸어 놓은 '최초의 작업'이라고 '높이' 평가 내리기도 한다.72) 이를 뒷받침하듯, 신채호의 묘사는 생생한 사실 그 자체로 보인다. 이를테면 단군의 성스러운 정복 사업은 심양(瀋陽), 그러니까 오늘날의 길림성(吉林省)에서 맨 처음 시작한다. 다음으로 그의 발자취는 지금의 봉천성(奉天省)에 들어맞는 요동(遼東)으로 이어지며, 마침내 졸본부여에 '조선 본부'가 이루어진다. 단군의 자손이 대대로 물려받았던 직할지가 그렇게 만들어졌다.

71) 신채호(2007), 「독사신론」, 315쪽 이하.

72) 이만열(1990), 『단재 신채호의 역사학 연구』, 문학과지성사, 249쪽.

이와 같은 사적은 조선 세조 때 생육신의 한 사람으로 길이 남는 추강(秋江) 남효온(南孝溫)이 쓴 한 편의 시에도 전한다. "단군이 패수(浿水) 가에서 우리 조선 사람들을 낳아 기르시고, 우리에게 훌륭한 도덕을 가르쳐 주셨네." 그런데도 우리는 오늘날에 이르러 단군 시대를 우러러 생각하면서, 그토록 멀고 아득한 역사를 마치 창세기 한 편을 읽는 듯 긴가민가한 심정에 사로잡힌다. 그 태곳적 시간은 너무나 까마득히 멀어서 우리의 생각으로 헤아려 볼 수조차 없는가? 신채호는 사라지고 없는 기록 자료를 애석하게 여길 따름이다.

> 오호라, 내가 동국사(東國史)를 읽다가 고구려 멸망의 시점에 이르러서는 우리 역사의 일대 액운을 슬퍼한다. 대개 우리 단군이 나라를 세워 대를 물려준 지 2천여 년에 이르러 그 왕조가 두 파로 분립하니, 그 하나는 동부여이고 다른 하나는 북부여로 곧 고구려이다. 동부여가 미약해지자 그 강토와 문물을 모두 들어 고구려에 투항했다. 단군 즉위 초년에서 고구려 말년에 이르는 시간 거리를 계산하면 비록 3천 년에 가까우나, 단군이 이미 고구려 왕조의 혈통상 직계 조상이므로 고구려에 남아 있는 문서와 옛 사적에는 단군의 거룩한 고적이 자세한 기록으로 남았을 것이다. 그리고 또한 단군뿐만 아니라 그 이전 태고 시대의 역사도 혹시 있었을지도 모른다. 슬프도다. 문서 보관소의 전례(典例)와 고사(古事)가 적의 불길에 모두 타 버려

서 동국 역사를 펴보는 제1장에 텅 비어 있어서 까마득히 먼 시대의 탄식을 남겨 놓았도다.[73]

그리고 고구려를 이었던 발해 땅에 할아버지 나라로부터 받아들인 문헌들이 숱하게 남아 있었을지도 모른다. 그러나 여기에도 여전히 신채호의 한탄이 짙게 남는다. "슬프도다. 저 고려 왕조 때 역사 편찬 신하들의 노망이 너무나 심하여, 발해의 멸망과 마찬가지로 본국 문헌이 없어져 버리는 일을 내버려 두었구나."

이를 두고서 신채호는 『동사강목』에 보이는 안정복의 한탄에 공감한다. "문열(文烈) 김부식이 역사를 지을 적에, 그가 요동의 나라들과 서로 교류하여 왕래하면서 유적을 찾아 증험할 방법을 어찌 찾지 못했겠는가마는, 애석하구나, 그가 그러지 못하였으니." 이뿐만 아니라 신라와 백제의 역사 자료도 병화를 입었다. 그래서 삼국 시대의 사적도 감감하기는 마찬가진데, "하물며 망망한 연대의 단군 역사야 논할 나위 있으랴."

사정이 이렇다면 어떻게 '단군의 정통'을 이어받은 나라들의 '훤한' 역사를 말할 수 있을까? 그래서 신채호는 다음처럼 표현할 수밖에 없었을 것이다. "비록 그러하나, 내가 역사상 관찰한 바에 따라서 단군 시대를 내 멋대로 논해 보려고 한다."[74] 그야말로 '불가사의(不可思議)'의 시대를 어떻게 관찰하고, 무엇을 찾아내어 논

73) 신채호(2007), 「독사신론」, 314쪽.

74) 신채호(2007), 「독사신론」, 315쪽.

변의 근거로 삼는다는 뜻일까? 아무래도 신채호는 전래 신화에 기댈 수밖에 없었을 것이다.

> 무릇 삼국 시대 이전에는 우리 동국 민족이 여전히 신을 받드는 시대에 있었으므로 당시 영웅과 현철은 한결같이 신화(神話)에 의지하여 인민들을 불러 모았다. 신라, 고구려, 가락 삼국에는 너무나도 똑같은 신화가 매우 많다. 고주몽도 알에서 나왔다고 하고, 혁거세와 김수로도 알에서 나왔다고 하며, 석탈해도 알에서 나왔다고 하였다. … 해모수가 천제(天帝)의 자식이라고 지칭하였는데, 가락국의 신정(神政)도 천신(天神)이 낳은 바라고 하였으니, 같은 땅 같은 종족(同地同種)에게서 나지 않았다면 어찌 신화가 이처럼 똑떨어지게 같을 수 있겠는가.[75]

인용 글의 얼개에서 중심으로 작용하는 '신화'로부터 역사 속의 단군 존재를 돌이켜 볼 만하다. '동국 민족'의 옛 역사가 신화의 시대라면, 해모수나 고주몽처럼 단군도 마찬가지로 그 새로운 학술 용어의 범주에 속하는가? 그러니까 단군은 전설 가운데 천신과도 같은 숭배의 대상인가 아니면 신령스러운 이야기로써 사람들을 꾀어내어 나라 세우는 일에 앞섰던 인물인가?

신채호는 '신정(神政)'이나 '신시(神市) 시대'처럼 남다른 언어 용

---

75) 신채호(2007), 「독사신론」, 322쪽.

례를 내놓으면서도 새로운 신화 개념을 단군 이야기에 적용하는 사례를 보이지 않는다. 「독사신론」을 이어서 이태 뒤 《대한매일신보》에 실린 '동국 선교(仙敎)'의 논설도 흥미롭게 읽을 만한 내용이다. "환인·환웅·단군은 곧 이른바 삼신(三神)[또는 삼성(三聖)이라고도 한다]이며, 삼신은 곧 선교 창립의 비조(鼻祖)이다. 그러므로 환인과 환웅은 실재했던 인간이 아니라 추상의 신이니, 그 의미는 대략 예수교의 삼위일체나 불교의 삼불여래(三佛如來)와 같다. 그런데도 후세에 역사서를 엮는 사람들이 때때로 단군의 조부가 환인이고 부친이 환웅이라고 한다. 이 어찌 가소롭지 않은가."[76]

말하자면 삼신이나 삼성은 그야말로 지어낸 이야기에 속한다. 그렇다면 단군은 그 가운데 들지 않는가? 환인과 환웅을 실재 인물로 삼는 일이 우스개라면, 단군도 아울러 '추상의 신'으로 그려져야 옳은가?

수림 신단의 단군들

미루어 보건대, 신채호는 남보다 이르게 보편 개념으로 작용하는 신화의 인식에 이르렀지만, '우리 동국을 세우신 시조'와 삼신 신앙 속의 상상 존재 사이에서 채 갈피를 잡지 못한 듯 여겨진다. 후기 작품 가운데 그려진 단군상으로부터 그의 초반기 사유의 실

76) 신채호(1910), 「東國古代仙敎考」, 《대한매일신보》 1910년 3월 11일.

험 과정에 담긴 고심의 흔적을 되짚어 볼 수 있을지도 모른다.

이를테면 『조선상고사』가 전하는 단군은 인류의 역사 과정에 보편으로 나타날 만한 원시 '신앙' 가운데 하나다.

> 조선족이 각 '아리라'에 분포하여 각 '불'을 개척하던 바로 그때, 일대(一大) 공동의 신앙이 유행하였으니, 이것이 이른바 단군(壇君)이니라. 원시 인민들은 우주 형상을 과학답게 해석할 지식을 갖지 못하였다. 그래서 그들은 우주에 신이 있다고 가상하고는 모든 것을 신(神)의 조작(造作)으로 돌려 신을 숭배하였다. 아울러 그들은 저마다 자연환경을 따라 더러는 만물을 모두 신으로 인식하여 이를 섬기기도 하였으며, 더러는 만물의 위에 하나의 신이 있다고 여겨 이를 섬겼다. 이것이 이른바 종교(宗敎)이며, 원시 시대 각 민족사회가 저마다 고유한 종교를 가진 실재(實在)이다.[77]

여기에서 말하는 '아리라'는 큰 강 주변이며 '불'은 벌판(野地)이다. 이 지역들에 흩어져 살아가던 '조선족'이 다 함께 받들어 모시는 '천신(天神)' 곧 '하느님'이 있었으니, 이름하여 '단군'이라고 한다. 이와 같은 숭배 행위는 원시 시대 어느 사회에서나 '미신'의 형상으로 나타났을 것이다. '조선 최초의 일반 신앙'이라고 여길

77) 신채호(1948), 『조선상고사』, 53쪽.

수 있는 단군 숭배도 여기에 속한다는 점에서, 신채호가 밝히고자 하는 '고유의' 신화와 종교는 인류 보편의 문화 현상에 속한다. 다만 그는 '조선 민족'이 어느 장소에서 발원하여 '조선'이라 불렀던 땅을 마땅한 거주지로 정하는 동안 하나의 특별한 신앙 형식을 갖추었다고 본다.

인류의 발원지를 두고서 이런저런 논란이 있지만, 파미르고원 아니면 몽골사막 가운데 어느 장소로부터 동방으로 나와 오늘날 백두산이라 부르는 불함산(不咸山)을 바라보면서 정착할 땅을 골랐다는 사실이 깊이 주목해야 할 대목이다. '명월(明月)이 출입하는' 그곳을 사람들은 바로 "광명신(光明神)이 깃들어 지내는 장소"로 받아들이고, "그 부근의 토지를 조선(朝鮮)이라 불렀다." 고어(古語)에서 조선이란 광명이라는 뜻과 통하므로 사람들이 동쪽을 바라보면서 찾았던 '광명의 본원지(本原地)'가 바로 그 땅의 이름에 어울린 셈이다.[78]

조선족이 맨 처음 백두산 부근에 정착지를 만들었을 때 그곳의 깊고 울창한 숲이 광명신을 받들어 모시기에 알맞았을 것이다. 그러다가 차츰 인구가 번식하여 여러 곳으로 흩어지자, 같은 족속의 사람들은 개개 거주지 부근에 백두산을 본뜬 숲을 길렀으며 그 수림(樹林)을 이름하여 '수두'라고 했다. 그 장소를 신채호는 신단(神壇)으로 풀이한다.

78) 신채호(1948), 『조선상고사』, 51쪽 이하.

광명신을 받드는 사람들은 매년 5월과 10월에 '수두'에 나아가 제사를 지내는데, 그때 제주(祭主) 한 명을 뽑아서 신단의 한가운데 모셔 놓고 '하느님(天神)'이라 부르면서 예배 행위를 치렀다. 사람들은 이 제사 장소를 신성하게 여겨 금줄을 쳐서 잡인의 출입을 금했다. 전쟁 같은 큰일이 생기면 소를 잡아 '수두'에 제사 지내고 그 발굽을 보고서 길흉을 점쳤다. 발굽이 벌어지거나 붙어 있는 형상에 따라 길흉의 예언이 엇갈리는데, 바로 여기에서 중국 팔괘(八卦)의 음획(陰劃)과 양획(陽劃)이 유래했다. 이러한 특성의 수림 신단으로부터 단군의 이름이 나온다.

강적이 침입하면 각 수두 소속의 부락들이 연합하여 이를 방어하고, 가장 공(功)이 많은 부락의 수두를 제1위로 높이 받들어서 '신수두'라 불렀다. '신'이란 최고 최상을 의미한 것이며, 기타 각 수두는 그 아래에 복속했다. 삼한사(三韓史)에 보이는 '소도(蘇塗)'는 수두의 음역(音譯)이며, '신소도(臣蘇塗)'는 신수두의 음역이다. '진단구변국도(震壇九變局圖)'에 나오는 '진단(震壇)'의 '진(震)'은 '신'의 음역이고, 단(壇)은 수두의 의역(意譯)이며, 단군(壇君)은 곧 '수두하느님'의 의역이다. 수두는 소단(小壇)이고 신수두는 대단(大壇)이다. 하나의 수두에 하나의 단군이 있었으므로 수두의 단군은 소단군(小壇君)이고 신수두의 단군은 대단군(大壇君)이다.[79]

신단(神壇)을 뜻하는 '수두'로부터 단군의 이름을 불러내는 설명 방식이 이채롭다. 수림 신단에서 제사를 주관하는 '하느님'이 곧 단군이라면 흙 토(土) 변의 '단(壇)'이 그 이름의 뜻과 가장 잘 어울릴 듯하다. 신채호는 일찍이 「독사신론」의 서술에서 나무 목(木) 변의 '단군(檀君)을 호명하지 않았던가.

남아 있는 고전 자료 가운데 단군을 가장 먼저 기록했던 『삼국유사』는 원래 흙 토 변의 '단(壇)'을 그 이름에 붙이고 있다. 이를테면 "지금부터 2천 년 전에 단군왕검(壇君王儉)이 도읍을 아사달에" 마련했다거나, "환웅이 무리 3천 명을 거느리고 태백산 꼭대기 신단수(神壇樹) 아래로 내려왔다"라고 적었던 기록이 그러하다. 그런데 이 책과 거의 비슷한 시기에 나왔던 『제왕운기』를 보면, '단군(檀君)'이나 '신단수(神檀樹)'의 표현처럼 나무 목 변의 '단(檀)'이 나타난다.[80] 어떤 까닭에서 두 책의 인용 글자가 달라졌는지 지금으로서는 알 길 없지만, 조선 시대의 관찬 사서나 문인들의 역사 서술은 대부분 『제왕운기』의 사례를 따르는 관행을 보인다.

그렇다면 신채호가 '소단군(小壇君)'과 '대단군(大壇君)'의 이름에 붙인 흙 토 변은 이제 뒤늦게 『삼국유사』의 표현법으로 되돌아간다는 표명이나 마찬가지일까? 그는 그 책에 보이는 '제석(帝釋)'이나 '웅(雄)' 또는 '천부(天符)' 같은 말이 거의 불교 경전에서 나왔다고 하여, 그 책의 내용을 곧이곧대로 받아들이지 않을 듯한

79) 신채호(1948), 『조선상고사』, 54쪽.

80) 고려대학교 한국사연구소 편(2019), 『역주 고조선사료집성: 국내편』, 16쪽 이하.

속내를 보인다. "나는 이것이 순수한 조선 고유의 신화가 아니고, 불교 수입 이후에 불교도로 말미암은 점철(點綴)이 적지 않다고 생각한다."[81] 굳이 흙 토 변의 '단군(壇君)'이라고 적는 신채호의 서술 방식은 아무래도 『삼국유사』의 용례를 그대로 답습한다는 뜻에 맞닿지 않은 듯 보인다.

인용문에 보이는 '삼한사(三韓史)'에서 어떤 실마리를 찾을 수 있을까? 이 글과 비슷한 시기에 썼던 『조선사연구초』에 '진수(陳壽) 삼국지 삼한전'이라는 표현이 있으므로[82] '삼한사'란 바로 중국 진(晉)나라 시절 진수(陳壽, 233~297)가 위(魏)·촉(蜀)·오(吳) 삼국의 역사를 기록했던 『삼국지』 위서(魏書) 가운데 이른바 동이전(東夷傳) 속의 한(韓) 기사와 같다고 할 수 있다. 거기에서 다음과 같은 이야기를 읽을 수 있다.

그곳 사람들은 귀신을 믿는다. 그래서 국읍(國邑)마다 한 사람씩 뽑혀 천신(天神)을 모시는 제사를 맡는다. 천군(天君)이 그 이름이다. 또 이들 나라에는 각각 별읍(別邑)이 있는데, 이를 소도(蘇塗)라고 부른다. 사람들은 큰 나무를 세우고(立大木) 거기에 방울과 북을 매달아 놓고 귀신을 섬긴다. 도망자가 그 속에 들어가면 모두 안전히 지낼 수 있었다. 그곳 사람들이 소도를 세운 뜻은 마치 부도(浮屠)를 세운 것과 비슷했다.[83]

---

81) 신채호(1948), 『조선상고사』, 55쪽.

82) 신채호(1929), 『조선사연구초』, 4쪽.

83) 『三國志』 魏書 第三十, 烏丸鮮卑東夷傳.

여기에서 보는 '소도'와 '천신' 숭배는 신채호가 그리는 신앙의 형상에서 그대로 되살아난다. 그가 '대단군'이라는 표현을 끌어낸 '신수두'도 원래 중국 사서에 있는 말이다. 그 기록 자료에 있는 54개 나라 가운데 '신소도국(臣蘇塗國)'이라는 이름이 있는데, 여기에서 말하는 소도는 '수두'의 음역이다. 고어(古語)에서 보면, 그 말은 '신단(神壇)'과 같은 뜻이다. 그러므로 여러 나라에 산재했던 소도는 곧 개개 신단이다. 그리고 '신소도'는 여러 나라의 신단을 통틀어 관장하는 최대 신단과 그 나라를 따로 지칭했던 이름이다.

이렇게 신채호는 『삼국지』 동이전의 소도 이야기를 수두 신앙의 참고 자료로 받아들이면서 다음 설명을 덧붙인다.

> 지금까지 관북(關北) 지방에는 여러 촌락이 연합하여 일대(一大) 수림을 둘러싸서 '금줄'을 매달고, 그 안쪽을 신단이라 부르며 큰 제사를 지내고 있다. 비록 옛날과 지금의 변천이 없을 수는 없겠지만, 여전히 그 의식(儀式)의 한 단면이 전해지는 것이다. 대개 단군왕검은 이와 같은 수림의 신단, 곧 '수두' 아래에서 출현하여 시대의 방편을 따라 삼신오제(三神五帝)라는 신의 세계를 설파하고, 자기가 바로 삼신 가운데 하나인 '신한'이라 칭하면서 조선이라 일컫는 시초 형태의 국가를 세웠다. 그 신단이 흙으로 쌓은 것이거나 돌로 쌓은 것이 아니라 자연의 수림에서 이루어진 신단이므로 흙 토 변의 단(壇)을 써서 단군(壇君)이라 하지 않고 나무 목 변의 단(檀)을 써서 단군(檀君)이라 한

다고 하면, 이는 자단(紫檀)이나 백단(白檀)의 '단(檀)'이 아니라, 새로운 글자의 뜻을 만들어 수두나무 '단(檀)'이라고 해야 옳을 것이다.[84]

신채호가 이해하는 '조선족' 원시 종교는 한마디로 수림 속의 제사 의식이며, 그 겉모습을 꾸미는 자연 신단이 흙 토 변의 단군(壇君) 이름을 낳는다. 왜 신채호는 말 그대로 커다란 나무숲과 거기에 '지금까지'도 천연 형상으로 존속하는 예배 제단을 그토록 두드러지게 내세울까?

'우주의 광명'을 받드는 '조선족'의 고유 신앙이 무언가 유별난 의미를 지니려면, 하늘로부터 내려온 그 빛은 어떤 신비로운 영상을 그려 내야만 했을 것이다. 그래서 '수두' 신단의 자리는 그야말로 밝고 환한 광채가 가장 종교다운 색채를 뿜어내도록 반드시 아주 그럴싸한 숲일 때 '광명신'의 본뜻에 가장 잘 어울린다. 바로 이 점에서 신채호의 '수두' 신앙 묘사는『삼국지』동이전에 남아 있는 '큰 나무 세우기(立大木)' 서사와 비교한다면 보기에 따라 미묘하거나 큰 차별성의 이미지를 낳는다.

이를테면 '소도'라는 '별읍'에 세워졌다고 하는 '큰 나무'는 신대나 솟대처럼 인공 조형의 표지물이었으리라는 인상을 짙게 남긴다. 더군다나 신성한 터를 상징했을 그 형상이 상시 존재인지

84) 신채호(1929),『조선사연구초』, 39쪽.

아니면 어느 제사 기간에만 서 있었던 임시 제례 용구인지를 가늠할 만한 아무런 근거 표현이 없다. 무엇보다도 그 중국 사서의 '소도' 서사 가운데서 신비로운 하늘빛 이미지를 연상할 만한 언어 작용을 감지하기 어렵다. 이로써 미루어 짐작하건대, 신채호는 아마도 다른 자료에서 '광명신'의 영감을 얻었을 것이다.

창세신화

조선 숙종 초반기에 어느 숨은 저술가가 북애노인(北崖老人)이라는 필명으로 남겼다고 전하는 『규원사화(揆園史話)』 가운데 신채호가 혹할 만한 표현들이 들어 있다.[85]

이를테면 '백두(白頭)'라는 이름으로도 알려진 태백산은 환웅이 하늘을 오르내리며 신령스러운 기운을 남긴 곳이다. 바로 그 땅에서 단군은 임금 자리에 올라 세상을 다스리기 시작했다. 그래서 하늘에 올리는 제사도 백두에서 비롯하여 만세(萬世)에 걸치도록 동방 여러 나라의 '국가 예전(國典)'으로 이어졌다. 매년 10월이면 올리는 하늘 제사는 이곳 동방에서만 '유별스럽도록 성대한 의식'

85) 몇몇 필사본으로 남은 이 기록은 오늘날 위서(僞書) 논란의 와중에 있지만, 다음 글들은 되려 거기에 담긴 창세신화의 문헌 가치를 높게 본다. 한영우(1975), 「17世紀의 反尊華的 道家史學의 成長—北崖의 『揆園史話』에 대하여」, 《한국학보》 1, 23~56쪽; 김성환(2004), 「한국 도교의 자연관—仙教的 자연관의 원형과 재현」, 《한국사상사학》 23, 59~91쪽; 이도학(2019), 「단군조선 관련 在野文獻에 대한 남·북한 연구 성과의 현 단계」, 《溫知論叢》 58, 169~202쪽.

으로 남아서 감히 비교할 만한 일을 다른 나라에서는 찾을 길 없다. 그러므로 '으뜸 산' 태백은 곤륜(崑崙)이라 부르는 중국의 명산을 누르고도 남는다.[86]

이처럼 백두산과 하늘 제사를 몇 차례나 되풀이하는 '단군기(檀君記)'가 책 내용의 중심인데, 한 편의 장엄한 창세신화[87]처럼 우주의 큰 신이 하늘과 땅과 인간을 차례로 만들어 가는 이야기가 그 시작점이다. 먼저, 태곳적에 아직도 음과 양이 나누어지지 않아서 우주는 오직 어두운 혼돈에 잠겨 있었다. 이때 "하늘 위 세계에 일대(一大) 주신(主神)이 계셨으니, 이름하여 환인(桓因)이시다." 그는 전 세계를 통치할 만큼 무한한 지혜와 능력을 갖추고 있으면서도 그 형체를 드러내지 않고, 가장 높은 하늘에 앉아서 "언제나 성대하게 광명(光明)을 내보낸다." 그 이름 가운데 환(桓)은 밝은 빛을 뜻하며, 밝음의 징후가 곧 그 형체다. 또 인(因)이란 본원(本原)과 같으므로 만물이 생겨나는 자리가 바로 거기다. 주신 환인이 환웅(桓雄) 천왕(天王)에게 명하여 우주를 쪼개어 삼라만상을 만들도록 하니, 비로소 해와 달뿐만 아니라 온갖 짐승과 더불어 인간이 태어날 수 있었다. 환웅이 천하에 교화를 베풀라는 주신의 명을 받아 여러 무리를 이끌고 몸소 하계(下界)로 내려오니, 백두산이 바로 그 땅이다.[88]

---

86) 『揆園史話』, 박미라(2019), 『한국의 단군 문헌』, 덕주, 204, 213쪽.

87) 김성환(2004), 「한국 도교의 자연관」, 76쪽 이하.

88) 『揆園史話』, 박미라(2019), 『한국의 단군 문헌』, 190~191쪽.

암흑의 우주 혼돈으로부터 음양과 천지의 분화, 그리고 해와 달의 운행으로부터 '인간 무리'의 탄생으로 이어지는 개벽 이야기는 신채호가 애써 되살리고자 하는 '조선 고유의 신화' 가운데 『규원사화』의 서술에서 처음이다. 더군다나 신채호의 『조선상고사』에서 불쑥 드러나는 '우주의 광명'이나 '광명의 본원지'는 다른 어떤 자료에서도 그 표현의 근거를 찾아보기 어렵다.

정말 신채호는 신비로운 이야기로 가득한 『규원사화』로부터 '대단군 왕검'의 '신설(神設)'을 구상할 만한 영감을 얻었을까? 오로지 몇몇 필사본만 전하는 그 작품은 신채호의 독서 기록 가운데 아무런 흔적도 없다. 1945년 말 또는 이듬해 1월쯤 국립중앙도서관의 서고에 처음 들어간 뒤 1972년 고서 감정가들의 심의를 거쳐서 공식 귀중본으로 정해졌던 그 글[89]이 베이징에 머물던 신채호의 수중에 들어갔을 가능성은 오리무중이다.

그렇지만 낙방 선비의 신분을 밝히는 '북애노인'이 『규원사화』 가운데 '단군기'의 서두에서 밝히는 다음 내용은 무언가 신채호의 글쓰기와 얽힐 만한 사연을 전하는 듯하다. "옛적에 청평산인(淸平山人) 이명(李茗)은 고려 때 사람이다. 그가 진역유기(震域遺紀)라는 책을 세 권으로 쓰면서 조대기(朝代記)를 인용하여 우리나라의 옛 역사를 갖추어 실었으니, 일연(一然)이 쓴 책과 비교하면 심하게 어긋난다. 진역유기 가운데는 선가(仙家)의 말이 숱하다. 내 생

89) 박미라(2019), 『한국의 단군 문헌』, 87~88쪽.

각으론 우리나라가 신(神)을 불러 가르침을 베푼 일이 예부터 풍속으로 굳어 사람들의 마음속에 파고든 지 오래다. 그러므로 역사를 말하면서 반고나 사마천의 글에 견주어 몸을 굽힘은 옳지 못하다. 한(漢)나라는 그저 한나라이며, 우리는 있는 그대로 우리다. 어찌 당당한 우리 진역(震域)을 반드시 한나라에 비추어 본 다음에 만족할 것인가?"[90]

여기에서 보는 '진역유기'는 이름만 알려진 책이다. 그러나 그 글을 썼다는 이명(李茗)은 조선 선조 때 조여적(趙汝籍, ?~?)의 작품으로 알려진 『청학집(靑鶴集)』에서 환인을 종주로 삼는 '선파(仙派)의 한 사람'으로, 고려 말 공민왕 재위 시절 오늘날 춘천 부근의 청평사(淸平寺)에 머물렀다는 소문 가운데 등장한다. 그리고 '조대기'는 조선 초반기 세조 때 전국에서 거두어들인 비밀의 참서(讖書) 가운데 하나라고 한다.[91] '진역유기'의 인용 자료로 쓰였다고 하는 '조대기'는 고려 왕조에 몸을 의탁했던 "발해 사람들이 비밀스럽게 보관했던" 기록들에 속한다고 『규원사화』의 '단군기'에 적혀 있다.[92]

이렇듯 오랜 세월 숨어 있던 그 글 속에서 신채호가 애타게 찾았던 선사(仙史)의 자료들, 말하자면 '이단시(異端視)하는 문자'를 배척하던 풍조나 '역사를 비장하던 버릇' 탓에 묻힐 수밖에 없었

---

90) 『揆園史話』, 박미라(2019), 『한국의 단군 문헌』, 199쪽.

91) 한영우(1975), 「17世紀의 反尊華的 道家史學의 成長」, 49~50쪽.

92) 『揆園史話』, 박미라(2019), 『한국의 단군 문헌』, 201쪽.

던 '액운'의 기록들[93]이 햇빛 볼 날만 기다리고 있었던 셈이다. 그것을 필사한 자료 또는 거기에서 나온 한 토막의 글이나마 신채호의 독서 목록에 올랐으리라는 추론마저 온통 내던질 수 없을 만큼 그의 단군 서사와 거의 닮은 표현들을 『규원사화』 속에서 읽을 수 있다.

단군 이야기를 전하는 북애노인과 신채호의 작품에서 어떤 친화력을 감지할 수 있다면, 그것은 무엇보다도 양쪽 글의 중심에 작용하는 반사대주의의 기류에 말미암을 것이다. 나라 잃고서 원한에 사무쳤던 신채호에게 '노예 사상'을 두고서 내어놓는 한탄이나 분기(憤氣)는 그럴 만도 했으리라 칠 수 있다. 그러나 소중화 사상이 하늘을 찌르던 바로 그즈음 유가(儒家) 무리에 있던 북애노인이 모화(慕華) 이념의 규범을 저버리기 쉽지 않았을 것이다.

"기자의 교화를 곧이곧대로 믿으면서도 … 우리의 선민(先民)이 되려 혁혁한 무공을 세워 자랑스럽고 빛날 만한 일이 있음은 까마득히 잊힌다. 나는 세상 사람들이 그 변화를 살피지 못하면서, 공자가 중국을 높이고 바깥 나라를 깎아내리는 뜻을 좇아 스스로 그르치고 있음을 슬퍼한다." 이처럼 공자의 주장이 절대 가치의 자리에서 밀려나는 가운데 동료 유학자를 도발하는 듯한 북애노인의 표현이 터져 나온다. 곧 공자는 외적의 침입으로 위기에 내몰린 주(周) 왕실의 처지를 애통하게 여긴 나머지 '춘추(春秋)'를

93) 신채호(1948), 『조선상고사』, 10쪽 이하.

지어 존화양이(尊華攘夷)의 설을 세웠는데, “만일 공자가 우리나라에서 출생할 수 있었다면 중국을 가리켜 오랑캐의 땅이라고 이르지 않았을까?” 아니나 다를까 북애노인은 친구들로부터 ‘미친 사람’ 소리를 듣고 만다. 마침내 그는 근래 학자들이 중국 책에만 얽매이고 유교의 술수에 걸린 탓으로 화이(華夷)를 엄격히 구별하는 이념 세계에 빠져든다고 마무리한다.[94]

바로 이 줄기에서 사대의 사론에 앞섰던 김부식이 통렬한 비난의 자리에 오른다. 그러니까 저 유명한 『삼국사기』의 저자는 ‘옛적 성인들의 공적’은 다 빠트린 채 해동삼국(海東三國)의 역사가 까마득히 먼 데다 옛날 문자는 또 거칠고 옹졸해서 그 자취를 알 수 없다는 말로써 “자기 책임을 모면하려는 꾀를 부렸다.” 알고 보니 그는 믿을 만한 글을 전혀 남기지 않았던 인물이다. 말하자면 그는 묘청의 요망함과 평양 천도의 미련함을 꾸짖고는 그 반란을 평정하면서도, 그 사건의 깊은 내막을 전혀 다루지 않은 채 스치듯 붓을 놀렸을 따름이다. 그러고는 다만 본래 신인 왕검의 집이 평양에 있었다는 몇 마디를 겨우 남겼으며, 더군다나 발해사를 전혀 다루지 않았으니, 그 허물이 끝내 그에게서 벗겨질 수 없다. “그는 이미 중국 서적에 취하였고, 또 커다란 포부도 결핍하고 있었다. 그래서 그는 비록 우리나라의 일을 두고서 깊이 한탄했지만, 망연하여 그 처음과 끝을 알지도 못했고 그럴 수도 없었다.”[95]

94) 『揆園史話』, 박미라(2019), 『한국의 단군 문헌』, 195~196.
95) 『揆園史話』, 박미라(2019), 『한국의 단군 문헌』, 201~202쪽.

이렇듯 나중에 '노예' 사론의 원조를 말하는 신채호의 서술처럼 '국사 없음'을 탄식하는 북애노인은 김부식에게 고사(古史)의 유실을 내버려 두었던 책임을 따져 묻는다. 『삼국사기』를 이었던 후세 사가들은 "사대(事大)하면서 중국만 받드는 일을 의리로" 삼았던 탓에, 먼저 우리 역사의 근본을 바로잡아야 한다는 명분마저 잊고 말았다. 더군다나 우리의 경전과 사서는 잦은 병화(兵火)로 거의 흩어져서 망실(亡失)의 위기를 겪지 않았던가. 그나마 겨우 명맥을 이었던 사적은 어찌어찌 선가(仙家)나 절집의 기록으로 전해져 바위 구멍 속에서나마 살아남을 수 있었다.

"그러나 어쩌면 다행이었을지도 모른다. 내가 산골짜기에서 청평(淸平)이 쓴 진역유기(震域遺記)를 얻었는데, 그 가운데에 삼국 이전의 고사(古史)가 들어 있었다." 북애노인의 이야기는 그의 책 내용만큼이나 의미심장해 보인다. 그의 설명처럼 승려들의 기록으로 남은 사적에 '터무니없는 말'이 많았다면, 단군에서 비롯하는 동국 역사의 '원류(源流)'는 오로지 선가의 글 속에서 그 끄트머리 줄기로나마 겨우 이어질 수 있었다.[96]

마치 선교(仙敎)의 고고학을 부추기는 듯한 그 표현의 본디 취지는 한참 지난 뒤 『조선상고사』에서 우연처럼 되살아난다. 신채호가 뒤돌아보는 일연의 『삼국유사』에는 '순수한 조선 고유의 신화'와 어긋나는 불교 용어가 '적지 않다.' 그러므로 흩어진 '고기(古

96) 『揆園史話』, 박미라(2019), 『한국의 단군 문헌』, 200쪽.

記)' 가운데서, '왕검'이 바로 국선(國仙)의 시조이며, 또한 고구려의 '조의선인'이 그와 같은 신교(神敎)의 후예라는 사실을 밝혀내어 선사(仙史)의 계통학을 만들어야만 한다는 주장이 나올 수밖에 없었다.[97] 이렇게 보면 한국 서책의 역사에서 사라진 듯 숨어 있었던 선가 계열의 작품들은 신채호가 꿈꾸었던 '아름다운 이야기' 속에서나 되살아날 순간을 숨죽이면서 기다리고 있었던 셈이다.

오늘날 『규원사화』의 '의미'를 깊이 다루었던 한 편 글 속에서 그러한 주제의 무거움을 공감할 수 있다. 곧 단군 신화를 "처음으로 정리해서 후세에 전해 준" 작품은 승려나 유가보다는 선가의 손에서 이루어졌다. 거기에서 나온 사서들은 더욱이나 "고유의 문화 전통을 자부하고 존중하며" 중국을 받드는 사대주의에 맞섬으로써 유가 전통에서 보기 어려운 '역사의식'을 간직하고 있다.[98] 이와 같은 의미 전승을 더더욱 난감하게 했던 소중화 이념의 시대를 넘어서 『규원사화』가 전해질 수 있었다면, 북애노인의 작품이야말로 후대의 단군 서사를 예비하는 매개 글에 들어맞는다고 여길 만하다.

가공품 전설

단군 이야기를 전하는 선가의 작품 세계는 오늘날 신화들의 의

97) 신채호(1948), 『조선상고사』, 37, 55쪽.

98) 한영우(1975), 「17世紀의 反尊華的 道家史學의 成長」, 24쪽.

미를 파헤치는 해석 명제에서 어긋나지 않는다. "신화는 만들어진다."[99] 이 말은 곧 신화가 어떤 사연을 말하는 이야기로 구성지어졌다는 뜻과 같다. 신화가 그렇게 만들어지지만, 이야기를 지어낸 사람이나 또 그 시점을 지금 우리가 도무지 알 수 없다는 의미가 거기에 함께한다.

이 무지(無知)의 현상은 다음 사실을 알려 주는 징후다. 신화란 어김없이 태곳적 시간에 존재했던 이야기들이다. 바로 그 아득히 먼 이야기들이 말해지기 전에 어떤 시간이 존재했던가를 우리는 알 수 없다. 매일매일 잠에서 깰 때, 언젠가 있었거나 또 있을 한 순간이 처음일 수 없듯 "어떤 의식도 의식하는 그 자체를 처음이라고 체득할 수 없다."[100] 태양 아래 그 어느 것도 새롭지 않듯, 처음 시작하는 신화란 존재할 수 없다. 아주 먼 원시 시대의 전설 자료로 보이는 것도 신화 작품의 산물일 따름이다.[101] 그러니까 모든 신화는 예술작품과 한가지로 그때그때 만들어진 '가공품 전설(Kunstmythos)'이다.[102]

이 설명처럼 『규원사화』의 서술 가운데 창세 이야기의 처음을 알 수 없다는 표현이 있다. "중국 사람들이 말하기를, 반고(盤古)와

99) Blumenberg, H.(2006), *Arbeit am Mythos*, Frankfurt am Main: Suhrkamp, p.294.

100) Blumenberg, H.(1996), *Höhlenausgänge*, Frankfurt am Main: Suhrkamp, p.11.

101) Nicholls, A.(2015), *Myth and the Human Sciences. Hans Blumenberg's Theory of Myth*, New York: Routledge, pp.28ff, 61ff.

102) Blumenberg, H.(2006), *Arbeit am Mythos*, p.15.

삼황(三皇)이 개벽하고 창시한 존재라고 하는데, 사실일까? 동쪽 사람들(東人)의 말에 삼신(三神)이 처음에 음양을 나누어 천지를 열었다고 하는데, 진실일까?" 어느 신화이든 북애노인의 말처럼, 그 시작점이나 사실성을 판단할 만한 근거가 있을 리 없다. "감히 내가 옳고 그럼을 헤아릴 수 없다." 중국의 개벽 전설이든 동국의 삼신 설화든 참고할 만한 이야기가 거기에 들어 있을 따름이라고 시사하는 듯하다.

그러면서『규원사화』의 서사는 나름의 창조신화를 새롭게 구성한다. "우주의 안과 아득히 먼 저 바깥에 유별난 일대(一大) 정령(精靈)이 있다." 맨 처음으로 천지와 만물의 도리를 세웠던 그 '진신(眞神)'이 해와 달과 별의 운행을 주재하며 인간 세상의 질서를 '경영'하는 존재라고 하니, "믿을 만하다."[103]

모든 신화가 '가공품'이라는 명제는 신채호의 단군 서사에서도 적용의 묘미를 남긴다. "고기(古記)에 단군이 1천 48세, 1천 9백 8세까지 수(壽)를 누렸다는 설(說)이 있지만, 이는 … 조선의 옛 역사를 장난하듯 불전(佛典)의 구어(句語)로 바꾼 불교도들이 인도 고전의 … 석가모니를 모방하여 만든 말인지라, 반박할 만한 가치가 조금도 없다."[104] 이 땅에 남아 있는 글 가운데 처음으로 단군 이야기를 전하는『삼국유사』의 인용 자료에 불교 언어의 가필과 윤색(潤色)이 뚜렷하다는 설명이다.

103)『揆園史話』, 박미라(2019),『한국의 단군 문헌』, 229쪽 이하.

104) 신채호(1948),『조선상고사』, 67쪽.

여기에서 보는 '고기'가 어느 책 이름인지 아니면 그저 옛글을 뜻하는 말인지를 두고서 분분하게 논의할 수 있겠지만, 그 글이 선가(仙家)의 기록에서 나왔을 '가능성이 크다고' 한다.[105] 우리에게 가장 오랜 형태의 신화 자료로 보이는 기록도 이미 조형 작업을 거친 이야기인 셈이다. 신채호가 분명히 표현하지는 않지만, 언젠가 만들어졌을 원형 자료가 있었으리라는 뜻이 그의 설명과 함께하는 듯하다. 그래서 그는 '고기'가 '순수한 조선 고유의 신화'가 아니라고 말했을 것이다.[106] 어디에서 원초 형상의 단군 이야기를 찾아낼 수 있을까?

"조선 최고(最古)의 사적(史籍)을 신지(神誌)라고 한다."[107] 신채호가 알아본 '신지'는 '신지(神智)', 곧 수두 임금(壇君)의 우두머리 신하로서 매년 10월 큰 제사 때 "우주 창조의 신화와 영웅 용사 등의 행적과 예언류(豫言類)의 경계담(警戒談)" 등을 노래했던 관직 이름과도 통한다.[108] 이들이 남긴 비장(祕藏)의 이두문(吏讀文) 기록들이 나중에 한문 번역의 '신지비사(神誌祕詞)' 같은 자료로 이어질 수 있었다고 한다.

잠언(箴言)이나 예언(豫言)과도 같았던 그 기록들은 조선 태종 때 유학자들의 배척을 받아 "이단시하는 문자를 모두 불살라 버리

105) 한영우(1975), 「17世紀의 反尊華的 道家史學의 成長」, 24쪽 주 2.

106) 신채호(1948), 『조선상고사』, 55쪽.

107) 신채호(1929), 『조선사연구초』, 34쪽.

108) 신채호(1948), 『조선상고사』, 63쪽.

는" 액운을 면치 못했다. 그래서 도참가 김위제의 서술에서 잠시 보았듯 '신지비사'의 흔적이나마 『고려사』에 10구의 언어로만 남았다. "만일 그 전부가 다 남아 있다면 우리의 옛 사적 연구에 얼마나 큰 힘을 주었으리오."[109] 그러니까 단군 이야기를 그대로 전할 만큼 '순수한' 신화 자료를 이제는 찾을 수 없다는 한탄이 신채호의 표현에 깃들어 있는 듯 보인다.

신채호의 말대로 "수두(蘇塗) 시대에 우리 글이 있었다"라는 주장에 "아무런 증거가 없으니"[110] 그 시절의 기록 자료에 남겨진 '고유의 신화'도 존재할 수 없었을 것이다. 그래서 신채호는 간신히 살아남은 몇몇 글 조각에서 영감을 얻어 자기 나름의 신화 해석을 꾀한 듯 보인다. 그는 원래 백두산에 출현했다고 하는 '광명신' 전설을 불러내면서 '조선 역사'의 첫 장면을 그린다.

> 인류의 발원지를 두고서는 (갑) 파미르고원, (을) 몽고사막이라는 두 가지 설이 있으나, 아직 어느 설이 옳은지 확실히 정해지지 않았다. 그러나 우리의 옛말을 참고하면, 왕의 성씨를 해(解)라고 한 예는 태양에서 그 뜻을 취한 것이고, 왕의 호칭을 불구래(弗矩內)라고 한 예는 태양의 환한 빛에서 그 뜻을 취한 것이며, 천국을 환국(桓國)이라고 한 예는 광명(光明)에서 그 뜻을 취한 것이다. 그러므로 대개 조선족이 맨 처음에 서방의 파

109) 신채호(1948), 『조선상고사』, 10~11쪽.

110) 신채호(1924), 「朝鮮 古來의 문자와 시가의 변천」, 《동아일보》 1924년 1월 1일.

미르고원 또는 몽고 등의 지역에서 광명의 본원지(本源地)를 찾아 동방으로 나와서, 불함산(오늘날의 백두산)을 명월(明月)이 드나드는 곳—광명신(光明神)이 깃들어 지내는 곳—이라고 알고, 그 부근의 토지를 조선이라 불렀다. 조선도 옛말의 광명과 같은 뜻이니, 그 조선을 후세에 이두자(吏讀字)로 朝鮮이라고 썼다.[111)]

백두산 광명신은 신채호의 표현대로면 과학 지식을 전혀 몰랐던 '원시 인민'이 '자연환경'을 마주하여 빚어낸 '가상(假想)'의 형상이다. 그가 단군의 위상을 설명하면서 일컬었던 '수두의 미신', 그러니까 백두산을 본뜬 큰 숲의 제단에서 하느님을 받들던 제사가 곧 '우주 현상'을 '신의 조작'으로 여기던 원시 종교의 유산이다.

오랜 공을 들였던 신채호의 『조선상고사』 서술은 '우주의 광명'을 받들고 제사했던 바로 그 '미신'의 풍속에서 단군 신앙의 유래를 찾는다. 이와 더불어 이전 글에서 역사 현장의 실재 인물처럼 두드러졌던 단군상은 이제 신화 속의 어떤 '화신(化身)'으로 그려진다. 앞 절에서 본 바대로, 1908년 「독사신론」의 서술에서 단군은 탁월한 무공과 넉성으로 조선 땅을 크게 일으켰던 최초의 정복 영웅이었다. 그 글보다 10여 년 뒤에 나온 『조선상고문화사』에서도 단군은 중화의 땅까지 우월한 조선 문화정치의 힘을 떨칠 만큼

111) 신채호(1948), 『조선상고사』, 51쪽.

창창했던 군주 그대로였다. 이를테면 "우리의 사서(史書)와 중국의 『오월춘추(吳越春秋)』를 참조하면" 단군(壇君)[112]이 아들 부루(夫婁)를 중국에 보내 치수(治水) 방법을 가르치는 한편으로 조선의 찬란한 문물을 전해 주었다는 사실을 알 수 있다고 한다.[113]

조선 역사의 맨 처음 시간과 함께 생동했던 단군의 중심 서사는 후기 작품인 『조선상고사』에서도 상당히 높은 정도로 영속성을 유지한다. "『위서(魏書)』에서도 지금으로부터 2천 년 전에 단군왕검이 아사달에 나라를 세우고 국호(國號)를 조선이라 하였다. 그렇다면 조선 고대에 단군왕검을 종교의 교주로 높이 받들어 왔음은 사실이며, 왕검(王儉)을 이두문 읽는 방법으로 풀어서 '임금'으로 이해할 수 있을 것이다."[114] 단군은 이처럼 『삼국유사』의 인

112) 신채호는 『조선상고문화사』에서 처음으로 흙 토(土) 변의 단군(壇君) 이름을 쓰고 있다. 이 책은 어느 만큼 대종교 교리의 영향을 받았다고 한다. 그런데 대종교 교단의 경전이나 관련 사서에는 거의 다 나무 목(木) 변의 단군(檀君) 이름을 쓴다. 신채호가 굳이 흙 토 변의 단군(壇君)을 썼던 근거는 『조선상고문화사』의 서술에서는 찾을 수 없다.

113) 신채호(2007), 『조선상고문화사』, 373쪽. "대개 단군이 팽오(彭吳)를 시켜서 홍수를 다스리고, 다시 중국이 수재를 당하고 있는 일을 불쌍히 여겨 부루(夫婁)를 보내 '중경(中經)'을 건네주었으며" 또 조선에서 홍수를 다스릴 때 진흙 위를 굴러가도록 설계하여 사용했던 썰매와 큰 도끼 등을 보내서, 하나라 우임금이 홍수 다스리는 공을 이룰 수 있었다고 한다. 그래서 우임금은 조선을 우러러 사모한 나머지 그 제도를 본떠 정전(井田)을 만들고 도량형 등도 고쳤다는 일화도 덧붙는다. 신채호가 보기에, 순(舜)임금 이래 "홍수를 다스린 일은 처음부터 끝까지 조선의 공이었다."

114) 신채호(1948), 『조선상고사』, 55쪽. 인용 글에서 보는 『위서(魏書)』란 『삼국유사』의 인용서 가운데 하나로 지금은 전하지 않는 중국의 어떤 사서라고 짐작들 한다. 고

용 사서로부터 실존의 이름을 얻고는 한결같이 나라 세운 시조이자 '역대 제왕(帝王)'의 맨 앞자리에 앉는다.

그러나 이렇게 그려지는 단군상 가운데서도 그 이야기의 가장자리에 변형 가능성이 생긴다. 이제 단군은 마치 전설 속의 신인(神人) 동성(同性)과 한가지로 신화 존재 그 자체이면서 또 나름의 신화를 꾸며 내는 인물이기도 하다. 말하자면 그는 '조선족 공동신앙'의 '교주'일 뿐만 아니라 "태백산의 수두에 출현하여 스스로 상제(上帝)의 화신(化身)이라 칭하면서 조선을 건국한" 인물로 자리한다.

앞의 설명에서도 드러났듯, 수림 신단의 의례 행사에서 '제주(祭主)'로 뽑힌 '한 사람'이 단군으로 불리지 않았던가. 그 이름은 그러니까 '신단(神壇)'이라는 뜻의 '수두'에서 제사장 일을 떠맡는 한편, 그 제단의 한가운데서 '천신(天神)'으로 숭배받는 제례의 상징과 하나다. 신채호의 설명대로면, '조선족'이 살았던 수림 부근마다 수많은 신단과 여러 단군이 있었으며, 그 가운데 가장 높았던 큰 수두(大壇)의 제사장이 바로 큰 단군(大壇君)이다. 이와 같은 '수두의 미신'을 이용할 줄 알았던 '대단군'이 '왕검'의 자리에 오르면서 조선 역사의 처음을 열 수 있었다고 한다.[115]

신채호가 '수두의 미신'이나 '상제의 화신' 같은 함축 의미의 표현을 썼을 때, 이미 그의 유별난 단군상은 신을 닮은 인물의 본질

려대학교 한국사연구소 편(2019), 『역주 고조선사료집성: 국내편』, 16~17쪽 주 2.

115) 신채호(1948), 『조선상고사』, 54~57쪽.

요소를 농축하여 하나의 역사 과정에 담는 신화 작업의 궤적을 보인다. "누군가 신화 파고들기에 열중하여 도무지 출처나 기원을 알아낼 수 없을 만큼 난삽하면서 해독을 가로막는 어떤 자료에 온 힘을 다하도록 해 주는 자극제로 신화 연구를 이용한다면, 틀림없이 그는 이미 신화 작품에 기대고 있었을 것이다."116) 신화 분석의 내재 원리를 말하는 이 설명처럼, 신채호의 단군 이야기는 신화 해석의 산물이면서 또 자기 자신의 상상력으로 되살려낸 원시 시대 소망 환상의 재구성 그 자체로 이해할 만하다.

신채호의 서술 가운데 광명신의 자료 근거가 명확하다고 말하기 어렵다. 여러 '수두'에 여러 명의 단군이 있었으며, 게다가 그들이 제사 의례의 숭배 신이었다는 이야기는 시가 작품 속의 한 소절처럼 들린다. 그렇다면 신채호의 단군 서사는 온통 역사 사실 바깥의 조작품으로 내몰려야만 할까?

신화 의미론을 맨 처음 역사철학의 심장부에 놓았던 비코(Giambattista Vico, 1668~1744)의 설명을 눈여겨볼 만하다. "우리는 신화 속에서 배아나 모형처럼 숨겨진 지식 전체의 윤곽만을 발견할 수 있다." 신화란 그의 설명에 따르면 신의 언어를 이해할 줄 알았던 '신학 시인' 또는 현자라고 부를 수 있는 사람들이 감각을 통해 세계의 원리를 진술했던 이야기다. 모든 민족 역사의 출발점에 신화가 있다고 보면, 개개 민족마다 최초의 지혜는 바로 시(詩) 속에

116) Blumenberg, H.(2006), *Arbeit am Mythos*, p.294.

서 이루어지는 신비의 언어 세계라고 할 수 있다. 신화는 오늘날 우리와 전혀 다른 방식으로 '느끼고 상상했던' 최초 인간들의 자연스러운 표현 양식이다. 경이로운 사물의 원인을 신에게 두면서 인지 바깥의 모든 존재를 신이라고 여겼던 그들 나름의 '형이상학'을 오늘날 우리는 시의 황홀경에 공감하듯 감성과 상상력을 다하여 감지할 수 있을 따름이다. 따라서 우리가 가장 먼저 배워야 할 학문은 '신화의 해석'이라고 이를 수 있다.117)

신화 속에서 태곳적 인류의 집단 상상력이 구체성의 표현 양태로 드러난다는 인식은 오늘날의 고전 비평가들에게도 두루 통한다. 말하자면 신화는 원시 인간의 생활양식을 가장 자세하게 전해주는 원천 자료라고 할 수 있다.118) 그들의 관습을 믿음직스럽게 증명해 주는 '진정한 역사'가 바로 신화119)라는 언명은 '믿을 수 있는 불가능성'120)을 인간 사고의 범주로 끌어들이는 하나의 새로운 방향 설정으로 이어진다.

이로부터 경외감과 신비로움으로 가득 찬 원시 시대 신들의 이야기는 인간 심리의 밑바탕에 놓여 있는 감정 상태를 인간다움의 실현으로 재구성하는 의미론으로 되살아난다. 전설 자료에 남겨

117) 잠바티스타 비코(2020), 『새로운 학문』, 조한욱 옮김, 아카넷, 23~25, 88~89, 262~272, 644쪽.

118) 이사야 벌린(1997), 『비코와 헤르더』, 이종흡·강성호 옮김, 민음사, 106~130쪽.

119) 잠바티스타 비코(2020), 『새로운 학문』, 23쪽.

120) 잠바티스타 비코(2020), 『새로운 학문』, 271쪽.

진 신들의 형상으로부터 원초 상태의 불안감이나 공포심을 읽어낼 수 있다는 점에서 신화 연구는 인간 자신뿐만 아니라 인간과 세계 사이의 관계를 이해할 수 있도록 우리에게 성찰 과제를 지시한다.

"신화란 인간을 압도하는 미지의 어떤 것에서 느끼는 공포심을 첫 번째로 가공했던 성과로서 그 자체로 세계를 인간답게 만드는 하나의 행위 양식이다."[121] 마치 우리가 홀로 어두운 숲길을 걸을 때 대상을 알 수 없는 어떤 무엇의 공포심을 떨쳐내기 위해 큰 소리로 지껄이거나 노래를 부르듯, 신화란 사방 곳곳을 에워싸고 있는 불확정성의 위협을 앞두고 깊이 자리 잡은 원시 인류의 무서움 기운을 의식 내면에서 떨쳐 내려는 이야기로 이해할 만하다. 이렇듯 신화는 어찌할 수 없는 '현실의 절대성(Absolutismus der Wirklichkeit)'을 에둘러 가도록 '거리 두기'를 실행한다는 점에서 태곳적 인간에게 바로 '현실성' 그 자체였다.[122]

이른바 '신학 시인'들이 빚어내는 신들의 이야기는 원시 언어의 정감 속에서 무시무시한 압력과 공포를 말랑말랑하게 만들어 내는 기능을 갖는다. 그러므로 거기에 어떠한 구체성의 호소나 무엇을 포기하도록 강요하는 행위 지침이 있을 리 없다. 한마디로 신화는 변이와 개방을 허용한다.

이러한 속성의 심층 의미는 일찍이 올림포스와 그 제례의 예술

121) Blumenberg, H.(2006), *Arbeit am Mythos*, p.424.

122) Blumenberg, H.(2006), *Arbeit am Mythos*, pp.13ff.

세계를 관조하는 니체(Friedrich W. Nietzsche, 1844~1900)의 표현 양식에서 다음처럼 가다듬어진다. "옛적 그리스 사람들에게는 규범성의 신학이 없었다. 따라서 누구든 자신이 원하는 바를 시 작품으로 만들어 낼 수 있는 자유를 지녔으며, 또 자신이 원하는 바를 옳다고 여길 수 있었다."[123)]

이렇게 보면, 신화는 엄격한 진리 계명을 준수하는 도그마의 반대편이다. 우연성과 더불어 신화는 생성하며, 또 신화가 그 계기를 부추기기도 하기 때문이다. 말하자면 신화는 역사 사실들을 다르게 해석하거나 그것들을 바꾸기조차 한다. 그래서 그 과정에 함께하는 기억이나 희망은 실천의 장에서 다양한 상황에 순응한다.

도그마에 없는 포용성이 신화의 특징을 이룬다. 그 서사 구조는 수직 모양과도 같은 절대권력의 그림을 만들어 낼 수 없다. 이와는 다르게 유일신 개념은 기독 서사처럼 전지전능한 신이 하나의 의심할 수 없는 지위를 갖도록 이끌고 간다. 그러나 다신성(多神性)의 신화는 인간다운 욕정에서 자유로운 절대 존재의 이상을 그리지 않는다. 거기에는 어떤 윤리성을 강제하는 요소가 빠져 있다.[124)] 곧 "도그마가 요구하는 모든 것을 신화는 용납한다."[125)]

123) Blumenberg, H.(2017), *Ästhetische und metaphorologische Schriften*, Frankfurt am Main: Suhrkamp, pp.335f.에서 재인용.

124) Heidenreich, F.(2005), *Mensch und Moderne bei Hans Blumenberg*, München: Wilchelm Fink Verlag, pp.67ff.

125) Blumenberg, H.(2006), *Arbeit am Mythos*, p.269.

자존의 신화 해석

여기에 몇몇 사례를 든 신화 해석의 원리는 신채호의 인식세계와 직접 맞닿지는 않더라도 단군 서사를 풀이하기에 적절한 묘수로 쓰일 만도 하다. 이를테면 그가 애써 찾아낸 '신지'는 비코가 최초의 신성한 신화를 만들어 냈다고 묘사하는 '신학 시인'과 얼추 비슷하다. 신채호의 상상대로 10월의 '수두' 제삿날에 우주의 신화와 영웅들의 이야기를 노래했던 그 기록물이 살아남았다면, 오늘날 우리는 어쩌면 헤시오도스의 「신들의 계보(Theogonia)」 못지않은 신인동성(神人同性)의 여러 영웅담을 손에 지닐 수 있었을지도 모를 일이다.

신지 기록의 상실은 신채호와 마찬가지로 다 함께 깊이 한탄해도 부족할 만한 공감의 여지로 남지만, 다신교와도 같은 원시 '공동 신앙'의 발견은 또 달리 함축성 있는 복합 의미의 신화를 새롭게 해석할 만한 길을 열 수도 있을 것이다. 원시 시대 조선족의 수림 신단에서 '하늘 신(天神)'으로 숭배받던 단군이 여럿이었다는 설명은 다신론 주제와 잘 어울린다. 여러 '수두 하느님'에 내재하는 근본 요소들이 신채호의 서술 과정에서 분명하게 드러나지는 않았지만, 거기에는 다음과 같은 내포성 의미가 잠재한다. 곧 여러 장소에 혼재하는 복수의 단군 이미지는 미리 정해진 어떤 출발점을 갖지 않는다는 점에서 도그마와 대립한다. 그 뿌리는 모호하고 어렴풋하다. 그런 만큼 거기에서 인간 위에 군림하는 절대성의 위협을 약하게 만들어서 자연과 마주하는 인간을 살 수 있도록 해 주는 미지의 힘을 기대할 수 있다. 그 이야기 가운데 신인동성의 상징들은 늘 인간다운 모습을 지니면서 인간과 꼭 같은 운명을 겪고, 더불어 동일시의 일상생활을 제공하는 가운데 위안의 계기를 마련한다.

이 줄기에서 '단군왕검'의 서사를 풀이해 볼 만하다. 신채호는 같은 이름의 건국 주역이 스스로 '상제의 화신'이라 일컬으며 맨 처음 임금 자리에 올랐다고 설명하는데, 이때 그 인물이 숱한 단군들 가운데 으뜸 단군의 위상에 있었다는 암시가 함께한다. 그와 같은 '화신'의 형상을 유추해 낼 만한 근거는 해모수(解慕漱) 신화가 거의 유일하다.[126]

앞에서 보았듯, 신채호는 '해(解)'라는 왕의 성씨뿐만 아니라 하늘나라를 뜻하는 '환국(桓國)'과 '광명신'의 의미를 연상시키는 '태양의 빛'도 그 '해'라는 말에서 유래를 찾는다. 신화 속의 해모수는 복수의 단군과 마찬가지로 여러 신인동성의 존재 가운데 하나

126) 북부여의 건국 설화를 전하는 『삼국유사』의 기록은 '고기'를 인용하면서 다음 이야기를 남긴다. "고기(古記)에 이르기를 … 천제(天帝)가 오룡거(五龍車)를 타고 흘승골성(紇升骨城)으로 내려와 도읍을 세우고 왕을 칭하며 나라 이름을 북부여라고 하였다. 스스로 이름을 해모수라 칭하고, 아들을 낳아 부루(夫婁)라고 이름하였는데, 해(解)를 성씨로 삼았다." 그리고 이어서, 같은 책과 『삼국사기』의 기록에 전하는 고구려 건국 설화를 보면, 해모수는 스스로 '천제의 아들'이라고 칭했으며, 물가에 유람 나온 유화(柳花)를 자신의 "집으로 유혹하여 사통(私通)하고는" 그녀를 "버리고 떠나가서 다시는 돌아오지 않았던" 인물로 그려져 있다. 『삼국유사』 권 제1, 기이 제1; 『삼국사기』 권 제13, 고구려 본기 제1.

다.[127] "수두의 미신을 이용하여" 처음 나라를 세웠던 '왕검'의 상징체계에 또 다른 건국신(建國神)의 이미지가 겹친다면 '단군왕검'의 형상은 유일신과도 같은 절대 존재의 위상으로 그려질 수는 없다. 따라서 "대단군 왕검이 창작한 신설(神說)"이라고 신채호가 묘사하는 '삼신(三神)과 오제(五帝)'의 '전설'[128]도 상대성의 무게를 지닐 수 있을 따름이다.

마침내 신채호는 이전 글에서 드러나는 과장의 수사법, 그러니까 단군 이후의 조선이 '지구 전체의 땅을 독점할' 수도 있었을 만큼 '문화의 발달'을 이룩했다[129]고 하는 표현 방식을 더는 밀고 나아갈 수 없었다. 그렇지만 특정한 역사 시점에도 초월시간의 진리를 규정해야만 하는 도그마 신앙과는 다르게, 여러 신의 이야기는 지시의 다양성과 복합 의미로 열리는 연관 가능성을 내포하면서 신성한 형상 구조의 본질 요소를 농축하는 역사성을 이룬다. 그래서 세월의 흐름에 따라 신화 속에 담긴 함축성 의미 요소들 가운데 그 무엇도 삭아 없어지지 않는다.[130]

127) 해모수도 대단군이었다고 밝히는 신채호의 설명이 흥미롭다. "해모수는 해부루와 동족(同族)이며 고주몽(高朱蒙)의 부친이다. 『삼국유사』 왕력편(王歷篇)에서 주몽을 단군의 아들이라 하였으니, 해모수도 대단군의 칭호를 가졌음이 실증이다. 대단군은 곧 하늘의 대표라는 칭호이므로 대개 해모수는 해부루의 동쪽 천도를 기회로 삼아 하늘에서 내려온 대단군이라고 스스로 칭하면서 왕 자리를 도모한 것이다." 신채호(1948), 『조선상고사』, 96쪽.

128) 신채호(1948), 『조선상고사』, 54쪽 이하.

129) 신채호(2007), 『조선상고문화사』, 386쪽.

130) Heidenreich, F.(2014), "Bedeutsamkeit," in Buch, R. and D. Weidner, eds.,

신채호가 발견한 '수두교' 신앙의 역사 과정에는 어떤 결정 명제의 공식으로 표현할 수 없는 신화의 속성이 함께한다. 그의 설명대로면, 대단군이 창작했다는 신의 교설은 우주의 구조와 인간 세상의 질서를 설명하는 교의로 발전하면서 최초의 나라 형성에 작용했다. 이로부터 비롯하는 '홍범'의 사상은 이웃 상(은)나라의 지배 이념으로 이어지기도 했다.

이러한 역사 과정에서 나타나는 균열의 조짐이 또한 '조선족' 원시 신앙의 뒷면이다. 이른바 '삼조선' 시대의 마지막 시점에 '삼신(三神)의 미신'을 회의하는 풍조가 사람들 사이에서 널리 퍼지고 '신인(神人)과 영웅들의 허위'를 알아차리면서 발생한 '파탄(破綻)' 현상이 그 사례 가운데 하나다. 그리고 주나라가 등장하여 상(은)나라를 물리쳤을 때 '조선족'의 원시 신앙은 '아득히 멀고 오랜' 중화의 이념 세계, 곧 '군왕의 권리를 옹호하는 사상과 학설'에 맞서야만 하는 난제에도 부닥치고 말았다.

그러나 수림 신단의 종교가 '우주 광명'의 신화에서 비롯했다는 점에서 그 역사는 소멸의 과정으로 마감할 수는 없다. "더 말해야 할 것이 전혀 없다면, 어떤 까닭으로 세상은 존속해야만 하는가?"131)

이야기의 시작점을 찾는 일도 아니며, 더군다나 그 끝에 이르지도 않는다는 신화 연구의 원리를 잘 알고 있는 듯, 신채호는 다음 설명을 덧붙인다. 삼조선의 파탄 이후 난립 상황 속에서 작은 나

Blumenberg lesen, Berlin: Suhrkamp, pp.43ff.

131) Blumenberg, H.(2006), *Arbeit am Mythos*, p.689.

라는 큰 나라를 꿈꾸고 큰 나라는 또 더 넓은 강토를 욕심내는 가운데 전통의 '미신 세력'은 여전히 새로운 '열국 쟁웅(爭雄)의 시대'를 여는 힘이었다. 그래서 누구는 '신수두님'이나 '불구래'를 칭하고, 또 누구는 태양의 정기나 알에서 태어났다거나, 아니면 하늘에서 내려오거나 바다 건너에서 흘러왔다고 운운하면서 "민중을 유혹하거나 위협"했다.[132]

이른바 후기 삼조선의 건국 영웅들을 상기시키는 이 설명에서 신채호의 신화 해설은 더 나아가지 않는다. 만약 그가 '상고사' 이후의 역사 서술을 이어 갔다면 위기의 순간마다 재생하는 단군 설화의 해석도 함께 되살아났을지도 모른다. 그때마다 여전히 신화 속에 담긴 영속의 본성 요소, 곧 인간다운 자기주장이 어떤 방식으로든 새로운 형상 구조 가운데 생생히 나타났으리라 유추해 볼 만하다. 극한의 시대에 맞서 신채호가 가까스로 불러냈던 '광명신'의 표상이 감당할 수 없을 만큼 무자비한 현실 억압을 여러 조각으로 나누어 밀쳐내듯, 하늘과 직접 맞닿는 '상제의 화신'은 언제라도 바깥 힘의 공포를 떨쳐내는 기능으로 작용했을 것이다.

그러려면 무엇보다도 먼저 기자(箕子) 전설에서 비롯하는 사대(事大)의 '망설'은 뿌리째 뽑혀야만 했다. "기자가 조선으로 도망친 일은 상나라가 주나라에 망하고, 아울러서 상나라의 국교인 수두교가 압박받음으로 말미암아 고국을 버리고 수두교의 조국으로

132) 신채호(1948), 『조선상고사』, 87쪽 이하.

돌아온 것이다."[133)]

133) 신채호(1948), 『조선상고사』, 60쪽.

참고문헌

I. 자료

1. 한문 고전

『高宗實錄』	『舊唐書』	『揆園史話』	『論語』
『東文選』	『北史』	『史記』	『三國史記』
『三國遺事』	『三國志』	『尙書』	『周書』

2. 서양 고전

Aristoteles(1831), *De anima*, in *Aristotelis Opera*, ex recensione Immanuelis Bekkeri. Edidit Academia Regia Borussica. Volumen prius, Berolini, apude Georgium Reimerum.

Epictetus(1744), *Enchiridion*, Glasgovia: In Aedibus Academinisis(Bayerlische Staatsbibliothek: www.bsb-muenchen.de).

3. 근현대 문헌

1) 한국 자료

단재신채호전집간행위원회 편(1977), 『단재 신채호 전집』 중, 형설출판사, 136쪽.

단재신채호전집편찬위원회 편(2007~2008), 『단재신채호전집』 1~9권, 독립기념관 한국독립운동사연구소.

신채호(1948), 『조선상고사』, 종로서원.

신해영 편술(1906), 『倫理學敎科書 卷一 卷二』, 보성중학교 발행.

유길준(1895), 『서유견문』, 東京: 交詢社.

유길준전서편찬위원회 편(1971), 『유길준전서』 I~IV, 일조각.

이광수(1979), 『그의 자서전』, 『이광수전집』 6, 우신사.

鄭寅琥(1908), 『國家思想學』, 右文舘.

2) 중국 자료

梁啓超(2008), 『飮冰室文集』 1~72, 北京: 中華書局.

梁啓超(2008), 『飮冰室專集』 4, 北京: 中華書局.

德國 伯倫知理 著(1899), 「國家論 卷一」, 《淸議報》 15冊.

3) 일본 자료

伯崙知理 著(1899), 吾妻兵治 譯, 『國家學』, 東京: 善隣譯書館.

ヨハン·カスパルト·ブルンチュリ 著(1876), 『国法汎論 卷之二』, 文部省.

高田早苗 講述(1905), 『國家學原理』, 早稲田大学出版部.

フィヒテー 著(1906), 『人生解決:人間天職論』, 杉谷泰山 譯, 東京: 博文館.

4) 구미 자료

Baer, K. E. von(1828), *Über Entwickelungsgeschichte der Thiere: Beobachtung und Reflexion*, 1. Theil, Königsberg Bornträger.

Baer, K. E. von(1837), *Über Entwickelungsgeschichte der Thiere: Beobachtung und Reflexion*, 2. Theil, Königsberg Bornträger.

Bluntschli, J. C.(1844), *Psychologische Studien über Staat und Kirche*, Zürich und Frauenfeld: Druck und Verlag von Ch. Byel.

Bluntschli, J. C.(1862), "Nation und Volk, Nationalitätsprincip," in Bluntschli, J. C. and Carl Ludwig Theodor Brater eds., *Deutsches Staats-Wörterbuch*, vol. 9, Stuttgart and Leipzig: Expedition des Staats-Wörterbuchs.

Bluntschli, J. C.(1863), *Allgemeines Statsrecht*, vol.1, München: Literarisch-artistischen Anstalt der J. G. Cottaschen Buchhandlung.

Bluntschli, J. C.(1868), *Allgemeines Statsrecht*, vol.1, München: Literarisch-artistischen Anstalt der J. G. Cottaschen Buchhandlung.

Bluntschli, J. C.(1874), *Deutsche Statslehre für Gebildete*, Nödlingen: C. H. Beck.

Fichte, J. G.(1794), *Einige Vorlesungen über die Bestimmung des Gelehrten*, Jena and Leipzig: Christian Ernst Gabler.

Fichte, J. G.(1800), *Die Bestimmung des Menschen*, Berlin: Bossische Buchhandlung.

Fichte, J. G.(1806), *Über das Wesen des Gelehrten, und seine Erscheinungen im Gebiete der Freiheit*, Berlin: Himburgische Buchhandlung.

Guizot, F.(1838), *Histoire générale de la civilisation en Europe, depuis la chute de l'Empire Romain jusqu'a la Révolution Française*, Paris: Didier.

Haeckel, E.(1904), *Die Lebenswunder. Gemeinverständliche Studien über Biologische Philosophie*, Stuttgart: Alfred Kröner Verlag.

Kant, E.(1798), *Anthropologie in pragmatischer Hinsicht*, in Königliche Preußische Akademie der Wissenschaft ed.(1917), *Kant's gesammelte Schriften*, vol.7, Berlin: Georg Reimer.

Spencer, H.(1851), *Social Statics: Or, the Conditions Essential to Human Happiness Specified, and the First of Them Developed*, London: John Chapman.

Spencer, H.(1893), *First Priciples(A System of Synthetic Philosophy*, vol.1), London: Williams & Norgate.

Spencer, H.(1904), *An Autobiography*, vol.2, London: William and Norgate.

5) 신문·잡지

《공립신보》 《대한자강회월보》 《대한협회회보》 《대한매일신보》
《동아일보》 《서우》 《황성신문》

6) 번역 자료

가토 히로유키(2011), 「『国法汎論』 第2款」, 홍선영 역, 《개념과 소통》 7.

고려대학교 한국사연구소 편(2019), 『역주 고조선사료집성-국내편』, 새문사.

고려대학교 한국사연구소 편(2019), 『역주 고조선사료집성-중국편』, 새문사.

량치차오(2011), 「정치학 대가 블룬칠리의 학설」, 강중기 옮김, 《개념과 소통》 8.

량치차오(2017), 『음빙실자유서』, 강중기·양일모 외 옮김, 푸른역사.

伯倫知理 著(1907), 『國家學 綱領』, 安鍾和 譯, 廣學書舖.

이익(1998), 『국역 성호질서(論語·大學·中庸)』, 한림대학교 출판부.

이익(2007), 『성호사설』, 최석기 옮김, 한길사.

이종휘(2004), 『동사』, 김영심·정재훈 역주, 소명출판.

잠바티스타 비코(2020), 『새로운 학문』, 조한욱 옮김, 아카넷.

크로포트킨, P. A.(2005), 『만물은 서로 돕는다. 크로포트킨의 상호부조론』, 김영범 옮김, 르네상스.

II. 연구 논저

1. 한국 논저

1) 단행본

김용섭(2011), 『역사의 오솔길을 가면서—해방세대 학자의 역사연구 역사강의』, 지식산업사.

김용섭교수정년기념한국사학논총간행위원회(2003), 『한국사 인식과 역사이론』, 지식산업사.

박근갑(2016), 『역사』(한국개념사총서 12), 소화.

박근갑(2020), 『문명국가의 기원』, 나남.

박명규(2009), 『국민·인민·시민』(한국개념사총서 4), 소화.

박대재(2013), 『중국 고문헌에 나타난 고대 조선과 예맥』, 경인문화사.

박상섭(2008), 『국가·주권』(한국개념사총서 2), 소화.

박정심(2019), 『단재 신채호. 조선의 아(我), 비아(非我)와 마주서다』, 도서출판 문사철.

박찬승(2010), 『민족·민족주의』(한국개념사총서 5), 소화.

송호정(2016), 『처음 읽는 부여사』, 사계절.

양일모(2008), 『옌푸(嚴復): 중국의 근대성과 서양 사상』, 태학사.

유진오(1980), 『헌법기초회고록』, 일조각.

윤해동(2004), 『식민지의 회색지대』, 역사비평사.

이경구(2018), 『조선, 철학의 왕국』, 푸른역사.

이만열(1990), 『단재 신채호의 역사학 연구』, 문학과지성사.

이행훈(2016), 『학문의 고고학. 한국 전통 지식의 굴절과 근대 학문의 기원』, 소명출판.

이혜경(2002), 『천하관과 근대화론: 양계초를 중심으로』, 문학과지성사.

이호룡(2013), 『신채호 다시 읽기－민족주의자에서 아나키스트로』, 돌베개.

임중빈(2015), 『단재 신채호 일대기』, 범우사.

임형택··강영주 편(1988), 『碧初 洪命熹, '林巨正'의 재조명』, 사계절.

장석홍(2016), 『한국 독립운동의 혁명 영수 안창호』, 역사공간.

조승래(2010), 『공화국을 위하여. 공화주의의 형성과정과 핵심사상』, 길.

한영우(1996), 『한국 민족주의 역사학』, 일조각.

한영우(1998), 『조선 후기 사학사연구』, 일지사.

2) 논문

강영주(2019), 「벽혈단심(碧血丹心), 단재와 벽초의 우정」, 《역사연구》 37호.

김기덕(2005), 「高麗 中·後期 遷都論議와 風水·圖讖說」, 《역사민속학》 20.

김도형(2000), 「장지연의 변법론과 그 변화」, 《한국사연구》 109.

김도형(2007), 「가토 히로유키 사회진화론의 수용과 번역양상에 관한 일고찰—『인권신설』과 『강자의 권리경쟁론』을 중심으로」, 《대동문화연구》 57.

김도형(2014), 「가토 히로유키(加藤弘之)의 진화론수용 이해—「疑堂備忘」 독해를 중심으로」, 《일본사상》 27.

김병준(2008), 「한(漢)이 구성한 고조선 멸망 과정—『사기』 조선열전의 재검토」, 《한국고대사연구》 50.

김성환(2004), 「한국 도교의 자연관—仙敎的 자연관의 원형과 재현」, 《한국사상사학》 23.

金時晃(1999), 「九夷와 東夷」, 《東方漢文學》 17.

김용헌(1995), 「김석문의 우주설과 그 철학적 성격」, 《동양철학연구》 15.

김현우(2013), 「박은식의 양계초 수용에 관한 연구—박은식의 유교구신(儒敎求新)과 근대성을 중심으로」, 《개념과 소통》 11.

남인국(1983), 「고려 숙종의 즉위과정과 왕권강화」, 《역사교육논집》 5.

박근갑(2018), 「문명의 시간」, 《문명과 경계》 1.

박근갑(2021), 「경계의 시간—'근대(Neuzeit)'를 이해하는 방법론 소고」, 《개념과 소통》 27.

박대재(2016), 「기자조선과 소중화」, 《한국사학보》 16.

박승범(2002), 「고구려의 국가제사」, 《사학지》 34.

박양신(2008), 「근대 일본에서의 국민 민족 개념의 형성과 전개—nation 개념의 수용사」, 《동양사학연구》 104.

박정심(2013), 「신채호의 '我'에 관한 연구」, 《동양철학연구》 76.

백지운(2009), 「량치차오(梁啓超)의 사회진화론—계몽주의의 종교적 재구성」, 《중국어문학논집》 55.

서영대(2003), 「고구려의 국가제사」, 《한국사연구》 120.

신복룡(2008), 「신채호의 무정부주의」, 《동양정치사상사》 7-1.

신승하(1998), 「구한말 애국계몽 시기 양계초 문장의 진입과 그 영향」, 《아세아연구》 100.

신용하(1977), 「신민회의 창건과 그 국권회복운동(하)」, 《한국학보》 9.

염운옥(1997), 「1899년~1906년 영국의 인종 퇴화론에 관한 연구-우생학과의 관련을 중심으로」, 《사총》 46.

우남숙(2007), 「梁啓超와 신채호의 자유론 비교-《신민설》과 〈二十世紀新國民〉을 중심으로」, 《한국동양정치사상사연구》 6.

윤영실(2011), 「근대계몽기 신채호의 민족론에 나타난 '아(我)'의 의미」, 《한국학연구》 24.

은정태(2007), 「대한제국기 '간도문제'의 추이와 '식민화'」, 《역사문제연구》 17.

이도학(2019), 「단군조선 관련 在野文獻에 대한 남·북한 연구 성과의 현 단계」, 《溫知論叢》 58.

이선주(2015), 「근대 저널에서 본 허버트 스펜서의 사회진화론」, 《영문학 연구》 57-4.

이성규(2003), 「고대 중국인이 본 한민족의 원류」, 《한국사시민강좌》 32.

이중효(1999), 「고려 숙종대 국학의 진흥」, 《전남사학》 13.

정문권·조보로(2012), 「장지연과 양계초의 애국계몽사상 비교 연구」, 《한국문예비평연구》 37.

조우영(2000), 「《한서》 지리지에 나타난 고조선의 법」, 《법사학연구》 22.

차태근(2018), 「20세기 초 동아시아 제국주의론의 세계인식-라인슈(Paul S. Reinsch)의 『세계정치』 및 번역을 중심으로」, 《중국학보》 85.

한영우(1975), 「17世紀의 反尊華的 道家史學의 成長-北崖의 《揆園史話》에 대하여」, 《한국학보》 1.

한영우(1982), 「고려~조선전기의 기자 인식」, 《한국문화》 3.

황수영(2011), 「서양 근대사상에서 진보와 진화 개념의 교착과 분리」, 《개념과 소통》 7.

3) 번역서

고야스 노부쿠니(2011), 『일본 내셔널리즘 해부』, 송석원 옮김, 그린비.

라인하르트 코젤렉(2019), 『위기』(코젤렉의 개념사 사전 11), 원석영 옮김, 푸른역사.

베네딕트 앤더슨(2002), 『상상의 공동체: 민족주의의 기원과 전파에 대한 성찰』, 윤형숙 옮김, 나남.

앤서니 D. 스미스(2018), 『민족의 인종적 기원』, 이재석 옮김, 그린비.

앤서니 D. 스미스(2016), 『족류—상징주의와 민족주의. 문화적 접근방법』, 김인중 옮김, 아카넷.

에릭 홉스봄 외(2004), 『만들어진 전통』, 박지향·장문석 옮김, 휴머니스트.

외르크 피시(2010), 『문명과 문화』(코젤렉의 개념사 사전 1), 안삼환 옮김, 푸른역사.

폴 리쾨르(2004), 『시간과 이야기 3: 이야기된 시간』, 김한식 옮김, 문학과지성사.

한스게오르크 가다머(2012), 『진리와 방법. 철학적 해석학의 기본 특징들 2』, 임홍배 옮김, 문학동네.

한스 울리히 굼브레히트(2019), 『근대적/근대성, 근대』(코젤렉의 개념사 사전 13), 원석영 옮김, 푸른역사.

한스 울리히 벨러(2007), 『허구의 민족주의』, 이용일 옮김, 푸른역사.

2. 일본 논저

1) 단행본

石塚正英·柴田隆行 監修(2004), 『哲學·思想翻訳語事典』, 東京: 論創社.

2) 논문

權純哲(2012), 「大韓帝国の'国家学'書籍におけるブルンチュリ·梁啓超·有賀張雄の影響」,『奇玉大学紀要(教養学部)』48-1.

米家泰作(2012), 「「近代」 概念の空間的含意をめぐって一モダン·ヒストリカル·ジオグラフィの視座と展望」,《歷史地理學》54-1.

3. 구미 논저

1) 단행본

Blumenberg, H.(1996), *Die Legitimität der Neuzeit*, Frankfurt am Main: Suhrkamp.

Blumenberg, H.(1996), *Höhlenausgänge*, Frankfurt am Main: Suhrkamp.

Blumenberg, H.(2006), *Arbeit am Mythos*, Frankfurt am Main: Suhrkamp.

Blumenberg, H.(2017), *Ästhetische und metaphorologische Schriften*, Frankfurt am Main: Suhrkamp.

Goldstein, J.(2020), *Hans Blumenberg. Ein philosophisches Portrait*, Berlin: Matthes & Seitz.

Heidenreich, F.(2005), *Mensch und Moderne bei Hans Blumenberg*, München: Wilchelm Fink Verlag.

Koselleck, R.(1989), *Vergangene Zukunft. Zur Semantik geschichtlicher Zeiten*, Frankfurt am Main: Suhrkamp.

Koselleck, R.(2003), *Zeitschichten. Studien zur Historik*, Frankfurt am Main: Suhrkamp.

Koselleck, R.(2006), *Begriffsgeschichten. Studien zur Semantik und Pragmatik der politischen und sozialen Sprache*, Frankfurt am Main: Suhrkamp.

Nicholls, A.(2015), *Myth and the Human Sciences. Hans Blumenberg's Theory of Myth*, New York: Routledge.

Zill, R.(2020), *Der absoluter Leser. Hans Blumenberg. Eine intellektuelle Biographie*, Frankfurt am Main: Suhrkamp.

2) 논문

Brient, E.(2014), "Epochen," Buch, R. and D. Weidner, eds., *Blumenberg lesen. Ein Glossar*, Berlin: Suhrkamp.

Goldstein, J.(2014), "Selbstbehauptung," in Buch, R. and D. Wedner eds., *Blumenberg lesen. Ein Glossar*, Berlin: Suhrkamp.

Heidenreich, F.(2014), "Bedeutsamkeit", in Buch, R. and D. Weidner, eds., *Blumenberg lesen. Ein Glossar*, Berlin: Suhrkamp.

Koselleck, R. et. al.(1992), "Volk, Nation, Nationalismus, Masse," in Brunner, O. et. al. eds., *Geschichtliche Grundbegriffe: Historisches Lexikon zur politisch-sozialen Sprache in Deutschland*, vol. 7, Stuttgart: Klett-Cotta.

Kurtz, J.(2001), "Coming to Terms with Logic: The Naturalization of an Occidental Nation in China," Lackner, M., I. Amelung and J. Kurtz, eds., *New Terms for New Ideas. Western Knowledge and Lexical Change in Late Imperial China*, Leiden/Boston/Köln: Brill.

Kurtz, J.(2012), "Translating the Vocation of Man: Liang Qichao(1873-1929), J. G. Fichte, and the Body Politic in Early Republican China," in Burke, M. J. and M. Richter eds., *Why Concepts Matter: Translating Social and Political Thought*, Leiden/Boston: Brill.

찾아보기

인명

사항

책, 신문, 잡지, 논설